Bauwelt Fundamente 45

Herausgegeben
von Ulrich Conrads

Beirat
für das Programm
der Reihe:
Gerd Albers
Hansmartin Bruckmann
Lucius Burckhardt
Gerhard Fehl
Rolf-Richard Grauhan
Herbert Hübner
Werner Kallmorgen
Frieder Naschold
Julius Posener
Dieter Radicke
Mechthild Schumpp
Thomas Sieverts

Materialien zur Ökonomie der Stadtplanung

Herausgegeben von Jörn Barnbrock

Vieweg

Die einzelnen Beiträge (Quellennachweis s. S. 257) wurden aus dem Amerikanischen von Alfred Beierl in Zusammenarbeit mit Jörn Barnbrock in die deutsche Sprache übertragen.

© 1975 Friedr. Vieweg + Sohn Verlagsgesellschaft mbH, Braunschweig
Umschlagentwurf von Helmut Lortz, unter Verwendung eines Luftbildes von Frankfurt am Main (freigegeben unter Nr. 1677/70 Reg.-Präs. Darmstadt).
Satz: Friedr. Vieweg + Sohn, Braunschweig
Druck: Mohndruck Reinhard Mohn OHG, Gütersloh
Alle Rechte vorbehalten · Printed in Germany

ISBN 3-528-08645-2

Inhalt

Einleitung ... 7

1. Teil
Standorttheorie ... 11

Vorbemerkung des Herausgebers ... 11
1.1 William Alonso, Standorttheorie ... 15
1.2 August Lösch, Das Wesen der Wirtschaftsgebiete ... 45
1.3 William Alonso, Eine Theorie des städtischen Grund und Bodenmarktes ... 73

2. Teil
Ökonomische Faktoren des Stadtwachstums ... 67

Vorbemerkung des Herausgebers ... 69
2.1 H. W. Richardson, Der städtische Wachstumsprozeß ... 73
2.2 Wilbur Thompson, Interne und externe Faktoren der Entwicklung der städtischen Wirtschaft ... 107

3. Teil
Stadtstruktur und Grundrente ... 131

Vorbemerkung des Herausgebers ... 133
3.1 William Alonso, Das Gleichgewicht des Haushalts ... 139
3.2 Edwin S. Mills, Der Wert städtischen Bodens ... 159
3.3 Mason Gaffney, Boden und Grundrente in der Wohlfahrtsökonomie 195
3.4 Richard A. Walker, Die städtische Grundrente. Eine Untersuchung zu ihrem Verständnis ... 241

Quellennachweise ... 257
Verzeichnis der Autoren ... 258

Einleitung

In zunehmendem Ausmaß gewinnen ökonomische Kriterien für die Stadtplanung an Bedeutung. Die komplexen Probleme städtischer Agglomerationen, die von finanziellen Problemen der öffentlichen Hand, Problemen des städtischen Privat- oder Massenverkehrs bis hin zu denen der Luftverschmutzung reichen und die teilweise die Hilflosigkeit stadtplanerischer Fachgebiete gegenüber diesen vorwiegend ökonomischen Problemen reflektieren, haben besonders in den USA dazu geführt, daß Ökonomen wachsendes Interesse an all diesen Fragen zeigen; Stadtökonomie, Standorttheorie, Grundrententheorie und die Analyse des städtischen Wachstumsprozesses bilden die Grundvoraussetzungen der Disziplin Stadtökonomie; sie sind ebenfalls Voraussetzung für Flächennutzungsplanung und Stadtpolitik.

Die Novellierung des Bundesbaugesetzes hat die ökonomischen Aspekte der Stadtplanung mehr als bisher in den Vordergrund gestellt. Stadtplaner werden in Zukunft gezwungen, ein Verständnis für die ökonomischen Grundlagen der Städte zu entwickeln und wirtschaftliche Kriterien in planerische Maßnahmen zu integrieren. Theoretische Arbeiten auf diesem Gebiet waren in der Bundesrepublik bis heute selten; der überwiegende Teil der vorhandenen Literatur ist nur in englischer Sprache verfügbar.

Diese Materialsammlung soll in die Thematik einführen. Nicht beabsichtigt ist, diese Einführung auf eine Übung zur höheren Mathematik zu reduzieren. Sie soll, im Gegenteil, so weit wie möglich allgemein verständlich bleiben, so daß sie gleichermaßen Ökonomen, Stadtplaner und Geographen interessiert.

Voraussetzung für das Verständnis der internen Struktur und der räumlichen Anordnung der Städte ist die Ableitung allgemeiner Kriterien der Standorttheorie.

Der 1. Teil dieser Materialsammlung faßt diese Kriterien unter einem dreifachen Aspekt zusammen. Die industrielle Standortlehre untersucht die Standortentscheidung einzelner Industriebetriebe unter Berücksichtigung der Rohstofflager und Absatzmärkte; die Theorie der Marktgebiete erklärt die räumliche Anordnung der Städte, nachfrageorienter Produktionsstätten

und des Einzelhandels; die Theorie des städtischen Bodenmarktes schafft die Grundlage für die Analyse der internen Struktur der Städte.
Der 2. Teil enthält Beiträge zu verschiedenen Theorien, die zur Analyse des städtischen Wachstumsprozesses formuliert wurden. Hervorzuheben ist an dieser Stelle, daß es besonders auf dem Gebiet des städtischen Wachstums an theoretischem Verständnis mangelt und daß viele der Theorien sich auf einen nicht-ökonomischen Ursprung beziehen.
Der 3. Teil beschäftigt sich mit der internen Struktur der Stadt; im Mittelpunkt steht die Grundrententheorie. Auf ihrer Grundlage muß eine theoretische Flächennutzungsplanung entwickelt werden. Umgekehrt müssen die Auswirkungen von Planungsmaßnahmen auf die Höhe der Grundrente berücksichtigt werden.
Die Grundrententheorie bildet noch immer eines der umstrittensten Gebiete in der ökonomischen Theorie. In diesem Band wird zwar auf Kritik eingegangen, die von verschiedenen Seiten erhoben wird, es besteht aber keineswegs die Absicht, zu untersuchen, ob und inwieweit die neo-klassische Grundrententheorie, auf die sich die Mehrzahl der hier versammelten Beiträge stützt, die Realität adäquat beschreibt und damit als ein Instrument der Planungspraxis genutzt werden kann. Es galt vor allem das überwiegend aus amerikanischen Quellen stammende Textmaterial einem größeren Leserkreis zur Verfügung zu stellen, auch und gerade, um die kritische Auseinandersetzung mit den hier formulierten Positionen anzuregen.
Um dem Leser eine Vertiefung in die angesprochenen Gebiete zu ermöglichen, wurde den Vorbemerkungen der einzelnen Teile eine Literaturübersicht beigefügt.
Meinen Dank möchte ich an dieser Stelle denjenigen aussprechen, die direkt zur Veröffentlichung dieser Materialsammlung beigetragen haben, besonders den Verlagen und Autoren, die eine Übertragung ins Deutsche ermöglichten. Dieser Band wäre ferner kaum ohne das Center for Metropolitan Planning and Research zustandegekommen, das mir Aufenthalt und Studien in den Vereinigten Staaten ermöglichte. Gedankt sei David Harvey, G. Mumy und Richard Walker, die indirekt mit zu dieser Auswahl beitrugen, sowie Gerhard Fehl, der mich immer wieder drängte, dieses Material zusammenzustellen.

Baltimore, im September 1975   Jörn Barnbrock

1. Teil
Standorttheorie

Vorbemerkung des Herausgebers

Die in diesem Abschnitt wiedergegebenen Beiträge versuchen, einen Überblick über die Entwicklung der Standorttheorie zu geben. Die Analyse der räumlichen Verteilung ökonomischer Aktivitäten als eine selbständige Teildisziplin der ökonomischen oder geographischen Wissenschaften hat erst in diesem Jahrhundert an Bedeutung gewonnen. Der Ursprung der Standorttheorie ist zweifellos im Werk von *H. von Thünen „Der isolierte Staat in Beziehung auf Landwirtschaft und Nationalökonomie"* zu suchen. Jedoch muß hervorgehoben werden, daß *von Thünens* idealtypische Konstruktion eines isolierten Staates als eine notwendige Voraussetzung für die Ableitung seiner ökonomischen Theorie anzusehen ist. Die Methodik und sein Modell der landwirtschaftlichen Flächennutzung haben Eingang in die Standortanalyse gefunden. Standorttheorie im engeren Sinn beginnt mit *Alfred Webers „Über den Standort der Industrien",* wenn man von den Werken von *Roscher*[1] und *Launhardt*[2] absieht. Dem theoretischen Interesse an der Standorttheorie entsprechend beziehen sich die hier ausgewählten Beiträge auf die industrielle Standortlehre, die Flächennutzungsbestimmung und Raumwirtschaftslehre.

Alfred Webers Industrielle Standortlehre entwickelte einige wichtige Kriterien für die Standortbestimmung für die industrielle Produktion und war gleichzeitig eine Zusammenfassung der klassischen Lehre. Hervorzuheben ist einerseits die Entwicklung der allgemeinen oder reinen Theorie und andererseits die zunehmende Komplexität, sobald die reine Theorie mit der kapitalistischen Wirklichkeit in Beziehung gesetzt wird. *Weber*

---

1 *Wilhelm Roscher:* Studien über die Naturgesetze, welche den zweckmäßigen Standort der Industriezweige bestimmen, in: Ansichten der Volkswirtschaft aus dem geschichtlichen Standpunkt, 3. Ausgabe 1878.

2 *W. Launhardt:* Die Bestimmung des zweckmäßigsten Standortes einer gewerblichen Anlage, in: Zeitschrift des Vereins deutscher Ingenieure, Vol. XXVI, Nr. 3, Berlin 1882. Ebenso: Mathematische Begründung der Volkswirtschaftslehre, Teil III, Leipzig 1885.

unterschied drei die Standortwahl bestimmende Elemente, die unter Transportorientierung, Arbeitsorientierung und Agglomeration analysiert wurden.

Die von *Weber* entwickelte Theorie faßt *Alonsos* Beitrag zur Standorttheorie zusammen. Zugleich wird sie durch die Integration von verschiedenen Arbeiten weiterentwickelt und einer Kritik unterzogen. Die hier dargestellte graphische Analyse läßt sich, wie von *Kuhn* und *Kuenne* gezeigt, auch mathematisch formalisiert lösen (siehe Literaturhinweis). Jedoch kann diese Methode nicht die Komplexität der Arbeitsorientierung und Agglomeration berücksichtigen; sie bezieht sich ausschließlich auf die Transportorientierung unter gegebenen Rohstofflagern und Absatzmärkten.

Die schon von *Alonso* (1.1) angeschnittene Bedeutung der Wirtschaftsgebiete wird von *August Lösch* explizit in „*Das Wesen der Wirtschaftsgebiete*" analysiert. Die Grundlage für *Löschs* Theorie der Wirtschaftsgebiete ist die Theorie des monopolistischen Wettbewerbs.[3] Unter Annahme einer Gleichverteilung der Rohstoffe und gleicher Bevölkerungsdichte ergibt sich als Folge der entstehenden Transportkosten in Relation zur räumlichen Nachfrage ein maximales Versandgebiet für das jeweilige Produkt. Werden diese Wirtschaftsgebiete aggregiert, so entsteht ein Netz von Wirtschaftsgebieten, deren optimale Struktur auf dem Sechseck aufbaut. Im weiteren Sinn bildet dieser Beitrag die Grundlage für die Theorie der zentralen Orte. *Isard* hat *Löschs* Theorie unter Annahme einer nicht homogenen Bevölkerungsverteilung erweitert, so daß die sich ergebende hexagonale Struktur sich mit zunehmender Entfernung von der Zentralstadt in Größe und Form verändert.

Die Theorie des städtischen Grund- und Bodenmarktes von *Alonso* basiert auf der von *von Thünen* entwickelten Theorie der landwirtschaftlichen Flächennutzung. Ausgehend vom landwirtschaftlichen Modell wird die Flächennutzungsentscheidung des städtischen Haushalts und anderer Flächennutzer theoretisch untersucht und anschließend unter der Annahme eines marktwirtschaftlichen Gleichgewichtes zusammengefaßt. Die theoretische Erkenntnis entspricht weitgehend der Realität amerikanischer Großstädte, in denen untere Einkommen teuren Grund und Boden in der Innenstadt und hohe Einkommen billigen Grund und Boden am Stadtrand nutzen. Jedoch muß erwähnt werden, daß dieses Resultat von der individuellen Bewertung der Transportsysteme abhängt und, wie *Lave* gezeigt hat, zum Beispiel für die südamerikanischen Städte nur bedingt gültig ist. Die Problematik der Flächennutzungsentscheidungen und die

---

[3] *E. H. Chamberlin:* The Theory of Monopolistic Competition, Cambridge, Mass. 1933.

in diesen implizit vorausgesetzte Grundrententheorie wird im dritten Teil dieses Buches wieder aufgenommen.

Ein Großteil der modelltheoretischen Analysen in der Stadtökonomie wie auch in der Regionalökonomie basiert auf den in diesem Teil entwickelten Theorien, sofern das Interesse auf die industrielle Standortbestimmung, die Flächennutzungsentscheidung oder die Raumwirtschaftslehre gerichtet ist. Ferner ist hervorzuheben, daß durch das wachsende Interesse an der räumlich-ökonomischen Organisation von Seiten der Wirtschaftswissenschaften die hier dargestellten Theorien weiterentwickelt wurden. Die folgende Literaturübersicht bezieht sich auf einige wichtige Beiträge, ist jedoch in keinem Fall vollständig; sie soll dem interessierten Leser ausschließlich als Orientierungshilfe dienen.

Allgemeine Literatur:

Beckmann, Martin: Location Theory, New York, 1968.
Böventer, E. v.: Die Struktur der Landschaft. Versuch einer Synthese und Weiterentwicklung der Modelle *J. H. von Thünens, W. Christallers* und *A. Löschs*, in: Optimales Wachstum und Optimale Standortverteilung, Schriften des Vereins für Socialpolitik, N. F. Band 27, Berlin 1962.
Hagget, P.: Locational Analyses in Human Geography, New York 1966.
Isard, W.: Location and Space-Economy, Cambridge, Mass. 1959.
Isard, W.: An Introduction to Regional Science, Cambridge, Mass. 1966.

Literatur zu den Beiträgen

1.1:

Alonso, W.: A Reformulation of Classical Location Theory and its Relation to Rent Theory, in: Regional Science Association, Papers. Vol. XIX (1967).
Greenhut, M.: Microeconomics and the Space Economy, Chicago, Illinois 1963.
Hoover, E.: The Location of Economic Activity, New York 1948.
Kuenne, R. E. und *Kuhn, H. W.:* An Efficient Algorithm for the Numerical Solution of the Generalised Weber Problem in Spatial Economics, in: Journal of Regional Science, Winter 1962.
Moses, L. N.: Location and the Theory of Production, in: The Quaterly Journal of Economics, May 1958.
Predöhl, A.: Zur Frage einer allgemeinen Standortstheorie, antikritische Bemerkungen, in: Zeitschrift für Volkswirtschaft und Sozialpolitik, Band 5, 1926.
Predöhl, A.: The Theory of Location in its Relation to General Economics, in: Journal of Political Economy, Vol. 26_1 (1928).
Weber, Alfred: Über den Standort der Industrien, Tübingen 1909.

1.2:

Berry, Brian: Cities as System within Systems of Cities, in: Regional Science Association Papers, Vol. XIII (1964).

Berry, Brian: Geography of Market Centers and Retail Distribution, New York 1967.

Beckmann, M.: Cities Hierarchies and Distribution of City Size, in: Economic Development and Cultural Chage, Vol. VII (1958).

Christaller, W.: Die zentralen Orte in Süddeutschland. Eine ökonomisch-geographische Untersuchung über die Gesetzmäßigkeit der Verbreitung und Entwicklung der Siedlungen mit städtischen Funktionen, Jena 1933.

Mills, S. E. und *Lav, M. R.:* A Model of Market Areas with Free Entry, in: Journal of Political Economy, June 1964.

1.3:

Alonso, W.: Location and Land Use, Cambridge, Mass. 1964.

Lave, L.: Congestion and Urban Location, in: Regional Science Association Papers, Vol. XXV (1970).

Mills, S. E.: Urban Economics, Glenview, Illinois, 1972 (besonders Kap. 4 und 5).

von Thünen, J. H.: Der isolierte Staat in Beziehung auf Landwirtschaft und Nationalökonomie, Neudruck nach Ausgabe letzter Hand (1850, 1942), Stuttgart 1966.

Wingo, L.: Transportation and Urban Land, Washington 1961.

1.1 Standorttheorie

William Alonso

1. Einleitung

Dieser Artikel versucht den Leser mit der Standorttheorie der Unternehmung bekanntzumachen. Die formale Theorie wurde erstmals von *Alfred Weber* formuliert und erweiterte sich durch Beiträge darauf aufbauender Autoren sehr schnell bis in die fünfziger Jahre, als es schien, daß weitere Verbesserungen ihrer perfekten Struktur nur erhöhte Kosten durch zunehmende Komplexität verursachen und nur minimale neue Erkenntnisse bringen würden. Zur gleichen Zeit zeigte *Walter Isard* die Übereinstimmung der Standorttheorie mit der wirtschaftswissenschaftlichen Theorie der Substitutionsanalyse, und es entwickelte sich ein über die klassische Analyse des Standorts und der Regionen hinausgehendes Interesse. Die Folge war, daß die Standorttheorie an aktueller Bedeutung verlor und zentrale Beiträge zur Standorttheorie selten wurden.

In diesem Beitrag werden die wesentlichsten Erkenntnisse dieses Zweiges der Wirtschaftswissenschaften zusammengefaßt. Der erste Teil des Artikels versucht eine Synthese der Arbeiten vieler Wissenschaftler. Die intellektuellen Urheber der einzelnen Teile der Theorie aufzuspüren, wäre ein mühevolles Unterfangen; daher wurde diesem Artikel nur eine kurze Bibliographie als Anhang beigefügt, die auf Lehrbücher und Monographien zur Standorttheorie verweist. Der zweite Teil untersucht einige der Mängel und Grenzen dieser Theorie; dabei wird auf einige Gebiete verwiesen, in denen wissenschaftliche Arbeit noch notwendig ist. Besonders die Theorie der Marktgebiete scheint ein Ansatzpunkt für künftige Entwicklungen zu sein. Sie stellte in einem gewissen Sinn den Höhepunkt der mikroökonomischen Theorie der Unternehmung dar. Jedoch war sie auch der Beginn der Theorie von *August Lösch*, und in Form der Theorie zentraler Orte ist sie die Grundlage zum Verständnis der empirischen Regelmäßigkeiten, mit denen sich unter anderen *Brian Berry* beschäftigt. Die Theorie der Marktgebiete ist auch in den modernen Theorien der regionalen Entwicklung, wie zum Beispiel in der Theorie der Wachstumspole von *Perroux*, implizit enthalten. Daher ergibt sich die fundamentale Aussage, daß die Theorie der

Marktgebiete als wesentliche Voraussetzung zum Verständnis der regionalen Struktur und Entwicklung angesehen werden muß.
Ursprünglich stand die Standorttheorie im Zusammenhang mit der Theorie einer freien Marktwirtschaft. In den letzten Jahren hat sich jedoch das wissenschaftliche Interesse weitgehend zur Analyse der wirtschaftlichen Regionalentwicklung verschoben. In zunehmendem Maße wird die Frage der Industrieansiedlung eher als ein „Planungsprojekt" der dafür zuständigen Behörde angesehen denn als ein gewinnbringendes Unternehmen eines einzelnen Betriebes. Es ist offenkundig, daß es nur wenig Unterschied macht, ob die Entscheidungsträger im Dienst der öffentlichen Hand oder einer privaten Unternehmung stehen, solange die Entscheidungen, die ein Planungsprojekt betreffen, unter dem Gesichtspunkt der Gewinnmaximierung gemacht werden. Die Theorie kann nur wenig dazu beitragen, Kosten und Nutzen des betreffenden Vorhabens, die außerhalb der Unternehmung entstehen, zu erklären. Die Regionalwissenschaft beschäftigt sich mit den innerhalb der Regionen auftretenden Multiplikatorwirkungen und externen Effekten, die Regionalplanung mit diesen unter den Regionen selbst auftretenden Effekten. In diesem Sinne erweitert sich die Standorttheorie der Unternehmung zum Planungsprojekt, geht aber der regionalen und nationalen Raumplanung voraus.

Wegen des unterschiedlichen bereits bestehenden Vorwissens der an der regionalen Entwicklung Interessierten habe ich, auch auf die Gefahr hin, bereits unterrichtete Leser zu irritieren, die termini technici der Theorie in diesem Artikel erklärt. Außerdem ist der größte Teil der Untersuchung, um Unklarheiten zu vermeiden, eher auf den Unternehmer als Protagonisten als auf den Projektplaner bezogen.

Im wesentlichen will die Unternehmung ihren Gewinn maximieren. Kann der Unternehmer klar feststellen, welche Faktoren die Gewinnmaximierung hervorrufen und welche Beziehungen sie verknüpfen, so ist es sein Problem, diese Variablen so zu kombinieren, daß der größte Gewinn erzielt wird. Jedoch existieren in Realität viele Variablen, und einige können nicht quantifiziert werden. Hier werden wir mit sehr einfachen Beispielen beginnen, werden das Problem auf einige wesentliche Punkte reduzieren; durch die Einführung von schrittweisen Komplikationen soll die Theorie mehr und mehr der Realität angepaßt werden; dabei können jedoch einige Überlegungen nicht in die formale Theorie integriert werden. Auf einige werden wir hinweisen, praktisch sind nicht alle aufzählbar. So zum Beispiel wurde durch eine Untersuchung in Worcester, Neu-England, ein Industriebetrieb gefunden, der besser seinen Standort in Boston gehabt hätte. Der Grund jedoch war, daß die Schwiegermutter des Industriellen dort lebte, und daß seine Frau darauf bestand, in derselben Stadt zu wohnen. Keine formale Theorie würde diesen Grund entdeckt haben, die Theorie aber kann dem Industriellen sagen, was ihn dies kostet.

2. Das Prinzip des medianen Standortes

Wir beginnen, indem wir den Standort einer Firma betrachten, die, wie wir annehmen, Bäckereiprodukte herstellt und ausliefert. Weder die Produktionskosten für diese Produkte, noch das Umsatzvolumen ändern sich mit dem Standort der Unternehmung. Einzig variabel sind in diesem Fall die Auslieferungskosten, so daß die Gewinnmaximierung identisch mit der Minimierung der Auslieferungskosten ist. Die Kunden A, B, ..., G werden einmal täglich beliefert und sind, wie in Abbildung 1 dargestellt, entlang einer Straße verteilt. Die Bäckerei läßt ihre Produkte durch einen Bäckerjungen zustellen, der nur die Bestellung eines Kunden auf einmal ausfahren kann, so daß er pro Kunde eine Fahrt zurückzulegen hat. Wo sollte nun die Bäckerei ihren Standort haben, damit die Anzahl der Fahrten minimiert wird? Die fast automatische Antwort würde sein: im Durchschnitt, im Schwerpunkt oder im mittleren Standort. Dieser wird ganz leicht dadurch gefunden, daß man die Entfernungen, vom einen oder anderen Ende beginnend, addiert und durch die Zahl der Kunden dividiert.

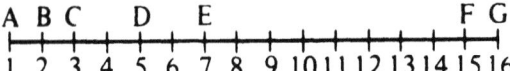

1 Verteilung der Kunden der Bäckerei

In diesem Fall, bei Addition von A aus, würde es $0 + 1 + 2 + 4 + 6 + 14 + 15 = 42$ sein; dividiert durch die Zahl der Kunden oder Fahrten (= 7), ist das Mittel sechs Blocks rechts von A, am gleichen Ort wie E. *Aber das ist die falsche Lösung.* Betrachte Tabelle 1:

Tabelle 1 Gesamtzahl der Fahrten entsprechend dem Standort der Bäckerei in E oder D in Abbildung 1

Kunde	Standortentfernung in E	Standortentfernung in D
A	6	4
B	5	3
C	4	2
D	2	0
E	0	2
F	8	10
G	9	11
Gesamtentfernung	34	32

Die Gesamtentfernung ist im Standort D geringer als in E. Wenn wir das Problem systematisch angegangen wären, so hätten wir gefragt: Welcher Standort minimiert die Summe der Entfernungen zwischen der Bäckerei und ihren Kunden? Dieses Problem kann schnell durch eine elementare Berechnung gelöst werden. Wir könnten jedoch tatsächlich schon erkannt haben, daß der Punkt mit minimaler Entfernung zu allen anderen Punkten einer Verteilung entlang einer Geraden der Median ist (das ist der Punkt, von dem aus auf der Geraden links und rechts gleich viele andere Punkte liegen). Der Median in unserem Fall ist D. Der Durchschnitt oder Schwerpunkt jedoch minimiert die Summe der Quadrate der Entfernung und ist daher für unsere Zwecke irrelevant.

Dieses einfache Beispiel hat einen hohen Erklärungswert. Wir werden nicht oft Bäckereien unter diesen einfachen Bedingungen finden, aber die zugrundeliegende Theorie kann auch auf andere Unternehmungen ausgedehnt werden. Ein Industriebetrieb zum Beispiel, dessen Versand- und Transportkosten proportional zum Gewicht der Fracht und zur Transportentfernung sind, würde durch einen Sitz im medianen Standort profitieren, vorausgesetzt, daß nicht schwerwiegende Gründe dagegen sprächen. Eine Firma, die 200 Einheiten in einer Stadt, 300 in einer zweiten und 550 in einer dritten verkauft, würde ihren medianen Standpunkt in der dritten Stadt haben. Da der Median der Verteilung der Kunden dazu tendiert, in großen Städten zu liegen, ist dies einer der Gründe für das Wachstum der Städte und der Konzentration in diesen.

3. Wettbewerb entlang einer Geraden

Es kann allgemein angenommen werden, daß das, was für den einen von Vorteil, für den anderen von Nachteil sein kann. Es ist aber daher wichtig, uns klarzumachen, wessen Standpunkt wir berücksichtigen, wenn wir sagen, daß ein Standort optimal ist.

Stellen wir uns einen Strand vor, auf dem Menschen gleichmäßig über seine ganze Länge verteilt sind. Jede Person am Strand konsumiert einen Eisbecher und wird, um ihn zu kaufen, soweit wie notwendig gehen, obwohl sie natürlich die kürzestmögliche Entfernung vorziehen wird. Gibt es ausschließlich einen Eisverkäufer am Strand, wird er nicht auf seinen Standort achten, da jeder Kunde am Strand soweit wie notwendig gehen wird, um einen Eisbecher zu kaufen. Jeder Kunde zieht es jedoch vor, seinen Weg dadurch zu minimieren, daß er dem Eisverkäufer so nahe wie möglich ist. Ein dritter Standpunkt ist der des beamteten Eisverkäufers, der die zum öffentlichen Wohl zurückzulegende Wegstrecke minimieren möchte. Wie in unserem ersten Beispiel gezeigt, wird diese Wegstrecke am medianen Standort minimiert, in diesem Fall im Mittelpunkt des Strandes.

Betrachten wir nun dasselbe Problem für den Fall, daß zwei Eisverkäufer, A und B, am Strand ihr Eis verkaufen wollen und sie sich, wie in Abbildung 2 dargestellt, an zwei Standorten des Stadiums 1 befinden. Verkäufer A wird an alle Kunden zu seiner Linken, und Verkäufer B an alle Kunden zu seiner Rechten verkaufen; von den Kunden, die sich zwischen den beiden Verkäufern aufhalten, wird die linke Hälfte zu A und die rechte Hälfte zu B gehen. A aber, nachdem er die Lage untersucht hat, entscheidet, sich nach rechts zu bewegen, um so B viele seiner Kunden wegzunehmen, ohne einen einzigen seiner Kunden selbst zu verlieren (Stadium 2). Verkäufer B entscheidet daraufhin, über A hinweg auf die andere Seite des Strandes zu wechseln (Stadium 3). Es ist leicht zu sehen, daß im Endstadium A und B wieder in der Mitte des Strandes zusammentreffen, jeder mit der Hälfte der Kunden. Weder für A noch für B wird es dann möglich sein, die Anzahl ihrer Kunden durch Standortveränderungen zu vergrößern, und die Lage wird stabil sein.

Freier Wettbewerb führt in diesem Fall dazu, daß sich die beiden Verkäufer in der Mitte des Strandes treffen. Da die Menschen gleichmäßig über den Strand hinweg verteilt sind, wird der durchschnittlich gegangene Weg ein Viertel der Länge des Strandes betragen. Vom öffentlichen Standpunkt könnte man jedoch darauf hinweisen, daß diese durchschnittliche Entfernung unnötig lang ist. Haben die beiden Eisverkäufer ihren Standort in den Viertelpunkten, wie im Teil „Geplanter Standort" der Abbildung 2

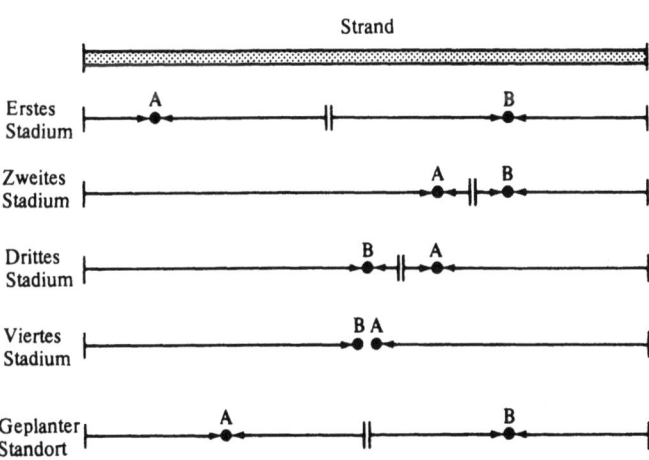

2 Standorte der Eisverkäufer am Strand

dargestellt, würde sich der durchschnittlich zurückgelegte Weg um die Hälfte reduzieren, während die beiden Eisverkäufer immer noch die gleichen Umsätze hätten. Um die Vorteile dieser Lösung zu realisieren, ist es nur notwendig, jeden Eisverkäufer zu versichern, daß der andere nicht versuchen wird, ihm einen Teil seiner Kunden wegzunehmen.
Zweierlei Erkenntnis kann aus diesem Beispiel gezogen werden. Einerseits haben wir nochmals die Tendenz zur Konzentration gesehen, die als eine zusätzliche Ursache für die Entwicklung von Konzentrationspunkten interpretiert werden kann. Andererseits wurde demonstriert, daß das Resultat des freien Wettbewerbs von der „Lösung" im öffentlichen Interesse abweichen kann. Das heißt allerdings nicht, daß die Ergebnisse privater Initiative notwendigerweise im Gegensatz zum Gemeininteresse stehen müssen. Tatsächlich werden wir sehen, daß die Theorie darauf hinweist, daß beide Interessen weitgehend übereinstimmen. Diese Übereinstimmung der Interessen muß in jedem Einzelfall überprüft werden; sie kann nicht als allgemein gültig angesehen werden.

4. Die Unternehmung mit einem Markt und einem Rohstoff

Betrachten wir einen Industriebetrieb, der nur eine Art von Material verwendet und alle seine Produkte auf einem Markt verkauft. Eine solche Unternehmung könnte als Rohstoff die Stahlbleche eines in M (siehe Abbildung 3) gelegenen Stahlwerkes verwenden, sie zu Kassetten verarbeiten und diese in der Stadt C verkaufen. Der Einfachheit halber legen wir fest, daß die Produktionskosten überall gleich hoch sind, so daß die Firma in ihre Überlegungen nur die Minimierung ihrer *gesamten Transportkosten* einzubeziehen braucht. Diese bestehen aus den *Beschaffungskosten*, um den Stahl von M in den Betrieb zu bringen, und den *Absatzkosten*, um die Kassetten vom Betrieb nach C zu transportieren. T sei die Entfernung von M nach C, und t die Entfernung von M zur Kassettenfabrik. Die Entfernung von der Fabrik nach C ist der Rest von T, nämlich (T − t).
Sind nun die Transportkosten für die Menge Stahl, die zum Bau einer Kassette ausreicht, gleich r_m, dann betragen die Beschaffungskosten pro Stück $r_m t$; sind die Transportkosten für eine Kassette gleich r_c pro Kilometer, dann betragen die Absatzkosten $r_c(T-t)$. Die gesamten Transportkosten k entsprechen der Summe der Beschaffungs- und Absatzkosten.

$$k = r_m t + r_c(T - t) \tag{1}$$

Die Unternehmung wird ihren Standort bei dem Wert von t haben, der k minimiert.

In Abbildung 3 werden für einen Fall die Beschaffungskosten, die Absatzkosten und die gesamten Transportkosten dargestellt. Die Kurve der gesamten Transportkosten ist, wie für Standort t_0 gezeigt wird, die Summe der beiden anderen Kurven. Im abgebildeten Fall kann man sehen, daß die Transportkosten am geringsten sein werden, wenn die Kassettenfabrik in M, wo t = o ist, ihren Standort hat. Die Kurve der Beschaffungskosten ist nach der Darstellung steiler als die der Absatzkosten, was bedeutet, daß es teurer ist, Stahl als Kassetten zu transportieren; oder, um es anders auszudrücken, daß die Transportrate für Stahl (r_m) größer ist als die für Kassetten (r_c). Die Gleichung (1) können wir, ohne ihren Sinn zu verändern, wie folgt umbilden: $k = (r_m - r_c) t + r_c T$. Aus dieser Form der Gleichung ist ersichtlich, daß, wenn — wie in Abbildung 3 — r_m größer ist als r_c, die Unternehmung versuchen wird, t so klein wie möglich zu halten (d.h. M als Standpunkt wählen, da dann t = 0). Ist aber r_c größer, dann wird der Koeffizient von t negativ sein, und die Unternehmung wird versuchen, ihren Standpunkt so zu wählen, daß t maximal groß ist (das ist in diesem Fall in C, da dort t = T).

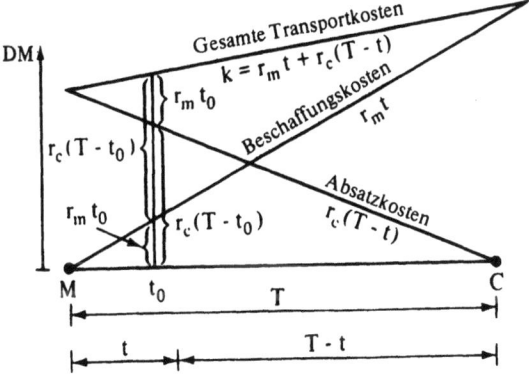

3 Transportkosten einer Unternehmung mit einem Markt und einem Rohstofflager; die Transportkosten sind proportional zur Entfernung

Sind schließlich die Transportkosten für Stahl und Kassetten gleich, so gilt, daß $r_m = r_c$; der Koeffizient von t ist null, und die Transportkosten werden, unabhängig vom Standort des Werkes, gleich $r_c T$ sein. Der Standort des Werkes kann dann in M, in C oder in irgendeinem sonstigen Punkt dazwischen liegen.

5. Die Struktur der Transportkosten

Obwohl die Transportkosten mit zunehmender Entfernung steigen, heißt dies nicht, daß sie direkt proportional zur Entfernung sind. Zunächst entstehen Kosten am Versand- und Empfangsort: Kosten der Verladung auf LKW oder Eisenbahn, Kosten des Abladens, Verpackungskosten und Bürokosten für die Versandpapiere. Diese Kosten ändern sich im allgemeinen nicht mit der Entfernung. Transportkosten können deshalb besser durch den Ausdruck $s_m + r_m t$ wiedergegeben werden, wobei s_m die Kosten am Versand- und Empfangsort darstellen, r_m die Frachtrate pro Kilometer und t die Anzahl der Kilometer repräsentiert. Daher benutzten wir oben den Ausdruck $r_m t$, der als Gerade sich abbildet, die wie A in Abbildung 4 durch den Ursprung geht. Durch Einführung der Ver- oder Entladekosten wird der Geraden A der Betrag s_m hinzugefügt, es entsteht die Gerade B. Bei t = 0 wird nichts transportiert; die Kosten sind daher Null. In der Abbildung wird dies durch die Punkte im Koordinatenschnittpunkt dargestellt.

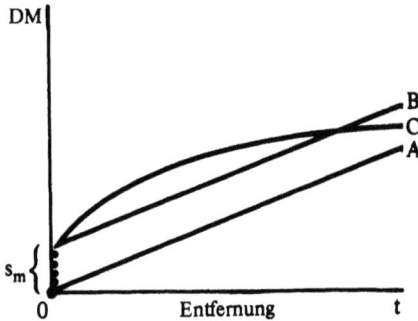

4 Transportkosten: (A) Kosten proportional zur Entfernung; (B) Berücksichtigung der Ver- oder Entladekosten; (C) Berücksichtigung abnehmender Grenzkosten

Eine andere realistische Einschränkung berücksichtigt, daß die Transportkosten pro Kilometer für längere Transportwege niedriger sind. Dies ist eine im Transportgewerbe — aber auch in anderen Wirtschaftszweigen — oft übliche Praxis; Kosten sind niedriger, wenn in großen Mengen eingekauft wird; es ist billiger, für einen Monat zu mieten als für eine Woche usw. Dies verursacht bei zunehmender Entfernung einen abnehmenden Anstieg der Transportkostenkurve, wodurch die geringer werdenden Kosten pro Kilometer dargestellt werden. Praktisch heißt dies, daß es relativ billiger ist, einen 1000-Kilometer-Transport als zwei 500-Kilometer-Transporte durchzuführen. Die Krümmung der Kurve wird durch die Vielzahl der

Transportmittel verstärkt: Schiffe, Züge, LKWs, Pipelines usw. Für gewöhnlich haben LKWs geringere Kosten am Be- und Entladeort, jedoch höhere Kosten pro Kilometer als schienengebundene Verkehrsmittel; dasselbe Verhältnis gilt für diese und für Wasserfahrzeuge. Abbildung 5 zeigt das Verhältnis der Transportkosten als Funktion der Entfernung unter Berücksichtigung verschiedener Transportmittel. Ein Absender wird das Transportmittel mit den geringsten Kosten für eine gegebene Entfernung wählen, so daß die effektive Kurve der Transportkosten die fettgedruckte Linie in Abbildung 5 darstellt. Sie weist eine stärkere Krümmung auf als die der anderen Transportmittel.

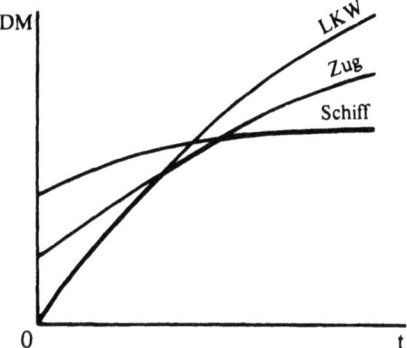

5 Transportkosten unter Berücksichtigung verschiedener Transportmittel

Die Ver- und Entladekosten und die konkav wachsenden Transportkosten verstärken die Attraktivität von Endpunkt-Standorten, wie M oder C im Beispiel der Abbildung 3. In Abbildung 6 wird der Fall gleich hoher Transportkosten für Stahl und Kassetten mit dieser realistischeren Struktur der Transportkosten dargestellt. Als wir den Fall ohne Berücksichtigung der Ver- und Entladekosten oder der Kostendegression bei längeren Transportwegen betrachteten, ergab sich, daß bei Gleichheit der Beschaffungs- und Absatzkosten die Unternehmung ihren Standort in M oder C oder in irgendeinem dazwischenliegenden Punkt wählen würde. Unter der Voraussetzung von konkav wachsenden Kurven der Beschaffungs- und Absatzkosten ergibt sich eine konkave Kurve der gesamten Transportkosten, wobei der Punkt in der Mitte zwischen M und C derjenige ist, zu dem der Transport die meisten Kosten verursacht, obwohl Beschaffungs- und Absatzkosten symmetrisch sind. Die Kostendegression längerer Transportwege weist auf einen Standort in M oder C hin, da hier die gesamten Transportkosten bis auf OY gefallen sind. Durch einen Standort entweder in M oder C kann die Unternehmung die Ver- oder Entladekosten entweder

23

in M oder in C einsparen, und es entstehen dann nur die Transportkosten OX. Sogar ohne Kurvatur der Transportkosten würde die Eliminierung von Ver- oder Entladekosten in einem Fall zu einem Standort in der Nähe des Rohstofflagers oder des Absatzmarktes führen. Obwohl dieses Resultat nur bedingt Gültigkeit hat und einige Einschränkungen erforderlich macht, kann dies zur Erklärung für räumliche Konzentration, im Gegensatz zur Dezentralisation der Industrie, angeführt werden.

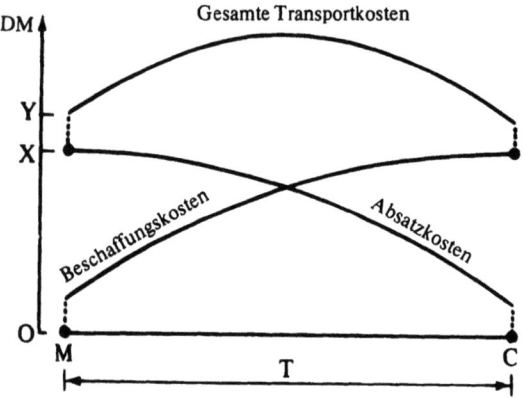

6 Transportkosten einer Unternehmung mit einem einzigen Markt und einem einzigen Rohstoff, unter Berücksichtigung der Kostendegression und der Kosten der Versand- und Empfangsstation

6. Verladepunkte: Die Bedeutung der Seehäfen

Ein Spezialfall verdient unsere Aufmerksamkeit, da auf ihm weitgehend der Standort vieler Weltstädte wie New York, London und Buenos Aires zurückgeführt werden kann. Es handelt sich um die Bedeutung von Verladepunkten, von denen als wichtigstes Beispiel Seehäfen aufgezählt werden können. In diesen Punkten müssen die auf dem Wasserweg transportierten Waren oder Rohstoffe von Schiffen abgeladen und auf andere Verkehrsmittel wie LKWs oder Eisenbahnwaggons verladen werden und umgekehrt. In diesen Orten ist die außergewöhnliche Voraussetzung gegeben, die Rohstoffe verarbeiten zu können, sobald sie abgeladen sind. Der mittlere Westen der USA zum Beispiel verschifft Weizen auf dem Wasserweg nach Buffalo. Dort wird dieser vom Transportmittel geladen und zu Mehl verarbeitet. Das Mehl wird dann auf dem Schienenweg zu den Bäckereien an der Ostküste gebracht. Ein anderes Beispiel: Rohöl wird per Schiff in

New York angeliefert und dort raffiniert. Die Rohölprodukte werden anschließend in andere Städte versandt. Ähnliches gilt für Rinder, die auf dem Schienenweg aus dem Landesinneren nach Buenos Aires gebracht, dort geschlachtet, eingefroren oder zu Konserven verarbeitet und dann zu ausländischen Märkten verschifft werden.

Eine graphische Analyse der Vorteile eines solchen Verladepunktes ist in Abbildung 7 für eine einen Rohstoff verarbeitende und nur einen Markt beliefernde Industrie dargestellt worden; dieses Beispiel ist dem Stahlkassettenbeispiel analog. Nehmen wir an, daß Stahl im Punkt M, der von B durch Wasser getrennt ist, produziert wird; von B gibt es eine Eisenbahnverbindung zum Absatzmarkt C. Die Kurve der Beschaffungskosten ist a – b – c – d, wobei a für Ver- oder Entladekosten des Stahls auf das bzw. vom Schiff, b für die Seetransportkosten des Stahls von M nach B, c für die Ver- oder Entladekosten in bzw. aus dem schienengebundenen Verkehrsmittel und d für die Transportkosten von B nach C steht. Die Kurve der Absatzkosten wird durch e – f – g – h repräsentiert, wobei e für die Transportkosten der Kassetten von M nach B, f für die Ver- oder Entladekosten in bzw. aus dem Schiff, g für die Transportkosten von B nach C und h für die Ver- und Entladekosten in bzw. aus dem schienengebundenen Verkehrsmittel steht. Die oberste Kurve stellt die gesamten Transportkosten dar und bildet die Summe der beiden anderen Kostenkurven. Als Folge der Einsparung von Ver- oder Entladekosten hat die Gesamtkostenkurve drei Minima: Ist der Produktionsstandort in M, so entsprechen die Transportkosten e + f + g + h, ist der Standort in B, so sind die Transportkosten a + b + c + d. In Abbildung 7 sind alle drei Standorte mit den gleichen Gesamttransportkosten dargestellt, jedoch wird eine optimale Standortentscheidung von den einzelnen Werten der Kostenkomponenten in jedem besonderen Fall abhängen. So verdanken Seehäfen ihr Wachstum der Tatsache, daß sie im allgemeinen den besten Standort besitzen.

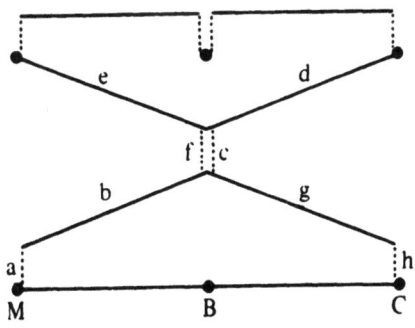

7 Transportkosten unter Berücksichtigung eines Verladepunktes

Die Existenz von Verladepunkten hängt eindeutig von Technologie und Entwicklung des Transportwesens ab. So glauben viele, daß der Ausbau des St. Lawrence-Seeweges, der die direkte Verschiffung von Gütern des mittleren Westens zu den Weltmärkten erlaubt, Städte wie Buffalo und Montreal, die bislang Verladepunkte waren, nachteilig beeinflussen wird. Es gibt instruktive Beispiele künstlicher Verladepunkte an Standpunkten, an denen Eisenbahnstrecken unterschiedlicher Spurweite sich kreuzen oder dort, wo zwei Eisenbahngesellschaften dieselbe Stadt mit ihrem Eisenbahnnetz erreichen, sich aber absichtlich weigern, ihre Netze zu verbinden. Solche trivialen Unterbrechungen des Transportflusses können als Voraussetzung für eine ortsgebundene Entwicklung dienen. Innerhalb der Städte stellen die Bahnhöfe des Nahverkehrsnetzes und der Untergrundbahn für diejenigen, die sie benutzen, Verladepunkte dar und fördern im allgemeinen die Entwicklung lokaler Geschäftszentren. Blickt man in die Zukunft, könnte man über die möglichen Auswirkungen der Luftkissenfahrzeuge spekulieren, die gleichermaßen über Land und über Wasser sich fortbewegen. Sollten sich solche Fahrzeuge als wirtschaftlich erweisen, könnten sie den uralten Vorrang der Häfen gefährden.

7. Der Standort der Industrie mit mehreren Rohstofflagern

Bei der Standortanalyse der Unternehmung mit einem Absatzmarkt und einem Rohstofflager verwandten wir graphische Darstellungen, die nur zwei Dimensionen wiedergaben (Abbildung 3): die horizontale Achse für die Entfernung, die vertikale für die Transportkosten. Untersuchen wir aber Entfernungen zwischen drei oder mehreren Standorten, dann ist die eindimensionale Darstellung in der Horizontalen nicht mehr ausreichend; wir brauchen eine Darstellung, die auf den auf einer Seite verfügbaren zwei Dimensionen aufbaut. Unter diesen Bedingungen benötigen die Transportkosten eine dritte Dimension. Obgleich dies analytisch schwierig ist, wäre es möglich, mit dreidimensionalen Modellen zur Untersuchung dieser Fälle zu arbeiten. Es gibt jedoch eine einfachere Darstellungsmethode für die Analyse dieser dreidimensionalen Modelle. Im oberen Teil von Abbildung 8 werden die Transportkosten von einem Punkt A in gleicher Weise wie in Abbildung 6 dargestellt, jedoch mit dem Unterschied, daß wir die Möglichkeit berücksichtigen, von A aus in beide Richtungen zu transportieren. Gegeben ist jedoch die Möglichkeit, von A aus in jede Richtung zu transportieren, so daß die Transportkosten, in der Ansicht wie ein umgedrehter Trichter aussehen, wobei der Stiel die Ver- oder Entladekosten und der Trichter die Transportkosten darstellt. Der untere Teil von Abbildung 8 zeigt die Kosten wie in einer topographischen Aufsicht. Das

DM 2,– Niveau der Transportkosten bildet einen Kreis um A, das DM 3,– Niveau einen größeren konzentrischen Kreis usw. Die Bedeutung jedes Kreises ist die, daß eine Einheit des Produktes – wie auch immer diese Einheit gemessen wird –, welches von A aus versandt wird, zu jedem Punkt des Kreises zu den gleichen Kosten transportiert werden kann. In A selbst sind die Transportkosten gleich null.

Wir berücksichtigen nun den Standort einer Unternehmung, die zwei Arten von Rohstoffen von M_1 und M_2 bezieht und ihre Produkte in der Stadt C absetzt. Es ist notwendig, die Mengen je produzierte Einheit zu standardisieren; wir nehmen an, daß man für eine Einheit des fertigen Produktes zwei Tonnen Rohmaterial von M_1 und eine Tonne von M_2 braucht. Die Ver- oder Entladekosten pro Tonne Rohmaterial betragen DM 1,– in M_1 und M_2, so daß Verladekosten pro Rohstoffeinheit von DM 2,– in M_1 und DM 1,– in M_2 entstehen. Die Transportkosten pro Tonne betragen DM 0,67 pro hundert Kilometer von M_1 und DM 1,– von M_2. Die Transportkosten pro benötigter Rohstoffeinheit sind daher DM 1,34 von M_1 und DM 1,– von M_2. Die Ver- oder Entladekosten für das fertige Produkt selbst betragen DM 3,– und die Transportkosten DM 1,– pro Kilometer.

Unter diesen gegebenen Bedingungen kann die in Abbildung 9 dargestellte Untersuchung durchgeführt werden. Um M_1 zeichnen wir nun die Transportkosten der für die pro Einheit des fertigen Produktes benötigten zwei Tonnen Rohmaterial ein (in Abbildung 9 durch die dünnen durchgehenden Linien dargestellt). Diese Kurven werden *Isotimen* genannt. Auf gleiche Weise zeichnen wir die Isotimen der für den Transport der notwendigen Menge Rohmaterial von M_2, die in Abbildung 9 durch die gestrichelte Linie dargestellt wird. Schließlich zeichnen wir die um den Absatzmarkt in C kreisförmig angeordneten Isotimen, die durch die Punkt-Strich-Linie gekennzeichnet werden. Die gesamten Transportkosten irgendeines Punktes sind die Summe der Isotimen; im Punkt X zum Beispiel betragen die Kosten des Transportes zweier Tonnen von M_1 DM 10,–, die Kosten des Transportes von einer Tonne von M_2 beträgt DM 4,–, und die Absatzkosten des Produktes am Markt in C betragen DM 8,–. Die gesamten Transportkosten betragen daher 10 + 4 + 8 = DM 22,–. Beim Errechnen der gesamten Transportkosten können Punkte mit gleichen Gesamttransportkosten miteinander verbunden werden. Die daraus entstehenden Linien, in Abbildung 9 als fettgedruckte durchgezogene Linien dargestellt, heißen *Isodapanen* und bilden eine Topographie der gesamten Transportkosten.

Um den Standort des Werkes zu bestimmen, benötigen wir den Punkt der geringsten Transportkosten. Die Isodapanen in Abbildung 9 zeigen einen niedrigen Punkt der Transportkosten in Punkt A innerhalb der DM 20,– Isodapane. In vielen Fällen mag das wahre Minimum in solch einem Zwischenpunkt liegen, d.h. in einem Punkt, der weder Standort der Roh-

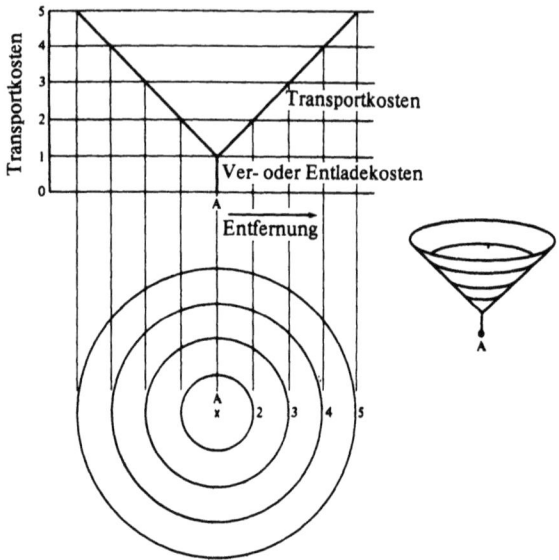

8 Transportkosten: Drei dimensionale Darstellung

stoffquelle noch Standort des Marktes ist. In unserem Fall jedoch ist der Zwischen-Standort A nur ein relatives Minimum. Bei einem Standort in M_1 benötigt man nur DM 19,– Transportkosten (DM 10,– nach M_2 und DM 9,– nach C); für einen Standort in C betragen die Gesamtkosten DM 18,– (DM 10,– nach M_1 und DM 8,– nach M_2). Der beste Standort ist daher in C. Das Minimum, das durch die Isodapahen-Topographie gefunden wird, muß mit einer Standortlage am Rohstofflager oder am Absatzmarkt verglichen werden, um sicherzugehen, daß das absolute Minimum gefunden wurde.

Mit Hilfe dieser Methode können wir nun Fälle untersuchen, die eine beliebig große Anzahl von Punkten enthalten. Die Abbildungen 10, 11 und 12 untersuchen solch einen Industriebetrieb mit drei Märkten – C_1, C_2 und C_3 – und drei Rohstofflagern – M_1, M_2 und M_3. Der Einfachheit halber nehmen wir an, daß die Ver- oder Entladekosten unbedeutend sind, obwohl sie, wie bisher, bei der Untersuchung in den Abildungen 4, 6 und 7 auftreten können.

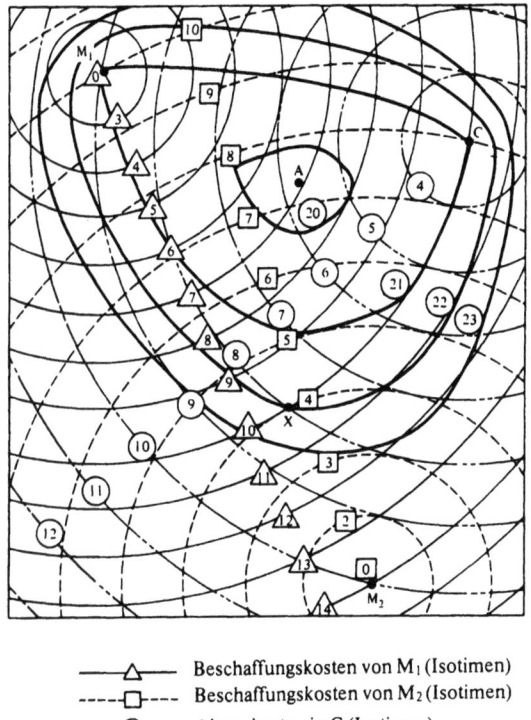

——△—— Beschaffungskosten von M_1 (Isotimen)
----□---- Beschaffungskosten von M_2 (Isotimen)
---○---- Absatzkosten in C (Isotimen)
——○—— Gesamttransportkosten (Isopadanen)

9 Isotimen und Isodapanen für eine Unternehmung mit zwei Rohstofflagern und einem Absatzmarkt

Die Unternehmung verkauft 20 Prozent ihrer Produkte in C_1, 30 Prozent in C_2 und 50 Prozent in C_3. In diesem Fall kann man schon im voraus, gemäß der Regel vom medianen Standort, erkennen, daß das Minimum der Absatzkosten in C_3 sein muß. Es ist jedoch eine vollständige Topographie der Isotimen der Absatzkosten notwendig, um sie mit den Beschaffungskosten zu kombinieren und damit die gesamten Transportkosten zu finden. Da die Anteile der auf jedem Markt abgesetzten Waren bekannt sind, können wir eine Reihe von Isotimen für jeden Markt zeichnen. Betragen die Transportkosten pro Wareneinheit DM 4,– pro hundert Kilometer, so nehmen wir ferner an, daß 20 % dieser Einheit nach C_1 mit Frachtkosten von DM 0,80 pro hundert Kilometer, daß 30 % der Wareneinheiten nach C_2 mit Frachtkosten von DM 1,20 pro hundert Kilometer und daß 50 % der

Einheiten nach C_3 mit Frachtkosten von DM 2,– pro hundert Kilometer versandt werden. Würden wir auch die Ver- oder Entladekosten berücksichtigen, so müßten diese ebenfalls proportional aufgeteilt werden. Auf dieser Basis können Isotimen um jeden Markt gezeichnet werden; diese werden in der gleichen Weise summiert wie in Abbildung 9, um so eine Reihe von Absatzkosten-Isotimen zu erhalten. Die resultierenden Absatzkosten-Isotimen sind in Abbildung 10 dargestellt. Man beachte, daß der niedrigste Punkt tatsächlich in C_3 ist; hier betragen die Absatzkosten DM 8,65 pro Einheit.

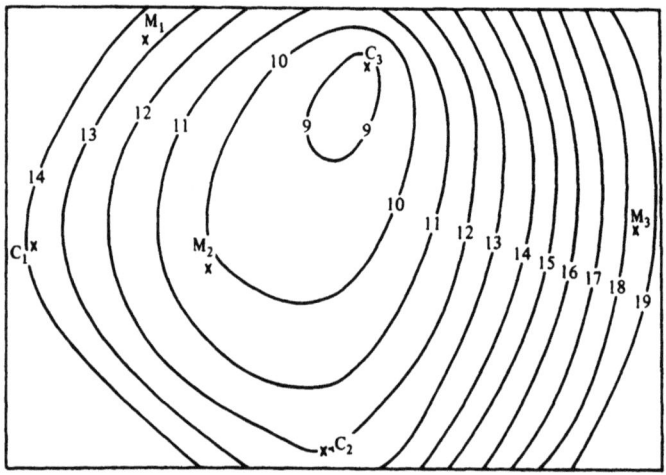

10   Isotimen kombinierter Absatzkosten

Ähnlich können wir die Isotimen für jeden der Rohstoffe zeichnen und summieren, um eine Topographie von Isotimen der Beschaffungskosten zu erhalten (siehe dazu Abbildung 11). Die Grundlage für diese Topographie ist in der folgenden Tabelle zusammengefaßt:

	M_1	M_2	M_3
Rohstoffeinheiten je Produkteinheit	2	1	1
Frachtrate je Einheit und 100 Kilometer	DM 10,50	0,50	2,00
Frachtrate je Einheit notwendigen Materials für eine Produkteinheit	DM 1,00	0,50	2,00

Die Gesamttransportkosten in Isodapanen-Darstellung erhält man nun durch Addition der Absatzkosten-Isotimen (Abbildung 10) und der Beschaffungskosten-Isotimen (Abbildung 11). Das Ergebnis ist in Abbildung 12 dargestellt. Das Minimum der Gesamttransportkosten ist in Punkt P, in dem diese Kosten DM 19,70 pro produzierter Einheit betragen; die Unternehmung wird hier ihren Standort haben. Dieses Minimum muß notwendigerweise immer innerhalb des Polygons liegen, dessen Scheitelpunkte durch Standpunkte der Märkte und der Rohstofflager begrenzt werden.

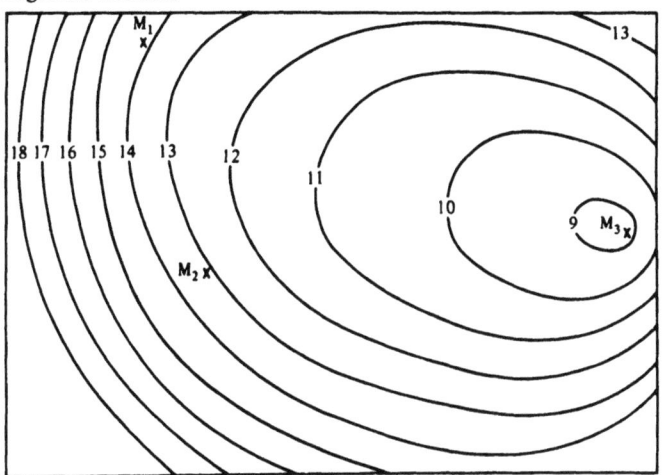

11 Isotimen kombinierter Beschaffungskosten

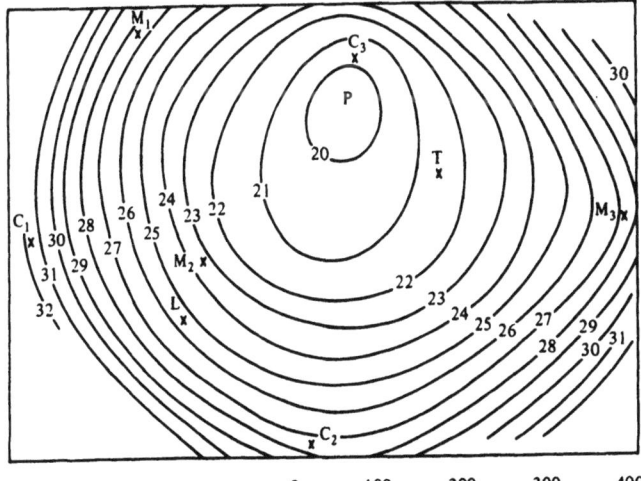

12 Isodapanen: Summen der Isotimen in Abbildung 10 und 11

Es wäre natürlich möglich gewesen, diese sechs Reihen Isotimen (von M_1, M_2, M_3 nach C_1, C_2, C_3) gleichzeitig zu addieren, wobei jedoch die vielen Linien auf der Abbildung nur verwirrt hätten. Die Lösung des Problems läßt sich leichter durch einzelne Schritte demonstrieren.

8. Unterschiedliche Produktionskosten

Wir nehmen an, daß im Punkt L der Abbildung 12 eine Stadt mit großem Arbeitskräfteangebot liegt, in der das Lohnniveau niedriger ist als in anderen Städten. Der Unternehmer will herausfinden, ob er den Standort L dem von P vorziehen soll. Er wird die durch den niedrigeren Lohn verursachten Einsparungen kalkulieren und dabei sowohl die Lohnhöhe als auch die Produktivität der damit verbundenen Arbeit berücksichtigen. Betragen die Einsparungen DM 10,–, so wird L der beste Standort sein, da die in den Isodapanen gezeigten Gesamttransportkosten, im Gegensatz zu P, wo sie DM 19,70 betragen, in L bei DM 25,50 liegen; die zusätzlichen Transportkosten nach L von DM 5,80 ergeben, von DM 10,– abgezogen, noch immer eine Nettoeinersparnis von DM 4,20. Genauso könnten wir einen anderen Punkt, etwa T, berücksichtigen, in dem Steuerersparnisse von DM 1,– pro Produkteinheit erzielt werden können (würde T besser sein als P, oder als L?), oder irgendeinen anderen Punkt, in dem spezielle Verhältnisse, wie besondere klimatische Verhältnisse, Verbund mit anderen Aktivitäten usw., gegeben sind.

9. Marktgebiete

Benötigt eine Unternehmung einen Rohstoff, der von einer von zwei Rohstoffquellen kommen kann, so wird die Wahl einer der Rohstoffquellen von der relativen Lage der Unternehmung abhängen. Um jedoch den Standort der Unternehmung bestimmen zu können, ist es notwendig zu wissen, welche der beiden Isotimen zu berücksichtigen sind. Zu diesem Zweck grenzen wir die von je einer Rohstoffquelle am besten versorgten Gebiete voneinander ab und betrachten nur die Isotimen des in seinem Gebiet bevorzugten Rohstoffs. Mit anderen Worten, wir konstruieren eine Isotimen-Topologie für das Rohmaterial an Stelle derjenigen für das Rohstofflager.

Abbildung 13 zeigt zwei verschiedene Lager M und M' desselben Rohstoffes. Im oberen Teil der Abbildung sind die Lieferkosten für jede der beiden Rohstofflager dargestellt. Die Vertikale repräsentiert die Produktionskosten des Rohstoffes zuzüglich der Ver- oder Entladekosten, während der „Trichter" die Transportkosten des Rohstoffes abbildet. Es ist ersichtlich, daß zur Linken von A das Rohstofflager M billiger liefern kann, während M' zur Rechten von A im Vorteil ist. Im oberen Teil der Abbildung wird die Untersuchung mit Hilfe von Kurven ausgeführt, die Isotimen ähneln, sich jedoch darin unterscheiden, daß die Produktionskosten in jedem Punkt berücksichtigt werden. Die Gerade A — A (die senkrechte Gerade, die die Linie M — M' in der Hälfte teilt) ist die Grenze zwischen den Märkten M und M'. Bei der Konstruktion einer Isodapanen Topographie werden wir die um M kreisförmig gelagerten Isotimen links von A — A und die um M' kreisförmig gelagerten Isotimen rechts von A — A verwenden.

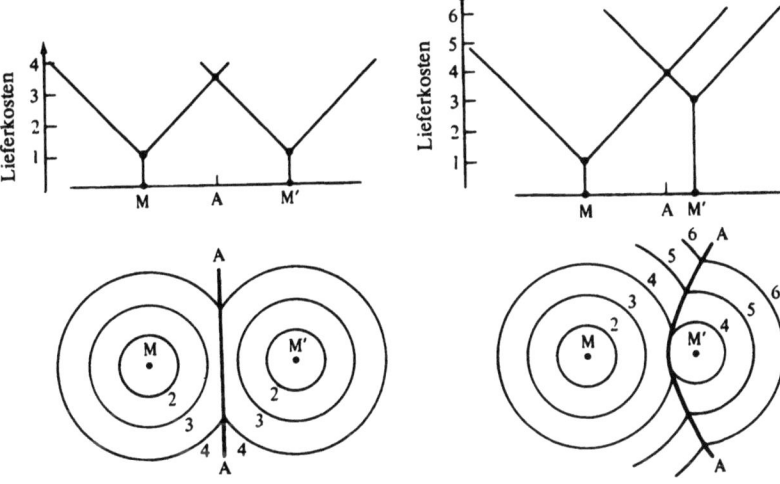

13 Marktgebiete: Identische Produktion und Transportkosten

14 Marktgebiete: Verschieden hohe Produktionskosten und gleich große Transportkosten

In Abbildung 14 wird ein anderer Fall betrachtet: Hier sind die Produktionskosten in M' höher als in M, die Transportkosten aber von beiden Rohstofflagern aus gleich groß. Die daraus resultierende Marktgrenze ist ein offener Halbbogen A — A, der einer Hyperbel ähnelt. In Abbildung 15 wird ein Fall graphisch dargestellt, bei dem die Transportkosten von M' höher sind als von M. Das Marktgebiet von M' wird vom geschlossenen Hyperkreis A — A begrenzt. Diese Situation kann zum Beispiel dann entstehen, wenn wir in M und M' Kohlenbergwerke annehmen, wobei die in M' geförderte Kohle von geringerer Qualität ist, so daß größere Mengen an Kohle zur Produktion einer Wareneinheit notwendig sind als in M.

Die Ergebnisse unserer Untersuchung gelten auch für die Bestimmung von Märkten für Unternehmungen bekannten Standorts, sofern nach deren Preispolitik die Kunden die Transportkosten tragen müssen. Verlangen die Produzenten jedoch überall die gleichen „Listenpreise" kann ihr Markt nicht auf diese Art und Weise bestimmt werden. Die Marktgröße wird von der Unternehmenspolitik abhängen, davon also, inwieweit die Unternehmung bereit sein wird, ihre Produkte zu versenden, wenn sie die Transportkosten selbst übernimmt. Außerdem verstricken sich manchmal Unternehmungen in ausgedehnte Preiskämpfe, um bestimmte Märkte zu erobern, oder es ist ihnen in einigen Gebieten durch Werbemaßnahmen möglich, sogar zu höheren Preisen zu verkaufen.

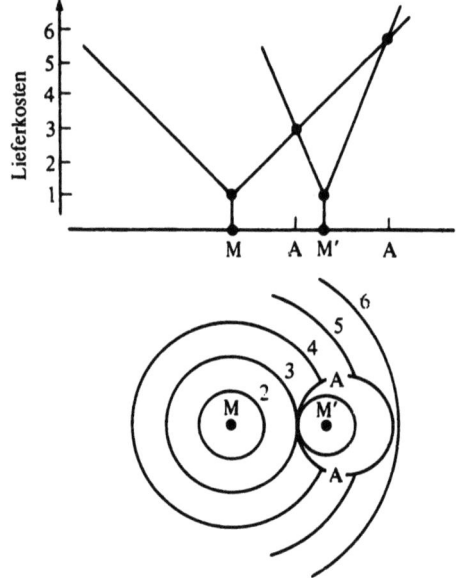

15 Marktgebiete: Unterschiedliche Transportkosten

10. Einige realistische Komplikationen

In den vorangegangenen Abbildungen wurden die Isotimen durch räumlich gleichmäßige konzentrische Kreise dargestellt. Die Kostendegression bei längeren Transportwegen, die durch die Kurvatur der ansteigenden Transportkostenkurve in Abbildung 4 wiedergegeben wird, bewirkt wiederum bei zunehmender Entfernung von der Rohstoffquelle ein Auseinanderrücken der Isotimen.

Es gibt noch andere realistische Bedingungen, die bei der Verwendung von Isotimen berücksichtigt werden können. Wir haben bisher angenommen, daß Transporte in alle Richtungen gleichermaßen möglich sind. Aber da es in Wirklichkeit Straßen und Eisenbahnlinien nur in einige Richtungen gibt, werden die Isotimen keine perfekten Kreise sein, sondern wie „Seesterne" aussehen, mit Armen, die sich, wie in Abbildung 16 dargestellt, entlang der Transportwege ausstrecken, wobei A – A und B – B Autobahnen oder Eisenbahnstrecken darstellen; die entsprechende Isotime ist dann entlang der Transportwege in Abbildung 16 eingezeichnet. Obwohl Punkt D näher bei M liegt als Punkt C, kostet es genausoviel, ihn zu erreichen, da ein Teil der Strecke auf Straßen niedrigerer Ordnung als A – A zurückgelegt werden muß. Ähnliche Effekte verursachen im Wege liegende Seen, Berge, hohe Zölle, Strecken mit festgelegten Halten, die Rückfahrten zu bestimmten Punkten erfordern, um die Fahrt fortsetzen zu können, usw. Dies alles wird wohl die Geometrie der Isotimen komplizieren, nicht jedoch ihre Logik: Eine Isotime ist die auf einer Karte dargestellte Kurve, die alle Punkte gleich hoher Transportkosten verbindet.

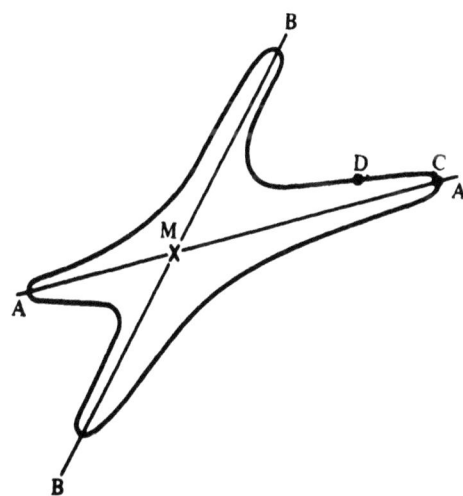

16   Isotimen unter Berücksichtigung eines Transportnetzes

11. Einige Begriffe und Vereinfachungen

Unsere Untersuchung kann bisher mit einer Vorrichtung von Bändern, Rollen und Gewichten verglichen werden, wobei, unter Außerachtlassung der Ver- oder Entladekosten, die Gewichte für jedes Rohstofflager oder jeden Absatzmarkt durch die Proportionalität der benötigten Mengeneinheiten und durch die Multiplikation dieser mit den relevanten Transportkosten pro Einheit bestimmt werden und alle Bänder in einem Knoten miteinander verbunden sind; dieser Knoten wird am optimalen Standort zur Ruhe kommen. Formaler ausgedrückt heißt das, daß der Zug, der an jedem Punkt ausgeübt wird, $w_i r_i$ beträgt, wobei w_i die für die Produktion einer Einheit des Produktes notwendige Menge ist, und r_i die Transportkosten einer Produktionseinheit über eine gegebene Entfernung darstellt. Für das fertige Produkt selbst ist bei einem Absatzmarkt w_i gleich eins, bei mehreren Märkten ein entsprechender Bruchteil davon. Die Menge $w_i r_i$ heißt *ideales Gewicht*. Ist eines dieser idealen Gewichte größer als die Summe der anderen Gewichte, so wird der Knoten direkt zu der Rolle dieses idealen Gewichtes gezogen. Solch ein ideales Gewicht heißt *dominantes Gewicht*; in formaler Diktion heißt das: $w_j r_j$ ist das dominante Gewicht, wenn $w_j r_j \geqslant \sum_i w_i r_i, i \neq j$. Die Bedeutung des dominanten Gewichtes liegt darin, daß, bei Vorhandensein eines Standortes mit den geringsten Transportkosten, dieser an der Quelle des dominanten Rohstoffes (oder im Fall des Produkts am Bestimmungsort) liegt. Es ist deshalb nicht notwendig, die Isotimen-Isodapanen-Analyse durchzuführen, da wir die Antwort auf unser Problem schon kennen. Zu bemerken ist, daß es sich hier um nichts anderes als um das Prinzip des medianen Standortes in anderer Form handelt.

Aber wenn es kein dominantes Gewicht gibt, was dann? Lassen wir die Ver- oder Entladekosten außer acht, bedeutet das, daß der Punkt mit den geringsten Transportkosten innerhalb des Polygonzuges liegt, der durch Verbindung der einzelnen Rohstofflager und Absatzmärkte entsteht, wobei ein Standort direkt am Rohstofflager oder auf dem Absatzmarkt ausgeschlossen ist. Mit anderen Worten, die vollständige Untersuchung muß durchgeführt werden, und in Folge der Berücksichtigung der Ver- oder Entladekosten muß das Minimum der Transportkosten innerhalb des Polygonzuges mit den Kosten in den verschiedenen Punkten der Rohstofflager und Absatzmärkte verglichen werden. Daß der optimale Standort doch in einem der Anfangs- oder Endpunkte des Polygonzuges sein kann, ist natürlich möglich.

Bei der Produktion bestimmter Güter wird vom Rohstoff viel unbrauchbar und geht im Produktionsablauf verloren: Erde wird vom Erz gewaschen, Material wird zugeschnitten, Chemikalien werden verbraucht. In solchen Fällen wird natürlich das fertige Produkt weniger wiegen als das dafür verwendete Rohmaterial. Solche Produktionsbetriebe werden *gewichtsmindernd* genannt und sind oft *rohstofforientiert*. Das klassische Beispiel dafür ist die Eisen- und Stahlindustrie, die große Mengen von Kohle pro Tonne Produkt benötigte und deshalb vorwiegend in Kohlenrevieren ihren Standort hatte. Moderne Technologie jedoch hat es ermöglicht, daß wesentlich weniger Kohle verwendet werden kann, wodurch die Rohstofforientierung dieses Wirtschaftszweiges reduziert wurde.

Es gibt jedoch Produktionsbetriebe, bei denen das Gegenteil der Fall ist; hier wiegen die Produkte mehr als die zu ihrer Herstellung verwandten Rohstoffe. Dieses sehr eigenartig erscheinende Phänomen ist jedoch ziemlich häufig. Es kann auf zwei Ursachen zurückgeführt werden. Die Frachtrate des Produkts kann, bedingt durch Kühlung, Zerbrechlichkeit, Sperrigkeit und aus anderen Gründen, sehr hoch sein, so daß das ideale Gewicht des fertigen Produkts ebenfalls sehr hoch ist. Dies ist bei Glaswaren und bei Präzisionsmaschinen der Fall. Der andere übliche Grund ist die Verwendung freier, in unbeschränkter Menge vorhandener Rohstoffe, zum Beispiel von Wasser oder von Luft, die überall erhältlich sind und nicht transportiert zu werden brauchen.

Solche überall vorkommenden Güter gehen nicht in die Berechnung dominanter Gewichte ein; die entsprechenden Industriebetriebe heißen *gewichtserhöhend* und sind oft *marktorientiert*. Ein wichtiges Beispiel dafür ist die Bierproduktion, die für ihre Brauereien die wichtigsten Märkte als Standort wählt. Aber die Bezeichnung dieser Industriebetriebe als rohstoff- oder marktorientiert kann nur eine Tendenz wiedergeben. Diese Begriffe sind verbale Kurzbezeichnungen, ähnlich dem Konzept des dominanten Gewichtes, wenn auch weniger präzis. Für jede einzelne Unternehmung ist es notwendig, die gesamte Untersuchung durchzuführen, um sicherzugehen, daß der beste Standort gefunden wird.

Wir hatten Industriebetriebe untersucht, die bei Auswahl ihres Standortes besonders die Transportkosten berücksichtigen. Typischerweise sind das Industriebetriebe mit Rohstoffen oder Produkten, die relativ geringen Wert pro Gewichtseinheit aufweisen; oder, um es präziser auszudrücken, Produkte mit hohem idealen Gewicht dividiert durch das Volumen des transportierten Gutes. Für andere Industriebetriebe, besonders für diejenigen, deren Produkte einen hohen Wert pro Gewichtseinheit haben, werden andere Überlegungen wichtig sein. Die Textilindustrie wird üblicherweise von Standorten angezogen, die genügend billige Arbeitskräfte anbieten; sie wird daher *arbeitsorientiert* genannt. Die Aluminiumindustrie wird von billiger Elektrizität angezogen und ist daher *energieorientiert*. Als eine neue Standortorientierung kann die wachsende Bedeutung des Freizeitwertes angesehen werden. Industrien mit hohem Forschungsaufwand, wie die elektronische Industrie, haben geringe Transportkosten, brauchen aber hochspezialisierte Wissenschaftler und Ingenieure. Um sie an die Unternehmung zu binden, hat diese Industrie ihren Standort oft an Orten mit klimatischen und kulturellen Vorteilen. Der am Anfang dieses Beitrags erwähnte Industrielle in Worcester war in einem gewissen Sinn am Freizeitwert orientiert. Es muß jedoch festgestellt werden, daß diese verschiedenen Orientierungen in Wirklichkeit Beispiele für unterschiedliche Produktionskosten sind und daß sie in die Untersuchung der Transportkosten integriert werden können.

Industriebetriebe, die keine ausgeprägten Präferenzen in bezug auf den Standort haben, und besonders Industriebetriebe, die nicht transportorientiert sind, werden oft als *freie* Industriebetriebe bezeichnet; es gibt gute Gründe dafür, daß der technische Fortschritt immer mehr Industriebetriebe unabhängig macht. Erstens tendieren die Transportsysteme langfristig dazu, billiger, schneller und effizienter zu werden, wodurch die Transportorientierung abnimmt. Zweitens tendiert der Produktionsprozeß selbst dazu, effizienter zu werden, weniger Rohstoffe pro Produktionseinheit zu verwenden, was folglich die Transportkosten verringert und darüber hinaus die Marktorientierung erhöht. Schließlich werden die fertigen Produkte selbst immer besser, so daß pro Gewichtseinheit bessere Resultate oder größerer Nutzen erzielt werden.

12. Konzentration und Dezentralisation der Industrie

Bedeutet zunehmende Standortunabhängigkeit, daß die industrielle Produktion zunehmend dezentralisiert wird? Wahrscheinlich nicht. Standortunabhängigkeit bedeutet nur, daß die Transportkosten relativ unbedeutend sind und nicht, daß ein Standort dem anderen äquivalent ist. Industriebetriebe können heute von Gebieten mit guten klimatischen Bedingungen angezogen werden, entweder, weil sie eine Produktionsvoraussetzung sind, wie zum Beispiel bei der Flugzeugindustrie, oder weil es für ihre Beschäftigten von Interesse ist, an solchen Orten zu arbeiten (zum Beispiel bei forschungsintensiven Unternehmen). Oder die Unternehmungen werden von den besonderen Vorteilen des betreffenden Ortes, von dem Vorhandensein billiger Arbeitskräfte, oder — vielleicht als wichtigster Punkt — von den Kontaktmöglichkeiten angezogen. Diese Interaktionen können in unterschiedlicher Form auftreten. Es kann sich um Gespräche auf Managerebene handeln, bei denen wichtige Informationen anläßlich eines Mittagessens ganz nebenbei ausgetauscht werden, oder um die enge Koordination von Anbieter und Abnehmer, um die zufällige Bemerkung, die eine ungeahnte Möglichkeit eröffnet, schließlich um das Fachgespräch der Techniker, das neue Ideen stimuliert. Die Bedeutung dieser Kommunikationsmöglichkeiten verbessert für viele Unternehmungen die Attraktivität großer städtischer Zentren und führt zu weiterer Konzentration.

Diese Konzentration in den Städten bedeutet nicht notwendigerweise Konzentration in der Innenstadt. Der Begriff „Stadt" wird hier im technischen Sinn, d.h. für die geographische Ausdehnung von Wohngebieten und Arbeitsplätzen innerhalb städtischer Agglomeration, gebraucht. Unter „Stadt" verstehen wir ein Ballungszentrum, das Stadt und Vororte umschließt. Seit dem Zweiten Weltkrieg sind in den USA viele Industriebetriebe in die Vororte gezogen. Der Hauptgrund für diese Abwanderung ist die gestiegene Nachfrage nach Grund und Boden von Seiten der Industriebetriebe; eingeschossige Werkhallen eignen sich besser für die modernen Produktionsmethoden, und es werden große Flächen für Parkplätze benötigt. Da für die modernen Produktionsmethoden mehr Fläche erforderlich ist, ziehen Unternehmungen in die Vorstädte, wo Grund und Boden billiger ist. Die zunehmende Verlagerung des Transportwesens vom Schienenverkehr zum Straßenverkehr hat diesen Prozeß gefördert; so können Lastkraftwagen die über die Stadt verteilten Industriebetriebe besser bedienen, da sie beweglicher sind. Die Dezentralisation *innerhalb* der Stadtregion ist manchmal mit nationaler Dezentralisation verwechselt worden.

Obwohl es schwierig ist, Verallgemeinerungen über die Arten industrieller Standorte innerhalb von Städten anzustellen (einerseits, weil wir wenig davon wissen, andererseits, weil viel von dem, was wir wissen, eine sehr schwerfällige Beschreibung erfordert), ist doch eine Art von Muster oder Lebenszyklus der Industriebetriebe sichtbar geworden. Er ähnelt dem Zyklus der Wohnaufenthalte amerikanischer Familien: Junge Ehepaare oder diejenigen, die eben aus ländlichen Gebieten zugezogen sind, wohnen zunächst in der Nähe des Stadtzentrums in kleinen Appartements. Mit dem Wachstum der Familie oder wenn die ländlichen Einwanderer sich angeglichen haben, tendieren sie dazu, in Häuser in den Vorstädten zu ziehen. Ähnlich beginnen viele neue Industriebetriebe in alten Gebäuden nahe dem Stadtzentrum, wo sie sich relativ billig einmieten können. Sind die Unternehmungen erfolgreich und brauchen mehr Platz, so errichten sie häufig ihre neuen Werke in den Vororten. Unserem Begriff nach ist dies jedoch ein Umzug in einen anderen Stadtteil, nicht aber in eine andere Stadt.

13. Praktische Anwendung

Wir haben bisher ausschließlich die logische Struktur der Standorttheorie der Unternehmungen diskutiert. Es stellt sich allerdings die Frage, ob Unternehmer oder Projektplaner tatsächlich die hier dargestellten Methoden verwenden. Viele tun es natürlich nicht. In vielen Fällen beruht die Entscheidung fast nur auf einer Laune: Der Unternehmer wird einfach seine Geschäfte in der Stadt betreiben, in der er geboren und aufgewachsen ist, oder in einer Stadt, die ihn durch eine clevere Werbekampagne dazu überredet hat. Irrationale Entscheidungen in einer auf Wettbewerb basierenden Wirtschaft haben jedoch in der Regel schwere Folgen. Das Überleben der Besten bedeutet jedoch, gleichgültig wie die Entscheidung gefällt wurde, daß nur die Industriebetriebe, die einen guten Standort aufweisen, bestehen können. Eine Planwirtschaft würde ähnlich unter nicht optimalen Standorten leiden, obwohl die Kosten der Ineffizienz nicht direkt zurechenbar sind, sondern sich auf die ganze Wirtschaft verteilen. Der Leser wird jedoch daran erinnert, daß wir hier den Standpunkt der Unternehmung vertreten, bzw. − bei öffentlicher Planung − die Zielsetzung des Projektes betrachten. Unter Berücksichtigung regionaler Interessen mag es gerechtfertigt sein, in einigen Fällen die vom Standpunkt des Projekts höheren Kosten in Kauf zu nehmen, um solche Ziele wie die Entwicklung einer wirtschaftlich unterentwickelten Region zu verfolgen.

Die Mehrheit der Unternehmer berücksichtigt nicht bewußt die Ergebnisse dieser Untersuchung. Sie ist mit der Abwicklung der Geschäfte ihrer Unternehmung vertraut, kennt ihre Absatzmärkte und weiß, von wo sie ihre Rohstoffe bezieht. Und aus diesem allgemeinen Wissen wird sie die für sie wahrscheinlich am geeignetsten Standorte auswählen und diese weiter daraufhin prüfen, ob sie als Standort in Frage kommen. Ein rationaler Unternehmer wird dann die einzelnen Alternativen sehr sorgfältig miteinander vergleichen. Er wird Transportkosten, Transportmöglichkeiten, Arbeitsmarkt, Lohnhöhen, Qualität und Organisation der Arbeitskräfte, Energiekosten, die örtlichen Steuern und ihre mögliche Entwicklung, erhältliche Grundstücke, klimatische Bedingungen, das Wohnraumangebot, die Bildungseinrichtungen, Finanzierungsmöglichkeiten und -kosten, kommunale Verordnungen und andere für sein Geschäft wichtige Faktoren prüfen. Diese Art der Untersuchung ist jedoch ziemlich kompliziert, und die meisten Unternehmer haben unter ihren Mitarbeitern keinen, der nach Ausbildung und Erfahrung fähig wäre, eine solche Untersuchung durchzuführen. Folglich wendet sich der Unternehmer in zunehmenden Ausmaß an Standort-Berater, die ihn bei seiner Entscheidung unterstützen sollen. Diese Berater folgen der eben beschriebenen Struktur der Analyse, obwohl oft mit Änderungen, die ihrer Arbeitsweise entsprechen.

14. Grenzen der Untersuchung

Wir haben die zugrundeliegende Theorie der Standortentscheidung in Umrissen vom Standpunkt der Unternehmung oder des Projektes untersucht. Wir haben uns auf die Transportkosten konzentriert, da diese sich räumlich in einer bestimmten Art und Weise ändern. Nur am Rande haben wir uns mit solchen Dingen wie Lohnkosten und Steuern beschäftigt, die sich in nicht sehr regelmäßiger Art und Weise ändern. Sie können dadurch berücksichtigt werden, daß man die Einsparungen pro Einheit und Alternative vergleicht, indem man die Einsparungen gegen zusätzliche Ausgaben aufrechnet, um auf die gesamten lokalen Einsparungen zu kommen. Gewiß gibt es dabei keine theoretischen Schwierigkeiten. Zu einigen wichtigen Themen der Standortprobleme kann die Theorie allerdings wenig beitragen; die Themen werden daher eher eine Angelegenheit der Beurteilung bleiben als eine der wissenschaftlichen Analyse. Einige dieser Probleme sollen abschließend angesprochen werden.

Die Nachfrage wurde als gegeben angenommen: Wir haben gesagt, daß wir wüßten, wo die Marktgebiete liegen und wieviele Einheiten dort nachgefragt werden. Dies ist jedoch nicht selbstverständlich. Die Nachfrage schwankt aus vielen Gründen, wobei der Preis oft die Haupteinflußgröße ist. Verkauft deshalb ein Produzent auf mehreren Märkten, werden die Lieferkosten und die auf den verschiedenen Märkten verkauften Mengen des Produkts vom Standort des Lieferwerkes abhängen. Gleichzeitig werden die Stückkosten vom Ausmaß der Produktion beeinflußt. So kann es gut vorkommen, daß für ein Werk ein Standort gewählt wird, von dem aus die Transportkosten pro Stück etwas höher sind als im möglichen Minimum; der Produzent kann dann die Produkte in einer Stadt verkaufen, die ansonsten außerhalb des Marktgebietes gelegen hätte. Damit erhält das Werk ein genügend großes Auftragsvolumen, um die Stückkosten seines Produktes senken zu können. Und natürlich werden solche Entscheidungen auch oft aus Gründen des Wettbewerbes getroffen. Es mag am Markt bereits eine Unternehmung geben, die das gleiche Produkt am Punkt der minimalen Transportkosten produziert, so daß bei Errichtung eines neuen Werkes das bereits bestehende Unternehmen um seine Kunden kämpfen muß. Es könnte besser sein, sich einen neuen Standort zu suchen, der zwar höhere Transportkosten bedingt, von dem aus jedoch neue Kunden gewonnen werden können, die vorher von dem bereits vorhandenen Werk zu weit entfernt waren. Zusätzlich muß eine Unternehmung bei jeder Entscheidung die Reaktion ihrer Konkurrenten beachten. Und schließlich: Viele Firmen stellen mehr als ein Produkt her. Eine Schuhfabrik produziert Schuhe unterschiedlicher Größen und Moderichtungen ebenso wie vielleicht Brieftaschen und Koffer. Ein chemischer Betrieb produziert tausende verschiedene Kombinationen von Produkten durch nur leichte Veränderung des von ihm angewandten chemischen Prozesses. Untersucht daher die Unternehmung alternative Standorte, so muß sie auch Variationen ihres vielschichtigen Angebotes berücksichtigen. Die Kombination, die an einem Standort die beste ist, muß an einem anderen Standort nicht gleich gut sein.

Dies alles bedeutet im wesentlichen eine Komplikation der grundlegenden Theorie, und obwohl die daraus resultierende Untersuchung lang und schwierig wird, sollten recht gute Lösungen möglich sein. Aber es gibt Probleme anderer Art, die durch die notwendige Berücksichtigung von schwer zu quantifizierenden Umständen entstehen. Das wichtigste Problem ist wahrscheinlich das der *externen ökonomischen Effekte*. Das sind die Vor- oder Nachteile, die der Unternehmung durch die Nähe des Betriebes zu anderen wirtschaftlichen Aktivitäten entstehen. Eine Gruppe von Betrieben kann zum Beispiel eine Reparaturwerkstatt gemeinsam effizienter betreiben als jede für sich.

Als Nachteile werden oft höhere Mieten und Versicherungsprämien genannt. Viele dieser Vor- und Nachteile sind jedoch sehr schwer zu quantifizieren. Wieviel ist es wert, Zugang zu einem guten Steueranwalt zu haben, oder einen Lieferanten oder Kunden persönlich besuchen zu können, oder eine erstklassige Druckerei an der Hand zu haben, die einen Bericht druckt, oder sich Material innerhalb von Minuten nach Bestellung liefern lassen zu können? Andererseits, wie sind die aus Verkehrsstörungen entstehenden Kosten zu berechnen? Es ist nicht nur schwierig, diese Vor- und Nachteile zu messen, oft ist es auch unmöglich, diese überhaupt zu erkennen. Ein großes Büro zum Beispiel, das aufs Land abwanderte, war gezwungen, in die Stadt zurückzukehren, als es entdeckte, daß es auf dem Land keine Sekretärinnen bekommen konnte, da diese nicht so weit von heiratsfähigen Männern entfernt arbeiten wollten. Jedoch zog ein Forschungsbetrieb von einer großen Stadt in eine kleinere um, um sich nicht von der Konkurrenz sein technisches Personal abwerben zu lassen.

Die allerschwierigsten und weitreichendsten Probleme sind Ungewißheit und Prognose. Die Zukunft ist im allgemeinen ungewiß: Präferenzen können sich ändern, wie es technische Revolutionen geben kann oder Steuergesetze und Zolltarife revidiert werden können. Kurz: Wenn Entscheidungen getroffen werden, ist es nur selten der Fall, daß man des genauen Resultats sicher sein kann. Einige interessante Arbeiten, Ungewißheit in der Standorttheorie zu berücksichtigen, sind veröffentlicht worden, aber bisher kann dies nur als ein Anfang gelten. Allgemein ausgedrückt bedeutet das, daß die neue Theorie versucht, Kosten und Nutzen alternativer Entscheidungen unter Berücksichtigung der Wahrscheinlichkeiten abzuschätzen. Das ist natürlich dasselbe, was Unternehmer auch tun. Ein amerikanischer Geschäftsmann zum Beispiel wird einen 10 %-Gewinn auf eine in den USA getätigte Investition attraktiv finden, aber er wird an einer ähnlichen Investition in einem politisch unsicheren Land, in dem die Möglichkeit von Revolution, Enteignung, schweren Behinderungen und anderem groß ist, nicht interessiert sein, wenn er nicht 30 % oder mehr Gewinn erzielen kann. Die wichtigste Schlußfolgerung dieser Untersuchung ist, daß es keine einzelne beste Strategie der Standortentscheidung für den Unternehmer gibt. Er kann entweder für Alternativen mit großen Gewinnen aber auch mit großen Verlusten optieren, oder sich zurückhaltend für normale Gewinne entscheiden. Beides sind rationale Möglichkeiten, wobei die Entscheidung von den Zielen und der Einstellung des Unternehmers abhängt. Neben der Ungewißheit wird die Frage der Zeit in der vorhandenen Standorttheorie nicht genügend berücksichtigt. Die Entscheidung, die derzeit am besten ist, muß nicht zu irgendeinem zukünftigen Zeitpunkt genauso gut sein: Produktionsmethoden können sich ändern, ebenso Transportnetze und -kosten, Präferenzen, Standort, und die Zahl der Abnehmer ebenso wie die Struktur des Wettbewerbs. Sogar wenn diese Änderungen mit Gewißheit vorhergesagt werden könnten, gibt es keine ausgearbeitete Theorie, wie Entscheidungen zu treffen sind, die auch noch nach einer bestimmten Zeit den besten Standort bestimmen, und die nicht nur für den Augenblick des Entscheidens gültig sind. Eine solche Theorie erscheint als realisierbar und ist tatsächlich gar nicht schwierig zu entwickeln, wenn wir sicherstellen könnten, daß alle relevanten Änderungen mit einiger Genauigkeit vorhergesagt werden können. Zeit und Ungewißheit zu einer aussagekräftigen Untersuchungsmethode zu verbinden, wird weitaus schwieriger sein, ist jedoch prinzipiell möglich. Es ist jedoch ersichtlich, daß keine einzelne beste Antwort zu dieser Problematik gegeben werden kann. Wir wissen aber, daß die Standortentscheidung im großen Ausmaß von „Zeitpräferenzen" abhängen wird, d.h., man wird sich entweder für Anfangsprofite oder für höhere Profite in der Zukunft festlegen müssen. Beides kann eine rationale Entscheidung darstellen.

15. Bibliographie

Das Lehrbuch auf dem Gebiet ist *Alfred Webers Industrielle Standortslehre*, 1909. *Edgar M. Hoover*, in *The Location of Economic Activity* (New York: McGrawHill Book Co, Inc., 1948) verbesserte viele Aspekte der Analyse und führte ein größeres Maß an Realität ein. *Walter Isard*, in *Location and Space Economy* (New York: The M.I.T. Press und John Wiley & Sons, Inc., 1956) verallgemeinerte und verbesserte die Theorie.

Die Arbeiten von *Melvin Greenhut*, in *Microeconomics and the Space Economy* (Chicago: Scott, Foresman and Co., 1963) und *Plant Location in Theory and Practice* (Chapel Hill: University of North Carolina Press, 1956) setzten die Untersuchungen auf diesem Gebiet fort.

Der Leser, der sich für die Praxis der Standorttheorie interessiert, kann bei *L. C. Yaseen*, *Plant Location* (New York: American Research Council, 1960) die Voraussetzungen der Standortwahl für die private Unternehmung und für Regierungsprojekte im *Manual on Economic Development Projects* (New York: United Nations, 1958) nachlesen.

Das Beispiel der Eisverkäufer am Strand beruht auf *Hotelling, Stability in Competition*, Economic Journal, Vol. 39, März 1929, Seite 41–57. Zum Versuch, Wahrscheinlichkeiten in der Standortentscheidung zu berücksichtigen, siehe *Isard* und *Reiner, Aspects of Decision Making Theory and Regional Science* (Papers and Proceedings of the Regional Science Association, Vol. 9, 1962).

1.2 Das Wesen der Wirtschaftsgebiete

August Lösch

Beeindruckt von der zufälligen Art und Weise, in der Staaten geschaffen und vernichtet werden, sucht man nach einer natürlicheren und beständigeren räumlichen Ordnung der Dinge. Geographische und kulturelle Regionen sind jedoch von ökonomischen Standpunkt aus gesehen als Bezugseinheiten genauso künstlich wie der Staat. Es ist natürlich richtig, daß die durch geographische und kulturelle Entwicklung bestimmten Regionen von einiger ökonomischer Relevanz sind, aber dies ändert nicht ihre im wesentlichen nicht-ökonomische Natur. So wichtig auch für sie ihre Zahlungsbilanz, ihre Preisniveaus, ihre regionalen Handelsbeziehungen sein mögen, für uns sind diese Durchschnittswerte und Aggregate vollkommen willkürlich und zufällig. Wir diskutieren hier unabhängige Wirtschaftsgebiete; Gebiete, die nicht von politischen, kulturellen und geographischen Einheiten abgeleitet, ihnen aber äquivalent sind. Selbst wenn wir die Charakteristika der Wirtschaftsgebiete bereits kennten — was nicht der Fall ist —, unterschieden sich ihre Gegenstücke in der realen Welt untereinander wahrscheinlich viel mehr von einem idealen Bild der Wirtschaftsregion. Das Studium der *idealen* Region ist jedoch sowohl der einzige Weg, die wesentlichen Strukturen der *realen* Wirtschaftsregion kennenzulernen, als auch der erste Schritt zur Erforschung ihrer *tatsächlichen Struktur*. Wir werden daher zuerst die theoretische Natur solcher Regionen behandeln und dann erst ihr tatsächliches Vorhandensein überprüfen.

1. Um zu verhindern, daß irgendwelche räumlichen Unterschiede nicht-ökonomischen Ursprungs sich in unseren Ausgangsüberlegungen verbergen, beginnen wir mit sehr einfachen Annahmen. Wir stellen uns eine weit ausgedehnte Ebene vor, in der Rohstoffe gleichmäßig vorkommen und sonstige Ungleichheiten in jeglicher Form fehlen, ob sie politischer oder geographischer Natur sind. Wir nehmen weiter an, daß ausschließlich sich selbst versorgende landwirtschaftliche Betriebe gleichmäßig über diese gleichförmige Fläche verteilt sind. Wie können sich nun aus dieser gegebenen Ausgangslage möglicherweise räumliche Unterschiede ergeben?

Angenommen, einer der Landwirte versucht, ein bestimmtes landwirtschaftliches Produkt über seinen eigenen Bedarf hinaus zu erzeugen. Wird es ihm möglich sein, den Überschuß zu verkaufen? Bei diesem Vorhaben wird ihm die Kostendegression zu Hilfe kommen, werden ihm die Transportkosten jedoch im Wege stehen. Wird sein Vorhaben erfolgreich enden? Haben seine Nachbarn alle die gleiche Lebensweise, so wird die Nachfragekurve eines Nachbarn für die aller repräsentativ sein. Nehmen wir an, daß d in Abbildung 1 eine solche individuelle Nachfragekurve für Bier ist. OP ist der Preis im Produktionszentrum P; die Nachfrage der dort lebenden entspricht PQ. PR sind die Frachtkosten für den Transport von P nach R; die Nachfrage eines jeden in R lebenden ist RS. Weiter außerhalb in F, wo die Frachtkosten PF betragen, wird kein Bier mehr verkauft. Daher ist PF der maximale Versand- und Transportradius für Bier; die gesamte Nachfrage innerhalb dieses Radius ist gleich dem Volumen des Kegels, der entsteht, wenn das Dreieck PQF um die Achse PQ gedreht wird. Abbildung 2 zeigt diesen Kegel. Um es zu wiederholen: Sein Volumen, berichtigt um die Bevölkerungsdichte, entspricht der gesamten vorhandenen und latenten Nachfrage, wenn der Preis am Herstellungsort OP ist. Bei anderen Preisen ab Werk entstehen andere Nachfragekegel, und schließlich erhält man als Endergebnis die Kurve Δ in Abbildung 3, die die Gesamtnachfrage als eine Funktion des Preises ab Werk wiedergibt. Die sogenannte „Planungskurve" π in Abbildung 3 zeigt das Kostenminimum, zu dem ein bestimmter Output produziert werden kann, wenn zu diesem Zweck ein neues Werk gebaut werden müßte. Nur wenn die „Planungskurve" π die Gesamtnachfrage Δ schneidet oder links von ihr bleibt, ist es für unseren Landwirt möglich, eine Brauerei zu betreiben. Andernfalls würde er mit Verlust produzieren.

Die Gestalt eines Wirtschaftsgebietes ist jedoch nicht, wie wir bisher angenommen haben, ein Kreis. Sogar dann, wenn das ganze Land mit solchen kreisrunden Flächen derart angefüllt wäre, daß diese sich gerade berührten, könnte eine Anzahl von Personen doch noch erfolgreich versuchen, in die Brauereibranche einzutreten. Alle schwarzen Ecken in Abbildung 4 bleiben ungenutzt; außerdem wird, wie *Chamberlin*[1] gezeigt hat, die Größe der einzelnen Unternehmung von MN auf M′N′ reduziert (Abbildung 3), ohne sie unrentabel werden zu lassen. Man kann die Ecken nutzen, indem man die Gestalt des Gebietes in ein regelmäßiges Sechseck abändert. Die Kurve Δ wird dadurch etwas nach links verschoben, da das Sechseck ein wenig kleiner ist als der das Sechseck umschreibende Kreis. Außerdem wird durch *Chamberlins* Vorgehen die Größe des Sechseckes soweit reduziert, bis es so klein ist, daß die korrespondierende Nachfragekurve Δ′ in N′ gerade noch die Angebotskurve berührt. Offensichtlich kann nun niemand mehr in die Bierbranche einsteigen.[2] Da der größtmögliche Versand- und

Transportradius die Gesamtnachfrage MN zur Folge hat, muß der notwendig kleinste Radius die Nachfrage M'N' ergeben. Abbildung 4 zeigt die Entwicklung von der größt- bis zur kleinstmöglichen Versand- und Transportentfernung.

Zwei andere Möglichkeiten zur Vermeidung der schwarzen Ecken sind vorstellbar, Quadrat und Dreieck. Es läßt sich jedoch zeigen[3], daß das Sechseck ökonomisch vorteilhafter ist als die beiden anderen Formen: Es bietet die größere Nachfrage pro Quadratkilometer, vorausgesetzt, die Gesamtfläche bleibt in allen Fällen die gleiche. *Das Sechseck ist deshalb die ökonomischste Gestalt der Wirtschaftsgebiete.* Für jede Handelsware ist ein Wirtschafts- und Handelsgebiet in Form eines Sechseckes mit einem charakteristischen inneren Radius ρ notwendig und hinreichend, um die Produktion dieser Handelsware rentabel zu machen.

Die Handelsgebiete verschiedener Produkte erscheinen als Netze solcher sehr kleiner bis sehr großer Sechsecke, je nach Art des Produkts. Werden diese Netze beliebig über unsere Ebene verteilt, so hat trotz der daraus resultierenden Zufälligkeit jeder Ort in dieser Ebene Zugang zu jedem Produkt.

Einige Überlegungen jedoch, die hier nur angedeutet werden können, weisen auf eine wohlgeordnetere und zugleich ökonomischere Gliederung hin. Zuallererst legen wir unsere Netze so, daß allen ein Produktionszentrum gemeinsam ist. Ein solches Vorgehen genießt alle Vorteile einer großen lokalen Nachfrage. Dann drehen wir die Netze um dieses Zentrum, so daß wir, wie in den Abbildungen 12 und 13, sechs Sektoren erhalten, in denen Produktionszentren häufig vorkommen, und sechs weitere mit geringerer Dichte von Produktionszentren. Diese Einteilung versagt keinem Ort den Zugang zu jedem Produkt, sorgt aber gleichzeitig für die besten Transportwege. Es läßt sich zeigen, daß die aggregierten Frachtkosten ein Minimum darstellen[4] und daß das Endergebnis ein kompliziertes aber geordnetes System von Marktgebieten ist. Wieviele dieser autarken Systeme in unserer Ebene entstehen, hängt allein von der Ware ab, die den größten notwendigen Versand- und Transportradius hat — solange zumindest —, als es keine wirtschaftlichen Grenzen der zentralen Stadt gibt.

Noch eindrucksvoller als alle jene Einzelheiten ist die Tatsache, daß wir plötzlich dicht gedrängt Wirtschaftsgebiete in der Ebene finden, der am Ausgang unserer Überlegungen alle räumlichen Ungleichheiten entzogen waren. Erstens gibt es den sechseckigen Markt, der jedes Produktions- oder Konsumzentrum umgibt. Zweitens gibt es ein Netz solcher Gebiete für jede Handelsware. Und drittens gibt es eine systematische Ordnung dieser Netze von Marktgebieten für verschiedene Handelswaren. Es ist das letztere, autarke System der Marktgebiete, wie in Abbildung 12 gezeigt, das als das

47

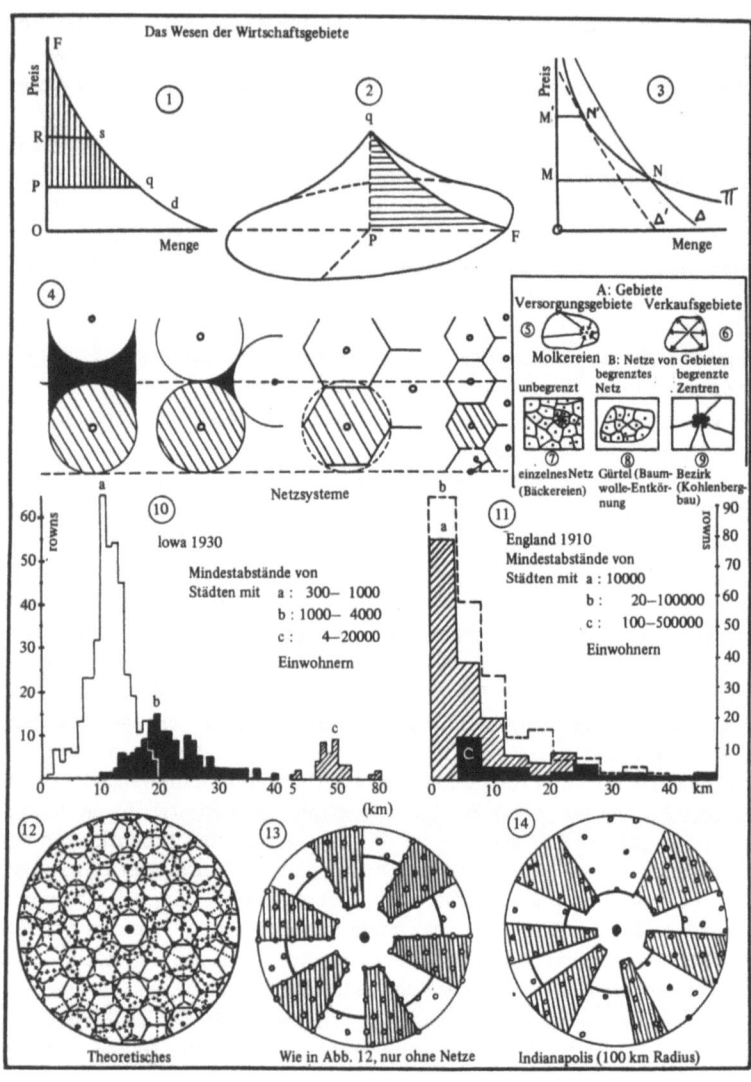

ideale Wirtschaftsgebiet bezeichnet werden kann. Wieviel davon in der Realität zu finden ist, wird im zweiten Teil dieser Abhandlung diskutiert werden.

2. Größe und Gestalt unserer Marktgebiete werden offensichtlich unregelmäßig, sobald die Annahme einer einheitlichen Ebene fallengelassen wird. Hält man sich auch nicht länger an die Annahme eines einheitlichen Produkts, so können sich die einzelnen Gebiete gleicher Produktion überschneiden; als Folge können diese Gebiete — insbesondere an ihrer Peripherie — „Löcher" enthalten. Es bleiben jedoch zahlreiche Beispiele übrig, bei denen unsere Annahmen etwa zutreffen und sich deshalb unsere Ergebnisse ohne viele Modifikationen als richtig erweisen müssen, wie empirische Untersuchungen dieses zu bestätigen scheinen.

Tatsächlich ist es nicht ganz richtig, die zahlreichen Marktgebiete einer Handelsware mit einem Netz zu vergleichen. Bedingt durch die erwähnten Überschneidungen ähneln sie eher Fischschuppen oder einer unregelmäßigen Schicht von Schieferplatten. Trotz dieser Modifikationen bleiben die wesentlichen Charakteristika eines Netzes weitgehend erhalten, und in der Tat berücksichtigen die meisten Darstellungen von Handelsgebieten, die entweder von Studenten oder von Geschäftsleuten gegeben werden, diese Überschneidungen überhaupt nicht. Weit wichtiger als diese Strukturmodifikationen unserer Netze sind die Änderungen ihrer Ausdehnung. In einigen Fällen — für die Bäckereien als Beispiel dienen sollen (Abbildung 7) — bedecken die Netze kaum noch das ganze in Betracht gezogene Gebiet. Tatsächlich scheint eine vom Verfasser angefertigte und zusammengestellte[5] Übersicht und Zusammenfassung über etwa die Hälfte der amerikanischen Industrie darauf hinzuweisen, daß die Bedeutung dieses Produktionstyps eher unterschätzt wird. Dennoch sind dieselben Netze oder zumindest ihre Zentren oft auf einen relativ kleinen Ort zusammengedrängt; dann bezeichnen wir sie als Gürtel beziehungsweise als Bezirke. Der erstere Fall kann beispielsweise durch die Netze von Angebotsgebieten der Entsamungsmaschinen für Baumwolle (cotton gin) belegt werden, die natürlich auf das Baumwollanbaugebiet begrenzt sind.

Die Konzentration von Produktionszentren illustrieren Zechen in einem Kohlebergbaubezirk (siehe Abbildung 8 bzw. 9). Anstelle der schwierigen Aufgabe, die Gebiete zeichnerisch darzustellen, kann man ihren Charakter ebenso klar durch Messen des Mindestabstandes ihrer Zentren voneinander zeigen. Dies wird in den Abbildungen 10 und 11 deutlich, nicht nur für Zentren einer einzigen Produktion, sondern auch für Städte mit einer angenommenen ähnlichen wirtschaftlichen Funktion. Im Staate Iowa, in dem wir eine ziemlich gleiche Verteilung von Produktionsstandorten beobachten, nehmen die Abstände zwischen den Städten mit ihrer Größe zu; so dargestellt in unserem theoretischen Bild, das auf in Iowa näherungsweise erfüllten Annahmen beruht. In England ballen sich die Städte in den Kohlebergbau-Bezirken und weisen, unabhängig von ihrer Größe, die gleichen Distanzen auf. Solche Konzentration der Netze oder ihrer Zentren kann rein wirtschaftliche Gründe haben, wie etwa Vorteile, die aus der

Nähe vieler Firmen derselben Branche herrühren. Sie kann aber auch die begrenzte räumliche Ausdehnung von Faktoren widerspiegeln, die ökonomische Auswirkungen haben, wenngleich sie selbst nicht-ökonomischer Natur sind. Es ist jedoch bemerkenswert, daß diese nicht-ökonomischen Faktoren und ihre wirtschaftlichen Auswirkungen nicht vom gleichen Umfang sind. Zum Beispiel ist das Gebiet, in dem Baumwolle gepflanzt werden könnte, größer als der tatsächlich vorhandene Baumwollgürtel.

Zusätzlich zur begrenzten Größe der Netze und zur Überschneidung der einzelnen Marktgebiete ist eine dritte Abweichung vom idealen Modell erwähnenswert. In unserer theoretischen Ableitung hatten wir das Problem zu lösen, wie die verschiedenen Netze gelegt werden sollten, während die Verteilung der Produktionszentren innerhalb des einzelnen Netzes durch seine Regelmäßigkeit deutlich auffällt. Tatsächlich ist dies auch ein Problem, und zwar ein sehr schwieriges. Keines der beiden traditionellen Instrumente zur Bestimmung der geographischen Distribution der Produktion kann es lösen; die Standorttheorie selbst kann es nicht, da sie sich nur auf ein einzelnes Unternehmen, nicht auf eine ganze Branche anwenden läßt, und die Theorie der komparativen Kosten versagt, da sie nur auf den Handel zwischen Personen, nicht auf den zwischen Ländern anwendbar ist. Die einzige adäquate Lösung der Frage nach den Standorten aller interdependenten Produktionszentren ist ein System von Standortgleichungen, die der Autor zu einem späteren Zeitpunkt darzustellen hofft.

Die Netzsysteme korrelieren mit der realen Wirklichkeit weniger gut als die Netze oder auch die einzelnen Marktgebiete selbst. Es ist einfach unmöglich, all die unregelmäßigen Netze so anzuordnen, daß sie zumindest einen Punkt gemeinsam haben. Nirgendwo existiert eine Stadt mit einer kompletten Gruppe aller Branchen oder eine autarke Region. Aber das ist nicht das schlimmste. Wir könnten uns zumindest Fälle vorstellen (und wahrscheinlich auch tatsächlich einige Fälle finden), in denen die Regionen ihre besonderen Produkte in ihren zentralen Städten ausschließlich gegenseitig austauschen. In einem solchen Fall wäre eine systematische Anordnung von Städten − wie in unserer idealen Region vorgesehen − noch immer vorstellbar. In Wirklichkeit sind jedoch kleine Orte, die in allen anderen Belangen vollkommen von den Nachbarstädten abhängen, die Zentren großer Marktgebiete. Soweit es ihre besonderen Produkte angeht, können sogar Großstädte oder das ganze Land von diesen kleinen Orten abhängig sein, deren Wirtschaft weder einen großen lokalen Markt braucht noch anzieht. Während die regionalen Netzsysteme von Marktgebieten sich in großen Städten konzentrieren, wird aber nicht jede große Stadt von einen solchen System bestimmt. Viele Bergwerksstädte haben zum Beispiel keine besondere ökonomische Funktion für ihr Hinterland. Im Gegensatz zu solchen spezialisierten Städten ist ein regionales Zentrum durch eine Mannigfaltigkeit von Produktion und Handel charakterisiert, die es mit dem umliegenden Land verbindet. Wenn wir nun alle Marktgebiete des eben beschriebenen Typs außer Acht lassen, bleibt eine Substruktur von Wirtschaftsgebieten übrig. Diese *unterscheiden* sich vom idealen Modell vor allem dadurch, daß sie nicht autark sind; sie *entsprechen* dem Ideal insofern, als sie ebenfalls basieren auf

(1) den Vorteilen einer lokalen Konzentration der Produktion, des Konsums oder des Handels und
(2) dem wirtschaftlichsten Verlauf der Kommunikationsverbindungen.

Diese regionale Substruktur kann fast überall gefunden werden, aber sie ist nicht überall von gleicher Bedeutung. Ihr Rang kann durch einen Vergleich mit jenen Marktgebieten bestimmt werden, die in der Regionalanalyse — wie eben ausgeführt — nicht erfaßt werden konnten. Hier einige Beispiele:

Im Süden Deutschlands herrscht die regionale Struktur vor.[6] Die Verteilung der unangefochten anerkannten regionalen Zentren: Frankfurt, Nürnberg, München, Zürich und Straßburg mit Stuttgart in der Mitte.* Südlich von München sollte theoretisch noch ein Zentrum mehr vorhanden sein, aber die Alpen machen dies offensichtlich unmöglich. Daß München das Zentrum Augsburg überholt hat, das den Vorteil eines früheren Beginns hatte, ist beachtenswert. Vom Standpunkt der Theorie hatte die Stadt München den besseren Standort. Sie befindet sich genau in der Mitte der Region und in einem richtigen Abstand von den benachbarten Systemen. Das Ruhrgebiet hingegen zeigt kaum irgendein regionales Muster. Genauso wie die systematische oder die chaotische Verteilung der Netze von Marktgebieten in einem bestimmten Fall vorherrscht, läßt sich die regionale Substruktur hervorheben oder eliminieren. Daraus folgt, daß das regionale Konzept für einige Teile eines Landes realistisch ist, daß es jedoch nicht nützlich sein wird, einen Staat nach diesem Konzept so in Regionen zu gliedern.

Hinsichtlich des Verhältnisses zwischen den wirtschaftlichen und anderen Regionen ist schließlich die Bedeutung eines Zentrums für das regionale System von Marktgebieten anzumerken. In wenigen und besonders günstigen Fällen sind diese Wirtschaftszentren zugleich kulturelle und politische Zentren und werden so, wie Paris es für Frankreich ist, zum wirklichen Mittelpunkt ihrer Region.

3. Zusammenfassend läßt sich feststellen, daß wir drei Haupttypen von Wirtschaftsgebieten gefunden haben: einfache Marktgebiete, Netze solcher

* Der Beitrag wurde 1938 geschrieben, Anm. d. Verl.

Marktgebiete und Netzsysteme. Man könnte auch, wenn man jeden Begriff allgemeinverständlich ausdrücken wollte, von Märkten, Gürteln und Regionen sprechen. In der gleichen Reihenfolge werden sie komplexer, autarker und leider abstrakter. Einerseits gibt es die einzelnen, sehr einfachen, sehr konkreten und stark vom Handel abhängigen Marktgebiete. Die Systeme von Marktgebieten oder Regionen andererseits sind sehr komplex: im Idealfall relativ selbständig, aber schwieriger zu finden. Viele Waren werden außerhalb der Systeme produziert und gehandelt. Was immer auch für Systeme sich ergeben, sie überschneiden sich sogar stärker als die Marktgebiete einer einzigen Handelsware. Ein klar abgegrenztes Wirtschaftsgebiet ist eher ein glücklicher Zufall als eine natürliche Aufteilung eines Staates. Dennoch findet man bei unregelmäßig verteilten Marktgebieten fast überall eine regionale Substruktur unterschiedlicher Bedeutung. Zwischen den einfachen Verkaufs- und Angebotsgebieten und dem vollständig ausgebildeten regionalen System ist das Netz angesiedelt. Die geographische Ausdehnung dieser Netze oder ihrer Zentren ist oft klein. In diesen Fällen sind diese Gürtel oder Produktionsbezirke deutlich erkennbar, sollten aber noch von Regionen unterschieden werden. Eine Region ist ein System verschiedenartiger Gebiete, eher ein Organismus als ein Organ.

Anmerkungen

1 Für den nicht mit *Chamberlins* Theorie vertrauten Leser mag es lohnend sein, darauf hinzuweisen, daß seine Argumentation hauptsächlich auf zwei Tatsachen basiert: (1) Durch die Produktdifferenzierung, wobei die Standortdifferenzierung des Anbieters nur einen Sonderfall bildet, ist die Nachfragekurve, der sich der Verkäufer gegenübersieht, nicht horizontal (wie bei der vollständigen Konkurrenz, bei der Produkte vollkommen beweglich sind), sondern weist eine negative Steigung auf. Erhöht zum Beispiel der Anbieter seinen Preis, so werden nicht alle seine Kunden, wie es im entwickelten Markt der Fall wäre, bei seinen Konkurrenten kaufen. Für einige Kunden wird der höhere Preis durch die besonderen Vorteile des Standorts (z.B. seine bessere Erreichbarkeit) aufgewogen, die diese den Kunden bieten. (2) Solange die Nachfragekurve rechts von der Kostenkurve bleibt, werden die zusätzlich entstehenden Gewinne wahrscheinlich neue Konkurrenten anziehen. Diese Konkurrenten werden Produkte verkaufen, die sich etwas von denen unterscheiden, die bereits am Markt sind, oder, wie in unserem Falle, ihren Standort so wählen, daß er für einen Teil der Käufer bequemer erreichbar ist. Dies wird die Nachfragekurve der bereits bestehenden Unternehmungen solange nach links verschieben, bis sie gerade die Kostenkurve berührt und alle zusätzlichen Gewinne eliminiert sind (vgl. *H. Chamberlin*, The Theory of Monopolistic Competition, Cambridge, Mass., 1933).

2 Wir sehen hier von der Möglichkeit ab, das Gebiet durch räumliche Preisdifferenzierung sogar noch weiter zu verkleinern.

3 Ein genauerer und detaillierter Beweis wäre für diese kurze Abhandlung zu lang; dennoch kann die Plausibilität unserer Annahmen schnell an der Tatsache gezeigt werden, daß das regelmäßige Sechseck gegenüber dem Kreis den Vorteil hat, daß es das ganze Gebiet bedeckt und sich noch nicht so sehr von der idealen Kreisgestalt entfernt, wie es sowohl Quadrat als auch Dreieck tun.
4 Sobald mehr Produktionszentren zusammentreffen, können die Konsumenten mehr bei den örtlichen Betrieben kaufen als bei irgendeiner anderen Anordnung des Netzes. Nicht nur die Transportkilometer werden reduziert, auch die Länge der Transportwege wird verkürzt.
5 Vgl. A. *Lösch*, Die räumliche Ordnung der Wirtschaft, Jena, 1940.
6 Dies wurde von *Walter Christaller*, Die zentralen Orte in Süddeutschland, Jena 1933, gut dargestellt.

1.3 Eine Theorie des städtischen Grund- und Bodenmarktes

William Alonso

Ursprünglich beschäftigte sich die Theorie des Standortes und der Grundrente vor allem mit landwirtschaftlich genutztem Boden. Da *Ricardo* und *Malthus* in einer durch die Landwirtschaft geprägten Zeit lebten, war dies ziemlich normal. Die Grundlagen für die formale räumliche Standortanalyse und die Bestimmung der Grundrente landwirtschaftlich genutzten Bodens finden sich im Werk von *J. von Thünen*, der, ohne allerdings ins Detail zu gehen, ausführte, daß für den städtischen Bodenmarkt dieselben Prinzipien gelten.[1] Obgleich die Städte an Bedeutung gewannen, wurde der städtischen Grundrente wenig Aufmerksamkeit gewidmet. Der bedeutende Nationalökonom *Marshall* steuerte interessante, jedoch nur begrenzte Erkenntnisse bei. Zusammenfassend muß festgestellt werden, daß weder eine unabhängige Theorie des städtischen Grund- und Bodenmarktes noch eine städtische Stadtorttheorie entwickelt wurden.

Mit dem Beginn des 20. Jahrhunderts wuchs das Interesse am städtischen Grund- und Bodenmarkt in Amerika beträchtlich. *R. M. Hurd*[2] (1903) und *R. Haig*[3] (in den zwanziger Jahren) versuchten, eine sich an *von Thünen* anlehnende Theorie städtischen Grund und Bodens zu formulieren. Ihr Ansatz kopierte jedoch mehr die Form als die Logik der landwirtschaftlichen Standorttheorie, und es läßt sich zeigen, daß die aus diesem Ansatz entstandene Theorie selbst ihren eigenen Prämissen nicht genügt. Vor allem hat diese Theorie die Berücksichtigung städtischer Wohngebiete, die in Stadtgebieten die überwiegende Flächennutzung ausmachen, vernachlässigt.

Zusätzlich gibt es noch andere wichtige Fragen, auf die eine Theorie städtischen Grund und Bodens antworten muß. So zum Beispiel das Paradoxon amerikanischer Städte, in denen die Armen im Stadtzentrum, auf teurem Boden also, und die Reichen an der Peripherie, auf billigem Boden leben. Auf der wissenschaftstheoretischen Seite gibt es ebenso Aspekte von großem Interesse, die aber die Schwierigkeiten der Analyse vergrößern. Erwirbt ein Käufer eine Grundstücksfläche, dann erhält er in einer einzigen Transaktion zwei Güter (Boden und Standort), und für diese Kombination zweier Güter wird nur eine einzige Zahlung geleistet. Der Käufer könnte die gleiche Quantität an Grund und Boden an einem anderen Standort erwerben oder mehr bzw. weniger Fläche am selben Standort kaufen. In der

Analyse treffen sowohl ein negatives Kriterium (Entfernung) als auch positive Kosten (Kosten des Nahverkehrs) aufeinander, oder umgekehrt: ein positives Kriterium (Erreichbarkeit) auf negative Kosten (Einsparungen an Nahverkehrskosten). Im Vergleich mit der Landwirtschaft bereitet städtischer Grund und Boden eine weitere Schwierigkeit. In der Landwirtschaft wird eine Standortlage extensiv genutzt, d.h., viele Quadratkilometer werden einer bestimmten Pflanzenkultur gewidmet. Im Fall des städtischen Grund und Bodens sind die bebauten oder zu bebauenden Grundstücke tendenziell kleiner, und der einzelne Standort wird eher als dimensionsloser Punkt, denn als Fläche aufgefaßt. Und doch bedecken die Tausend oder Millionen von dimensionslosen Punkten, die eine Stadt ausmachen, weite Flächen. Wie können diese dimensionslosen Punkte in einem zweidimensionalen Raum aggregiert werden?

Im folgenden werde ich einen nicht-mathematischen Überblick über die lange und ziemlich komplexe mathematische Analyse des städtischen Grund und Bodenmarktes[4] geben, ohne aber zu versuchen, vollständige Präzision zu erreichen. Es handelt sich um ein statisches Modell, in dem sich Änderungen durch Einführung vergleichbarer statischer Daten ereignen. Und es ist zugleich ein ökonomisches Modell: Es handelt von wirtschaftenden Menschen, und von diesen wird abstrahiert, davon also, daß Menschen und soziale Gruppen Bedürfnisse, Emotionen und Wünsche haben, die jedoch im Modell nicht berücksichtigt werden. Die folgende Analyse basiert auf Voraussetzungen, die sich auf die Grundrententheorie des landwirtschaftlich genutzten Bodens so beziehen, daß städtische und landwirtschaftliche Flächennutzung gleichermaßen in diese Theorie integriert werden kann. Dazu ist es zunächst notwendig, ein stark vereinfachtes Modell des Marktes für landwirtschaftlich genutzten Boden zu untersuchen.

1. Das Modell der landwirtschaftlichen Flächennutzung

In diesem Modell sind die Landwirte um einen einzigen Markt herum gruppiert, auf dem sie ihre Produkte verkaufen. Wird angenommen, daß das landwirtschaftliche Produkt Weizen ist und der Landwirt die Ernte eines Hektars für DM 100,– verkaufen kann, wobei die Produktionskosten, unabhängig vom Standort, sich auf DM 50,– belaufen, dann wird der Landwirt pro Hektar Weizen einen Gewinn von DM 50,– auf dem Markt erzielen. Findet jedoch die Weizenproduktion eines Landwirts in einiger Entfernung vom Markt, zum Beispiel in fünf Kilometer Entfernung, statt und betragen die Transportkosten pro Hektarertrag Weizen, der überall als konstant vorausgesetzt wird, pro Kilometer DM 5,–, so ergeben sich Transportkosten zum Markt pro Hektar von DM 25,–. Der Profit des betreffenden Landwirts ergibt sich aus der Differenz des realisierten Gesamtwertes auf dem Markt und den Produktions- und Transportkosten, 100–50–25 = DM 25,–. Diese Beziehung ist in Abbildung 1 dargestellt. Für den direkt am Markt produzierenden Landwirt beträgt der Profit DM 50,–, in fünf Kilometer Entfernung DM 25,–, in den dazwischenliegenden Entfernungen werden sich auch die Profite entsprechend gestalten. Schließlich werden in einer Entfernung von zehn Kilometer vom Markt die Produktionskosten zuzüglich der Frachtkosten dem am Markt zu erzielenden Preis für das Produkt entsprechen. Bei einer größeren Entfernung als zehn Kilometer wird der Landwirt nur mit Verlust produzieren können.

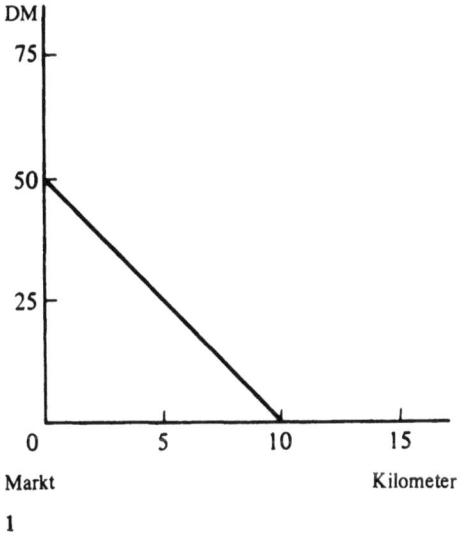

1

In diesem Modell sind die erzielten Gewinne direkt mit dem Standort verbunden. Ist die Funktion des Landwirts von der des Grundbesitzers getrennt, so werden die Landwirte den Grundbesitzern eine Bodenrente entsprechend der Rentabilität des Standortes zahlen. Die Gesamtgewinne der Landwirte werden daher durch Zahlung einer Grundrente mit den Landbesitzern geteilt. Da sich die Landwirte im Konkurrenzkampf um die profitableren Standorte solange überbieten, bis ihre Profite überall die gleichen sind („normale" Profite), wird das, was wir Gewinne genannt haben, zur Rente. Daher wird die Kurve in Abbildung 1, die von der Gesamtgewinnkurve des Landwirts abgeleitet wurde, sobald zwischen Landwirten und Grundbesitzern unterschieden wird, zu einer Rentengebotskurve, die den

Preis oder die Rente wiedergibt, die die Landwirte für die Bodennutzung an unterschiedlichen Standorten zu zahlen bereit sind.

Wir haben gezeigt, daß die Steigung der Rentenkurve durch die auf das Produkt anzurechnenden Transportkosten bestimmt ist. Der Schnittpunkt der Kurve mit der vertikalen Achse ist durch den Marktpreis des Produktes festgelegt. Betrachten wir Abbildung 2. Die untere Kurve ist die von Abbildung 1, bei der der Marktpreis des Weizens DM 100,– beträgt und die Produktionskosten sich auf DM 50,– belaufen. Steigt die Nachfrage und folglich der Preis des Weizens am Markt auf angenommen DM 125,– (bei gleichbleibenden Produktions- und Transportkosten), so werden die Gewinne oder das Renten-Gebot am Markt DM 75,– betragen; bei fünf Kilometer Entfernung vom Markt DM 50,–; bei zehn Kilometer Entfernung DM 25,–; und bei fünfzehn Kilometer Abstand werden sie gleich null sein. Das bedeutet, daß jede Rentengebotskurve eine Funktion der Rente und der Entfernung vom Markt ist; es gibt jedoch ein ganzes System solcher Rentengebotskurven, wobei die Höhe jeder Kurve durch den realisierten Preis des Produkts auf dem Markt bestimmt wird. Höhere Preise bedingen höhere Kurven.

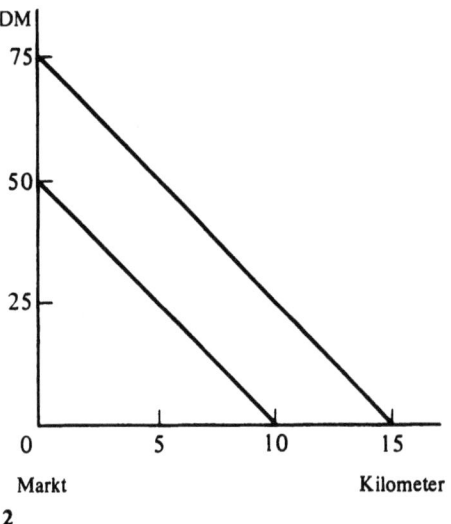

2

Als zusätzliche Produktion soll nun der Anbau von Erbsen analysiert werden. Angenommen wird, daß der Marktpreis eines Hektarertrages Erbsen DM 150,– ist, daß die Produktionskosten DM 75,– und die Transportkosten pro Kilometer DM 10,– betragen. Diese Annahmen ergeben die Kurve MN in Abbildung 3, in der die Gebots-Rente der Erbsenfarmer auf dem Markt DM 75,- beträgt, fünf Kilometer vom Markt entfernt DM 25,-, und bei 7,5 Kilometer Entfernung gleich null ist. Die Kurve RS stellt die Gebots-Rente des Weizen anbauenden Landwirts dar, und zwar bei einem Marktpreis für Weizen von DM 100,-. Es ist ersichtlich, daß die Erbsen anbauenden Landwirte bei Abständen von 0 bis 5 Kilometer vom Markt ein höheres Rentenangebot machen können, während die Entfernungen über fünf Kilometer die Weizen anbauenden Landwirte den Grundbesitzern das höhere Rentenangebot machen. Als Folge wird sich in einem Ring von 0 bis 5 Kilometer um den Markt der Anbau von Erbsen und Weizen im Umkreis von 5–10 Kilometer rentieren. Die Abschnitte MT auf der Rentengebotskurve für den Erbsenanbau und TS auf der Rentengebotskurve für Weizenanbau stellen die effektiv realisierten Renten dar, während die Abschnitte RT und TN Gebote darstellen, die nicht berücksichtigt werden können.

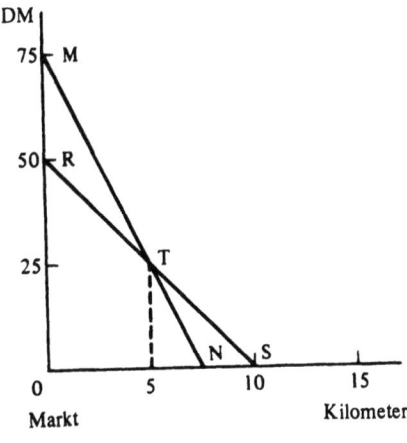

3

Der Marktpreis des Produkts wird durch das Verhältnis von Angebot und Nachfrage bestimmt. Produziert die Region zwischen 0 und 5 Kilometer zuviel Erbsen, so wird der Preis dieses Produktes fallen und eine niedrigere Rentengebotskurve wird das Ergebnis sein, so daß Erbsen nur in einer Entfernung von weniger als 5 Kilometer angebaut werden.

Fassen wir das eben über den Markt für landwirtschaftlich genutzten Boden Dargelegte abstrakt zusammen, so ergibt sich:
1. Grund und Boden sowie Flächennutzung bestimmen durch wettbewerbliche Gebote der Landwirte den Bodenwert.
2. Der Bodenwert bedingt, der Ertragsfähigkeit der Produktion entsprechend, die Flächennutzung.

3. Die steileren Gebotskurven ergeben sich auf zentraleren Standorten. (Hier handelt es sich jedoch um eine Vereinfachung, die auf der Annahme von normal sich verhaltenden Kurven beruht.) Wird von der landwirtschaftlichen Produktion abstrahiert, so ergibt sich:
1. Für jeden Nutzer von Grund und Boden (z.B. für den Weizen anbauenden Landwirt) können mehrere Rentengebotskurven abgeleitet werden, so daß der jeweilige Flächennutzer entlang jeder Kurve indifferent zu seinem jeweiligen Standort sein wird, solange er sich immer entlang einer Kurve bewegt; dies deshalb, weil der Landwirt als der in diesem Fall Entscheidende herausfindet, daß seine Gewinne übefall gleich, d.h., normal sind, solange sein Gebot auf einer Kurve liegt.
2. Die Gleichgewichtsrente jedes Standortes wird durch Vergleich der von den potentiellen Nutzern abgegebenen Gebote und durch Auswahl des höchsten Gebots ermittelt.
3. Die Flächennutzung im Gleichgewicht wird durch die Auswahl der richtigen Rentengebotskurve für jeden Flächennutzer gefunden. Im Falle der landwirtschaftlichen Produktion ist es die Kurve, in der sich Angebot und Nachfrage für das jeweilige Produkt auf dem Markt decken.

2. Das Modell der Unternehmung

Wir betrachten nun den städtischen Unternehmer, der, wie wir annehmen, seine Entscheidungen so trifft, daß sein Gewinn maximiert wird. Eine Rentengebotskurve für den Unternehmer wird durch eine Kurve dargestellt, entlang welcher überall die gleichen Gewinne erzielt werden, d.h., der Unternehmer wird entlang einer solchen Kurve standortindifferent sein.

Gewinn wird als Residuum des Umsatzvolumens definiert, nachdem die Betriebskosten und die Kosten für die Bodennutzung abgezogen worden sind. Da in den meisten Fällen das Umsatzvolumen einer Firma ebenso wie ihre Betriebskosten sich mit dem Standort verändern, wird die Änderungsrate der Rentengebotskurve keine einfache Abhängigkeit von den Transportkosten zeigen, wie es zum Beispiel im landwirtschaftlichen Modell der Fall war. Die Änderungsrate der gesamten gebotenen Rente einer Unternehmung — mit definitionsgemäß konstanten Gewinnen — wird gleich der Änderungsrate des Umsatzvolumens der Unternehmung abzüglich der Änderungsrate der Betriebskosten sein. Daher wird die Steigung der Rentengebotskurve — jeder Punkt auf ihr entspricht einem in DM pro Flächeneinheit ausgedrücktem Wert — gleich der Änderungsrate des Um-

satzvolumens abzüglich der Änderungsrate der Betriebskosten, dividiert durch die von der Unternehmung beanspruchten Fläche sein.
Ein anderes Gewinniveau ergibt eine andere Rentengebotskurve. Je höher die Rentengebotskurve ist, desto niedriger werden die Gewinne sein, da dann Grund und Boden teurer ist. Die höchsten Rentengebotskurven entsprechen einem „normalen" Profit. Bei noch höheren Grundrenten kann die Unternehmung nur mit Verlust arbeiten.

Wie der Landwirt hat daher der Unternehmer ein System von Rentengebotskurven, auf denen er als Entscheidender entlang einer einzelnen Kurve indifferent zum jeweiligen Standort ist. Während im Falle des landwirtschaftlichen Modells die Höhe der Kurve durch den Preis des Produktes bestimmt wird, da die Gewinne in allen Fällen „normal", d.h., gleich sind, wird bei städtischen Unternehmungen — bei konstanten Preisen ihrer Produkte — die Höhe der Kurve durch die Höhe der Gewinne bestimmt.

3. Die Flächennutzungsentscheidung für Wohngebiete und Haushalte

Haushalte unterscheiden sich von landwirtschaftlichen Betrieben und städtischen Unternehmungen dadurch, daß für sie als Kriterium zur Wahl des Standortes eher die Befriedigung des Bedarfs als der Gewinn relevant ist. Ein Konsument mit gegebenen Einkommen und Bedürfnissen wird versuchen, die Kosten und Unannehmlichkeiten des Pendelverkehrs gegen die Vorteile des mit zunehmender Entfernung vom Stadtzentrum fallenden Bodenpreises und die steigende Befriedigung, die er durch eine größere Flächennutzung erhält, miteinander abzuwägen. Ist dem einzelnen Konsumenten die Kostenstruktur für Grund und Boden gegeben, so werden sein Gleichgewichts-Standort und die Größe seines Grundstücks durch die marginalen Veränderungen der oben angeführten Variablen bestimmt.

Die Rentengebotskurve für den Einzelnen wird so verlaufen, daß er für jede gegebene Kurve mit jedem Standort gleichmäßig befriedigt sein wird, wobei der Bodenpreis durch den Verlauf der Kurve bestimmt ist. Entlang jeder Rentengebotskurve wird der Preis, den jemand für Grund und Boden bieten wird, mit der Entfernung von der Stadtmitte in einem gerade ausreichenden Verhältnis fallen, so daß ein Einkommenseffekt erzeugt wird, der die zur Befriedigung des Konsumenten höheren Transportkosten und den Nachteil eines längeren Anreiseweges miteinander ausgleicht. Diese Steigung kann mathematisch relativ genau dargestellt werden, aber es ergibt sich ein ziemlich komplexer Ausdruck, dessen exakte Interpretation den Rahmen dieses Beitrages sprengen würde.

Genauso wie unterschiedliche Gesamtproduktionskosten unterschiedliche landwirtschaftliche Rentengebotskurven und unterschiedliche Gewinnhöhen städtischer Unternehmungen zur Folge haben, reflektieren verschiedene Höhen der Rentengebotskurven unterschiedliche Intensitäten und Stufen der Befriedigung des einzelnen Haushaltes. Höhere Kurven ergeben offensichtlich eine geringere Befriedigung, da sie durch einen höheren Bodenpreis hervorgerufen werden, so daß an irgendeinem gegebenen Standort der Haushalt weniger Grund und Boden als andere Konsumtionsgüter erwerben wird.

4. Das Gleichgewichtsmodell für den einzelnen Haushalt

Offensichtlich ähnelt das System von Rentengebotskurven in vielen Dingen der Indifferenzkurvenanalyse. Dieses System unterscheidet sich aber von dieser in einigen wichtigen Punkten. Indifferenzkurven kennzeichnen die Präferenzordnung des Haushaltes für gleiche Befriedigung zwischen Mengenkombinationen zweier Güter. Rentengebotsfunktionen stellen ein Indifferenzsystem zwischen dem Preis des einen Gutes (Boden) und den Mengen einer anderen Eigenschaft eines Gutes ab, der Entfernung vom Stadtzentrum. Während die Indifferenzkurven sich nur auf Präferenzen, nicht aber auf das Haushaltsbudget beziehen, werden die Rentengebotsfunktionen beim Haushalt sowohl vom Budget als auch von der Präferenzordnung abgeleitet. Im Falle der städtischen Unternehmung könnte man sie als Isogewinnkurven bezeichnen. Ein nicht so wesentlicher Unterschied zwischen der Indifferenzkurvenanalyse und der Rentengebotsfunktionen besteht darin, daß höhere Indifferenzkurven normalerweise die bevorzugten sind; dagegen sind es die unteren Rentengebotskurven, die größere Gewinne oder höhere Befriedigung der Bedürfnisse erbringen. Rentengebotskurven können jedoch analog der Verwendung der Indifferenzkurven genutzt werden, um den gleichgewichtigen Standort oder Bodenpreis für den Stadtbewohner oder für die städtische Unternehmung zu finden.

Nehmen wir an, daß der Verlauf eines Systems von Rentengebotskurven für die Bodennutzung für Geschäfts- oder Wohnzwecke gegeben ist (Kurven $brc_{1,2,3}$ etc. in Abbildung 4). Wir fügen derselben Abbildung die aktuelle Preisstruktur für Grund und Boden in der Stadt hinzu (Kurve SS). Der Entscheidungsträger wird die niedrigstmögliche Rentengebotskurve erreichen wollen. Er wird deshalb den Punkt wählen, in dem die Preiskurve (SS) tangential zur niedrigsten Rentengebotskurve verläuft, d.h., diese gerade noch berührt (brc_2). In diesem Punkt befinden sich der Gleichgewichts-Standort (L) und die Gleichgewichts-Grundrente der jeweiligen Flächennutzung. Der Unternehmer hat in diesem Fall seinen Gewinn maximiert, der Stadtbewohner hat die Befriedigung seiner Bedürfnisse maximiert.

Hervorzuheben ist, daß links von diesem Gleichgewichtspunkt (in Richtung auf das Stadtzentrum) die Kurve der Tagespreise steiler ist als die Rentengebotskurve; auf der rechten Seite des Punktes (in entgegengesetzter Richtung) ist sie weniger steil. Dies ist ein anderer Aspekt der Regel,

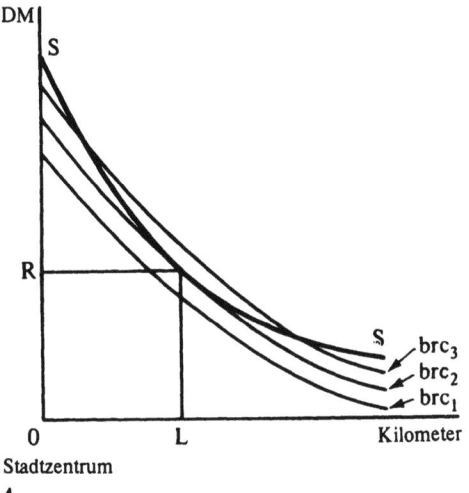

Stadtzentrum
4

die wir im Landwirtschaftsmodell formuliert haben: Grund und Boden mit steileren Rentengebotskurven ist an zentralen Standorten zu finden.

5. Das Marktgleichgewichtsmodell

Begrifflich haben wir ein System von Rentengebotskurven für alle drei Typen der Flächennutzung entwickelt. Wir wissen auch, daß die steileren Kurven zu zentralen Standorten gehören. Wenn die Gebotkurven der einzelnen Flächennutzungen nach ihrer Steilheit geordnet sind, sind sie in der endgültigen Lösung daher auch ihrer Zugänglichkeit entsprechend vom Stadtzentrum aus geordnet. Wenn die Kurven der Unternehmung steiler als die der Wohnnutzung und deren Kurven wiederum steiler als die der landwirtschaftlichen Nutzung sind, dann bedeutet dies, daß die Geschäftszentren in der Stadtmitte zu finden sein werden, umgeben von Wohngebieten; an diese wieder werden landwirtschaftlich genutzte Flächen anschließen.

Die gleiche Begründung gilt auch innerhalb der einzelnen Flächennutzungen. Beispielsweise kann gezeigt werden, daß bei zwei Personen mit gleicher Präferenzordnung, die beide in Gebieten mit niedriger Bevölkerungsdichte wohnen wollen, die Rentengebotskurve desjenigen mit höherem Einkommen flacher als die desjenigen mit niedrigerem Einkommen ist. Deshalb tendieren Bewohner mit geringerem Einkommen zu einer zentraleren Lage mit teurem Grund und Boden, die mit hohen Einkommen zu billigem Grund und Boden an der Peripherie der Stadt. Der Grund dafür liegt nicht darin, daß niedrigen Einkommensklassen größere Kaufkraft haben, sondern eher darin, daß ihre Rentengebotskurve steiler ist. Der Grund: Bei gegebenem Standort kann sich die niedrige Einkommensklasse weniger Boden leisten als die hohe, und da für die Armen nur eine geringere Bodenfläche zum Kauf in Frage kommt, haben die Bodenpreisänderungen für die untere Einkommensklasse in Relation zur Entfernung dieselbe Bedeutung wie die Kosten und Unbequemlichkeiten des Nahverkehrs. Hohe Einkommen andererseits kaufen große Mengen von Grund und Boden und sind folglich von Preisänderungen in einem größerem Ausmaß betroffen. Mit anderen Worten: In Folge von Veränderungen der Einkommensdichte zwischen den unterschiedlichen Einkommensklassen verhält sich die Zugänglichkeit wie ein untergeordnetes Gut.

Durch die Ordnung der Rentengebotskurven nach ihrer Steilheit haben wir auch die relative Reihenfolge der Preise und Standorte gefunden — wenn auch nicht die tatsächlichen Preise, Standorte und Bevölkerungs-, Geschäfts- und Betriebsdichten. Wir erinnern uns daran, daß im Falle des landwirtschaftlichen Flächennutzungsmodells die Gleichgewichtsebenen durch die Veränderungen der Produktionspreise zustande kamen, indem die Größe der Anbaufläche mit der Nachfrage nach Getreide übereinstimmte.

Noch komplexer ist dieser Prozeß im Fall der städtischen Flächennutzung. Die Bebauungsdichte (oder umgekehrt: die Grundstücksgröße) und Standorte müssen simultan mit der daraus folgenden Preisstruktur bestimmt werden. Vereinfacht besteht diese Methode darin, einen Preis des Grund und Bodens im Stadtzentrum zunächst als gegeben anzunehmen und die Preise aller anderen Standorte durch konkurrierende Gebote der potentiellen Bodenbenutzer in Bezug auf diesen angenommenen Preis festzustellen. Das höchste Gebot erhält den jeweiligen Standort zugeschlagen; jedes andere Gebot wird mit Hilfe von Rentengebotskurven mit einer bevorzugten Alternative ins Verhältnis gesetzt. Die bevorzugte Alternative ist die marginale Kombination von Preis und Standort für diese spezielle Flächennutzung. Die Größe des genutzten Grundstücks wird durch diesen Preis bestimmt. Die einzelnen Standortentscheidungen werden so gefällt, daß man, nachdem man den höheren Geboten die zentralen Standortlagen zugeschlagen hat, nun jedem nächstfolgenden Flächennutzer den dem Stadtzentrum nächstgelegenen noch freien Standort zuordnet.

Da ursprünglich der Preis im Stadtzentrum angenommen wurde, könnten die daraus abgeleiteten Preise, Standorte und Dichten fehlerhaft sein.

Eine Reihe von Näherungsschritten wird die richtige Lösung in solchen Fällen erbringen. Manchmal kann die Lösung durch eine Reihe von simultanen Gleichungen eher gefunden werden als durch die eben beschriebene Kette von Schritten.

Das hier dargestellte Modell entspricht dem einfachsten Fall: eine Stadt mit einem Zentrum, die in einer nicht durch besondere Merkmale differenzierbaren Ebene liegt und in der Transportverbindungen in alle Richtungen bestehen. Unsere Beweisführung kann jedoch auf Städte mit mehreren Zentren (Einkaufs- und Geschäftszentren und Industriegebiete usw.) mit festgelegtem Straßennetz und anderen in der Wirklichkeit auftretenden Komplikationen ausgedehnt werden. Die Theorie kann auch dazu dienen, Resultate wirtschaftlicher Entwicklung, Änderungen der Einkommensstruktur, Bau- und Flächennutzungsverordnungen sowie andere Probleme zu analysieren. Im derzeitigen Stadium ist das Modell rein theoretisch; es ist jedoch zu hoffen, daß es eine logische Struktur für ökonometrische Modelle liefern kann, die für Prognosen verwendet werden können.

Anmerkungen

1 *Johann von Thünen*, Der isolierte Staat in Beziehung zur Landwirtschaft und Nationalökonomie. Band I, 1826, Band III und neue Ausgabe 1863.
2. *Richard M. Hurd*, Principles of City Land Values, New York: The Record and Guide, 1903.
3 *Robert M. Haig*, „Toward an Understanding of the Metropolis", Quarterly Journal of Economics, XL: 3, Mai 1926; und Regional Survey of New York and its Environs, New York City Plan Commission, 1927.
4 Eine Darstellung der vollständigen Entwicklung der Theorie findet sich in: *William Alonso*, Location and Land Use, Cambridge: Harvard University Press, 1964.

2. Teil
Ökonomische Faktoren des Stadtwachstums

Vorbemerkung des Herausgebers

Die industrielle Produktion ist nahtlos mit dem Aufstieg der Städte verbunden, die als Zentren der Produktion Arbeitskräfte und neue Produktionsprozesse anziehen oder selbst Ort für die Entwicklung neuer Produktionsprozesse sind, wodurch weiteres ökonomisches Wachstum hervorgerufen wird. Im Gegensatz zu dieser allgemein anerkannten Phänomenologie des Wachstums wird volkswirtschaftliches Wachstum vorwiegend von der lokalisierten Organisation, den Städten und Regionen, losgelöst behandelt, wie auch umgekehrt die Auswirkungen des konjunkturellen Verlaufs auf Städte und Regionen kaum Gegenstand von theoretischen Untersuchungen sind. Eine umfassende ökonomische Theorie, die den städtischen Wachstumsprozeß in der komplexen Realität und Interdependenz zur Entwicklung der Volkswirtschaft erklären könnte, ist bisher nicht entwickelt worden. Zusätzlich stellen Stadt- und Regionalökonomen immer wieder fest, daß ausschließlich wirtschaftliche Erklärungen des städtischen Wachstumsprozesses zur Analyse dieses Prozesses nicht ausreichen; sie werden selbst durch Veränderungen in der Gestaltung des sozio-ökonomischen Lebensprozesses beeinflußt. In den hier präsentierten Beiträgen geht es daher weniger darum, geschlossene theoretische Erklärungen zu geben, als darum, auf unterschiedliche Ansatzpunkte zur Entwicklung solcher Erklärungen einzugehen.

Der Beitrag von *Richardson* faßt verschiedene Ansätze zusammen, die zum Verständnis des städtischen Wachstumsprozesses beitragen. Entsprechend der Erkenntnis, daß eine Stadt nicht ausschließlich als eine ökonomische Einheit zu behandeln ist, sondern ebenso eine soziale und kulturelle Erscheinungsform ist, werden Theorien zur Erklärung des städtischen Wachstums von unterschiedlichen Fachgebieten entwickelt und der Kritik unterworfen. Die wichtigsten Theorien dieses Wachstumsprozesses sind die Theorie der zentralen Orte, die „economic base"-Theorie und die soziologische human-ökologische Theorie.

Als geographisches Konzept geht die Theorie zentraler Orte besonders auf die räumlich optimale Verteilung der Städte im System der Städte, ebenso aber auf deren spezialisierte zentrale Güter und Dienstleistungen ein. Mit Veränderungen der Stadtgröße unterliegen letztere jedoch sowohl einer qualitativen als auch quantitativen Wandlung. Einerseits werden bestimmte Güter und Dienstleistungen mit einer besonderen Rangordnung der Städte assoziiert, andererseits ändern sich diese selbst unter den Bedingungen des Wachstumsprozesses. Die Theorie der zentralen Orte trifft, wie oft empirisch festgestellt wurde, eher auf ländliche als auf industrialisierte Regionen zu, in denen eine spezialisierte Produktion stattfindet.

Die am besten begründete und am weitesten entwickelte Theorie zur Erklärung des städtischen Wachstums ist die „economic base"-Theorie. Sie beruht auf der Annahme, daß der vom Basissektor erzeugte Exportüberschuß zu einem Einkommensstrom in die lokale Wirtschaft führt, von welchem die „non-basic"-Aktivitäten ebenfalls profitieren werden. Für eine zeitlich kurzfristige Prognose hat diese Theorie einen relativ hohen Erklärungswert; oft wird jedoch angeführt, daß, über einen längeren Zeitraum gesehen, es gerade die „non-basic"-Aktivitäten sind − vorwiegend also die lokale Infrastruktur −, die Wachstumsvoraussetzungen schaffen oder eine Anpassung an neue technologische Produktionsprozesse − und damit Wachstum − ermöglichen.

Diese beiden Ansätze zur Erklärung des Wachstums beruhen im weitesten Sinne auf rein ökonomischer Grundlage. Aus soziologischer Sicht versucht die human-ökologische Theorie städtisches Wachstum zu erklären. Der von *Ernst Häckel* geprägte Begriff „Ökologie", der durch die Untersuchung der Pflanzenwelt geprägt wurde, bezieht sich in diesem Zusammenhang auf die Interdependenz zwischen den menschlichen Aktivitäten und der äußeren Umwelt.

Neben einer Theorie des Stadtwachstums, die von einem Komunikationskonzept ausgeht, untersucht *Richardson* ausführlich die Relation zwischen Stadtgröße und Stadtwachstum. Da Städtesysteme unter bestimmten Bedingungen in einer Hierarchie der Größe nach angeordnet werden können, stellt die von *Zipf* formulierte „rank size rule" für große Länder mit einer großen Anzahl von Städten eine Verbindung zur Größe der einzelnen Städte im System der Städte her.

Wilbur Thompson greift in seinem Beitrag nochmals explizit die „export base"-Theorie und die an dieser geübte Kritik in ihrer Verbindung zu *Keynes'* Multiplikatoranalyse auf und betont die unterschiedlichen Zielvorstellungen von Stadtplanern und Wirtschaftswissenschaftlern. Die Ergebnisse der Analyse stimmen weitgehend mit denen von *Richardson* überein. Im Mittelpunkt der Untersuchung stehen jedoch die Zusammensetzung der lokalen Wirtschaftsstruktur (industry mix) im konjunkturellen Verlauf und das Verhältnis zwischen Größe der Stadtregion und Konjunktur. Auf dieser Grundlage wird untersucht, welche ökonomischen Bedingungen notwendig sind, damit Städte unterschiedlicher Größe bestimmte Einkommenniveaus sowie eine gewisse Beschäftigungsstabilität und Einkommensverteilung aufrechterhalten können. Als Wachstumsvoraussetzungen werden die Größe der Stadtregion, der Ausbau der Infrastruktur, die lokale Qualifikation der Arbeitskräfte untersucht sowie die Möglichkeit, durch Invention und Innovation eine Anpassung an die wirtschaftliche Entwicklung zu erreichen.

Die nachfolgend genannte Literatur bezeichnet teilweise den Mangel an Studien zum städtischen Wachstumsprozeß. Die Mehrzahl der Untersuchungen bezieht sich auf die Analyse von Regionen, obgleich ein Großteil der entwickelten Methoden auch für die Analyse von „Stadtregionen" genutzt werden kann. Da die folgenden Beiträge die Literatur zum städtischen Wachstum diskutieren und auch kritisieren, sei hier nur die wichtigste genannt:

Literatur

Blumenfeld, H.: The Economic Base of the Metropolis, in: Journal of the American Institute of Planners, Vol. XXI (1955), No. 4.
Farhi, André: Urban Economic Growth and Conflicts: A Theoretical Approach, in: Papers of the Regional Science Association, Vol. 31 (1973).
Hawley, A. H.: Human Ecology. A Theory of Community Structure. New York 1950.
Nourse, Hough O.: Regional Economics, New York 1968.
Oates, W. E., Howrey, E. P. and *Baumol, W. J.:* The Analysis of Public Policy in Dynamic Urban Models, in: Journal of Political Economy, Vol. 79, No. 1 (1971).
Pfouts, R. W.: The Techniques of Urban Economic Analysis, Trenton 1960.
Thompson, W. R.: A Preface to Urban Economics, Baltimore 1965.
Tiebouts, Ch. M.: Export and Regional Economic Growth, in: Journal of Political Economy, Vol. LXXIV (1956), No. 2.
Ullman, E. L. and *Dacey, M. F.:* The Minimum Requirements Approach to the Urban Economic Base, in: Papers of the Regional Science Association, Vol. VI (1960).

2.1 Der städtische Wachstumsprozeß

Harry W. Richardson

1. Einführung

Die Theorie städtischen Wachstums ist ein unterentwickeltes Gebiet im Wissenschaftsbereich der Stadt- und Regionalökonomie. Dies ist zum Teil eine Folge des sehr unterschiedlichen Urbanisierungsprozesses und der daraus gezogenen Erkenntnisse, die sich nicht einfach verallgemeinern lassen. Dies verweist ebenso auf den sehr komplexen Charakter des städtischen Wachstums und auf die Tatsache, daß die Stadt wahrscheinlich eher eine soziale und kulturelle Erscheinung als eine wirtschaftliche Einheit darstellt: ihre Entwicklung ist nicht ausschließlich mit wirtschaftlichen Begriffen zu erklären.

Darüber hinaus mangelt es an detaillierten empirischen Untersuchungen von städtischen Wachstumsprozessen, aus denen wesentliche und überprüfbare Verallgemeinerungen zur Ableitung eines theoretischen Systems gezogen werden könnten. So umreißt dieses Kapitel eher verschiedene Untersuchungsmethoden des städtischen Wachstums, als daß es selbst ein ausführliches formales Modell entwickelt.

Die Theorie der zentralen Orte ist die am weitesten entwickelte Theorie städtischen Wachstums, und die Analyse der Grenzen und Möglichkeiten dieses theoretischen Ansatzes wird einen wesentlichen Bestandteil dieses Aufsatzes ausmachen. Zusätzlich werden human-ökologische und soziologische Interpretationen städtischen Wachstums untersucht, dies zum Teil, weil wir von der Notwendigkeit überzeugt sind, unser Thema interdisziplinär zu behandeln, aber auch, weil diese Ansätze wesentliche ökonomische Implikationen enthalten. Ökonomische Ansätze — wie etwa das Konzept einer städtischen „economic base", die Betrachtung der Stadt als Industriestandort und die Analyse des Zusammenhanges zwischen Stadtgröße und Wachstum — werden gleichfalls dargestellt.

2. Die Theorie zentraler Orte

Die von *Christaller* in den dreißiger Jahren[1] entwickelte Theorie der zentralen Orte ist die bekannteste Theorie städtischen Wachstums. Obwohl

Geographen ihr die meiste Aufmerksamkeit gewidmet haben, ist sie ihrem Inhalt nach ökonomische Theorie. Sie erklärt das Wachstum der Stadt, indem sie eine Abhängigkeit dieses Wachstums von der Spezialisierung kommunaler Dienstleistungsfunktionen behauptet; die Höhe der Nachfrage nach kommunalen Dienstleistungen im Stadtgebiet bestimmt die Wachstumsgeschwindigkeit zentraler Orte. Außerdem ist diese Theorie allgemeine Theorie in dem Sinne, daß sie nicht nur das Wachstum der einzelnen Stadt, sondern auch die räumliche Ordnung kommunaler Zentren im regionalen und nationalen Wirtschaftsgebiet erklärt.

Die Hauptfunktion der Stadt besteht darin, als Dienstleistungszentrum für das sie umgebende Hinterland (*Komplementärregion* genannt) zu fungieren und es mit zentralen Gütern und Dienstleistungen – mit Einzel- und Großhandel, Banken, Unternehmungen, öffentlichen und privaten Dienstleistungen, Ausbildungs- und Freizeiteinrichtungen usw. – zu versorgen. Diese zentralen Dienstleistungen können ihrer Bedeutung entsprechend in einer absteigenden Reihenfolge angeordnet werden, so daß eine hierarchische Ordnung von städtischen Zentren, die Dienstleistungen bereitstellen, entsteht. Großstädte und Städte wachsen, weil wirtschaftliche Entwicklung und steigende Einkommen zu einer überproportionalen Erhöhung der Nachfrage nach zentralen Gütern und Dienstleistungen führt, so daß die Nettoeinkommen der an der Entwicklung der zentralen Güter und Dienstleistungen beteiligten Einwohner ebenfalls überproportional steigen.

Die beiden Begriffe *Nachfrageschwelle* und *Reichweite* eines Gutes bilden die Grundlage, auf der entschieden wird, warum einzelne Güter und Dienstleistungen nur zentral angeboten werden und durch welche die Faktoren bestimmt werden, die die Größe der besondere Dienstleistungen anbietenden zentralen Orte beeinflussen. Die Schwelle wird durch das niedrigste Nachfrageniveau definiert, das zur Aufrechterhaltung eines Dienstleistungsangebotes notwendig ist; sie kann durch Bevölkerungsdichte und/oder Einkommenszahlen gemessen werden.[2] Die Schwelle liegt da, wo die Umsätze der die Dienstleistungen anbietenden Unternehmung gerade ausreichen, um normale Gewinne zu erzielen. Die Nachfrageschwelle verweist auf Kostendegressionen, die bei der Bereitstellung bestimmter Dienstleistungen vorkommen, und auf Agglomerationsvorteile, die durch das Zusammenlegen von zentralen Dienstleistungseinrichtungen entstehen.[3] Die Reichweite des Dienstleistungsangebotes wird durch viele Faktoren[4] beeinflußt, wobei der bedeutendste die ökonomische Entfernung ist (geographische Entfernung umgerechnet in Frachtkosten und andere in Geld ausgedrückte, durch Transport verursachte Kosten). Die Reichweite zentraler Güter kann durch den technischen Fortschritt und seine Auswirkungen auf die Verringerung von Transport- und/oder Produktionskosten ausgedehnt werden. Nehmen wir an, daß es möglich wäre, in allen Richtungen vom zentralen Ort aus zu den gleichen Kosten Transporte vorzunehmen, so kann die Nachfrageschwelle eines zentralen Gutes durch den kleinsten konzentrischen Ring, der die notwendige Nachfrage enthält, um das Angebot aufrechtzuerhalten, dargestellt werden; die Reichweite des Gutes kann durch denjenigen konzentrischen Ring um das Zentrum bestimmt werden, der die äußere Grenze bildet.

Dieser äußere Ring grenzt die Komplementärregion ab. Für verschiedene Waren und Dienstleistungen wird er in der Größe variieren, und seine Größe wird weitgehend durch die Entfernung von denjenigen benachbarten Orten reguliert, die gleich groß oder größer sind. Die Nachfrage innerhalb des Hinterlandes wird durch entstehende Transportkosten bei zunehmender Entfernung vom zentralen Ort entsprechend abnehmen, dies sogar dann, wenn konstante Einkommen und identische Präferenzen angenommen werden. Wachsende Inanspruchnahme zentraler Dienstleistungen und die Entwicklung zentraler Orte können durch verschiedene Kräfte hervorgerufen werden; als Faktoren lassen sich nennen: Höhere Bevölkerungsdichte verursacht häufigere soziale Kontakte, die wiederum durch eine Art von „Demonstrationseffekt" die Nachfrage verstärken; steigende Einkommen; das Niveau der kulturellen Entwicklung, und, da viele zentrale Dienstleistungen kultureller Natur sind, auch die soziale Struktur der Region; das Ausmaß der Konkurrenz unter den zentrale Güter und Dienstleistungen anbietenden Unternehmungen.

Die Hierarchie zentraler Orte entsteht nicht durch zufällige oder willkürliche Faktoren, sondern durch determinierte Beziehungen zwischen Größe und Funktion des zentralen Ortes und der Entfernung der Städte voneinander. Ein umgekehrtes Verhältnis besteht zwischen der Größe einer gegebenen Klasse von zentralen Orten mit der Anzahl der zentralen Orte, die in einer solchen Größenklasse gefunden werden. Darüber hinaus müssen Komplementärregionen kleinerer regionaler Zentren in den Komplementärregionen größerer Städte enthalten sein, da die Größe der Gebiete, in denen Dienstleistungen angeboten werden, direkt von der Größe der zentralen Orte abhängig ist. Die Dienstleistungsgebiete von Zentren unterschiedlicher Größe überschneiden sich, die Dienstleistungsgebiete von Zentren gleicher Größe jedoch nicht. Im letzteren Fall — wenn das ganze Gebiet des Systems mit Dienstleistungseinrichtungen versorgt werden soll — müssen diese Dienstleistungsgebiete eine sechseckige, der idealen Kreisform der Marktgebiete angenäherte Struktur aufweisen. Ein Netz von sechseckigen Komplementärregionen wird sich entwickeln, wobei jedes eingeschlossene Zentrum von sechs gleichrangigen und annäherungsweise gleich weit entfernten Zentren umgeben ist. Da es viele unterschiedlich große zentrale Orte gibt, wird es mehrere wabenförmige Netze mit verschieden großen, sich überlagernden Sechsecken geben.[5] Die Anzahl der Zentren in jeder

Größenklasse verhält sich zur Zahl der Zentren in den darauffolgenden Größenklassen im Verhältnis 1:2:6:18:54... Da jeder zentrale Ort höherer Ordnung die Charakteristika von Zentren niedrigerer Ordnung enthält, wird die Zahl der Komplementärregionen im Verhältnis 1:3:9:27:81... zunehmen.

Zentren der gleichen Größenklasse tendieren dazu, voneinander gleich weit entfernt zu sein, größere Zentren sind jedoch weiter voneinander entfernt als kleinere. Diese ideale Struktur stellt das *Marketingprinzip* dar, das heißt die Verbindung zwischen jedem zentralen Ort und dem dazugehörigen Dienstleistungsgebiet. Dieses Prinzip kann durch das *Verkehrs-* und *Verwaltungsprinzip* abgewandelt werden. Die räumliche Verteilung der Städte wird durch die Struktur des Transportnetzes beeinflußt. Entwickelt sich eine Wirtschaft entlang einer begrenzten Anzahl von Hauptverkehrslinien, so wird dieser Prozeß die Anordnung der zentralen Orte im wesentlichen bestimmen; dies führt zu einer Konzentration zentraler Orte in Vierergruppen. Das Verwaltungsprinzip spiegelt den Bedarf nach Zentren mit Institutionen wider, die Verwaltungsfunktionen ausüben. Dies zeigt sich besonders dort, wo die verwaltungsmäßige Aufteilung einer Region und ihrer Zentren vor der Besiedlung geplant wird, wobei idealerweise eine Folge von Zentren in Siebenergruppen entstehen müßte.

Abweichungen vom Schema der reinen Theorie ergeben sich aus interregionalen Unterschieden in der wirtschaftlichen Entwicklung, der Einkommensniveaus und Präferenzen und aus der Tatsache, daß der Urbanisierungsprozeß nur sehr langsam erfolgt, so daß zwischen den Prognosen der Theorie zentraler Orte und den beobachteten Strukturen der Wirklichkeit Differenzen auftreten. Man betrachte zum Beispiel die Konsequenzen des wirtschaftlichen Wachstums und des Bevölkerungswachstums in einem ausgedehnten Gebiet, das ursprünglich auf zwei zentralen Orten basierte. Erhält jetzt ein dritter zentraler Ort seine Existenzberechtigung, so wird er, der Theorie entsprechend, in einem Punkt auf halbem Wege zwischen den bereits bestehenden Zentren liegen. Nun können jedoch viele Standorte die Bedingungen eines genügend großen Dienstleistungsgebietes erfüllen, so daß es zwischen den rivalisierenden Standorten zum Wettbewerb kommt, der neue zentrale Ort zu werden. Welcher Standort die Oberhand behält, kann von vielen Faktoren abhängen: Verfügbarkeit von Transportmöglichkeiten, Vorhandensein oder Fehlen von Produktionsbetrieben oder Bergwerken, Charakteristika der Bevölkerung und Bevölkerungsverteilung, Verfügbarkeit unternehmerischer Fähigkeiten und von zufälligen Faktoren. Werden bestimmte Annahmen[6] gemacht, so kann das reine Modell der Entwicklung zentraler Orte von *Christaller* verallgemeinert werden:

1. Die Bevölkerung ist gleichmäßig über ein homogenes Gebiet verteilt.
2. Die zentralen Orte versorgen das Hinterland mit Gütern und Dienst-

leistungen; die Größe des Hinterlandes ist so festgelegt, daß zwei zentrale Orte, die die gleichen zentralen Dienstleistungen anbieten, jeweils von einem Hinterland gleicher Größe umgeben sind.[7]

3. Zentrale Orte sind so über die Fläche verteilt, daß ihre Anzahl maximiert wird; dies unter der Nebenbedingung, daß der verfügbare Raum, zumindest in einem Marktgebiet, integriert ist.

4. Die zentralen Orte bilden eine Hierarchie. Daher gilt: Ein zentraler Ort stellt das Bündel zentraler Güter und Dienstleistungen, das mit der Funktion n verbunden ist, dann und nur dann zur Verfügung, wenn der Ort auch Güter und Dienstleistungen anbietet, die mit der Funktion $1 \rightarrow (n-1)$ verbunden sind.

So erhalten wir sechseckige Marktgebiete mit einem zentralen Ort im Zentrum eines jeden Marktgebietes und eine Hierarchie von zentralen Orten, in der jeder Ort mit der Funktion n, M Orte, den Ort selbst zugerechnet, einschließt (wobei M die Zahl der Größenklassen zentraler Orte im System repräsentiert). Die Entwicklung sechseckiger Märkte folgt aus der Annahme, daß die Marktgebiete die gesamte Ebene überziehen, so daß die Unternehmungen in jedem zentralen Ort nur normale Gewinne erzielen und die Komplementärregion jedes zentralen Ortes die kleinstmögliche Größe hat (die Schwelle). Ganz offensichtlich kann dieses Ergebnis ohne freien Wettbewerb nicht eintreten. Aber sogar unter den Bedingungen des freien Wettbewerbs ist es möglich und realistischer, daß einzelne Gebiete der Ebene nicht in Marktgebiete integriert werden, was bedeutet, daß Marktgebiete existieren, die keine sechseckige Struktur haben, und daß einige Unternehmungen hohe, d.h. überdurchschnittliche Gewinne erzielen. Diese Modifikation erlaubt, eine der restriktiven ursprünglichen Annahmen fallen zu lassen und so in gewisser Weise das Modell zentraler Orte zu verallgemeinern.[8] Daher kann die implizit getroffene Annahme einer gleichförmig verteilten Kaufkraft fallengelassen werden, da wir an diese nur dann gebunden sind, wenn wir sechseckige Gebiete erhalten wollen.

Eine hierarchische räumliche Struktur entsteht sogar dann noch, wenn die Schwellen der Marktgebiete nicht das gesamte Gebiet in Anspruch nehmen und wenn nicht entscheidend ist, wie die Kaufkraft sich verteilt, vorausgesetzt, daß wir die Begriffe *Reichweite* und *Nachfrageschwelle* beibehalten, so daß es eine obere und untere Grenze mit dem Hinterland gibt, das mit jedem zentralen Gut durch einen gegebenen zentralen Ort versorgt werden kann. Dies läßt sich folgendermaßen demonstrieren:

Geht man von der Annahme aus, daß ein Gebiet mit n verschieden zentralen Gütern versorgt wird, die in absteigender Ordnung von n bis 1 klassifiziert sind, so ergibt sich für den zentralen Ort, der das Gut n produziert (als A bezeichnet), das größte Marktgebiet. Es werden ebensoviele Zentren vom Typ A existieren, wie es für die das Gut n anbietenden Unternehmungen Umsatzschwellen gibt. Ist die Summe aller Umsätze ein genaues Vielfaches der Schwelle für Gut n, so werden die Marktgebiete durch die untere Grenze der Versandweite von den Zentren vom Typ A bestimmt. In einem solchen Fall würden die Unternehmungen nur normale Gewinne erzielen, und sogar dies erfordert einen die Kosten minimierenden Standort, der entweder durch die Minimierung der Absatzkosten bestimmt wird, wenn das Produkt angeliefert wird, oder durch die Minimierung der Transportkosten, wenn die Kunden zum Kauf des Produktes an die Absatzpunkte kommen müssen. Im einfachsten Modell bedeutet das, daß zentrale Orte im Mittelpunkt des Marktgebietes liegen müssen. Übersteigt die Summe der Gesamtumsätze die vorausgesetzte Schwelle um ein Vielfaches, und ist diese nicht groß genug, die Existenz eines anderen Zentrums vom Typ A zu rechtfertigen, so ist es möglich, daß überdurchschnittliche Gewinne erzielt werden. Alle anderen zentralen Güter und Dienstleistungen $(n-1, n-2 \ldots 1)$ werden ebenfalls durch die Zentren vom Typ A verteilt, so daß Extragewinne erzielt werden können.

Zentren	Güter				
	$n^*, n-1, \ldots$	$n-i^*, n-(i+1), \ldots$	$n-j^*, n-(j+1), \ldots$	$\ldots$	$k^*, k-1, \ldots 1$
A	x	x	x		x
B		x	x	$\ldots$	x
C			x	$\ldots$	x
.					.
.					.
M				$\ldots$	x

1 Die Hierarchie zentraler Orte: wie n Güter durch M Zentren geliefert werden

Es wird jedoch ein Gut $n-i$ geben, bei dem die vorhandene Kaufkraft in den Zwischenräumen zwischen den Marktschwellen der das Gut $n-i$ anbietenden Zentren vom Typ A weitere Marktgebietsschwellen in diesen Lücken rechtfertigt. Es wird effizienter sein, diese Zwischenräume an eine andere Art von Zentren, hier als Typ B bezeichnet, zu binden, die dieses Gut herstellen. Wie zuvor gilt, daß nur durchschnittliche Gewinne erzielt werden, wenn die Marktgebiete Schwellengröße haben, während die Existenz von geringfügig größeren Schwellen es einigen Unternehmungen gestattet, Extragewinne zu erzielen. Das zentrale Gut $n-i$ wird als *hierarchisches Grenzgut* bezeichnet; die Zahl der hierarchischen Grenzgüter bestimmt die Reihenfolge der zentralen Orte in der Hierarchie. Zentren von Typ B werden natürlich ebenso Schwellen-Güter niedrigerer Rangordnung liefern — von $n(i+1)$ hinunter bis zu 1. Ähnlich wird, wenn $n-j$ (wobei $j > i$) ebenso ein hierarchisches Grenzgut ist, eine dritte Reihe von zentralen Orten vom Typ C entstehen. Die Hierarchie besteht aus einer Anzahl von Typen zentraler Orte, wobei die Anzahl der Typen der Zahl der hierarchischen Grenzgüter entspricht; gibt es M Grenzgüter, die von n bis k reichen, so gibt es M Reihen von zentralen Orten. Einige Unternehmungen, die jedes zentrale Gut liefern können, werden überdurchschnittliche Gewinne erzielen, je nachdem ob die Marktgebiete die gesamte Ebene bedecken. Alle zentralen Orte werden ihren Standort an jenen Punkten haben, von denen aus sie ihre Komplementärregionen am effizientesten mit zentralen Gütern versorgen können. Die marginale Unternehmung wird wahrscheinlich nur normale Gewinne erzielen, die supramarginale Unternehmung kann in einen räumlichen Wettbewerb um die außerhalb der Nachfrageschwelle vorhandene Kaufkraft eintreten, die zwischen den Marktgebietsschwellen des räumlichen Systems existiert. Diese Hierarchie ist in Abbildung 1 dargestellt; die Sternchen weisen auf hierarchische Grenzgüter hin, während x das Güterangebot eines bestimmten Zentrums anzeigt.

Kritik der Theorie zentraler Orte

Christallers Theorie wurde keinesfalls allgemein akzeptiert; sie war Gegenstand der Kritik von den verschiedensten Richtungen. Was jedoch auch immer die Gründe sind, die Theorie der zentralen Orte bleibt einer der am besten theoretisch abgesicherten und operational handhabbaren Ansätze zur Untersuchung städtischer Wachstumsprozesse. Im regionalwissenschaftlichen Kontext erhöht sich daher ihr Wert, da keine andere Theorie so deutlich die Interdependenz zwischen der Stadt und der dazugehörenden Region betont.

Ein Teil der Kritik ist nicht ernstzunehmen, da sie entweder ungerechtfertigt oder irrelevant für die Einschätzung der Theorie ist. Einige Kritiker haben gesagt, daß die Theorie zentraler Orte städtische Standortstrukturen voraussagt, die ganz offensichtlich durch die Entwicklung der Transportnetze, die die Erreichbarkeit in unterschiedlichen Richtungen beeinflussen oder durch Änderungen lokaler Verwaltungsstrukturen abgewandelt werden können, bestimmt wird.[9] Wie wir aber gesehen haben, wurden die aus der Beachtung des Verkehrs- und Verwaltungsprinzips resultierenden Modifikationen von *Christaller* selbst zugegeben und analysiert, diese sind nun weit davon entfernt, die Bedeutung der Theorie zu schmälern, sie erhöhen im Gegenteil den Wert der Theorie, diese wird dadurch sogar realistischer. Eine andere bedeutsame Kritik verweist eher auf die Problematik der empirischen Anwendung, als daß sie die theoretische Qualität in Frage stellt. Auf derselben Linie liegt es, wenn darauf hingewiesen wird, daß es manchmal schwierig sei, zentrale Güter und Dienstleistungen zu identifizieren, besonders weil — wie *Christaller* selbst erkannte — die Aufteilung zwischen zentralen und räumlich verteilten Gütern sich im Laufe der Zeit mit örtlichen Unterschieden im Niveau des technischen Fortschritts ändert. Ähnlich wurde die Grundlage, die die Zentralität eines Ortes determiniert, kritisiert. *Christaller* selbst verwandte, wahrscheinlich weil ihm keine Daten des Einzelhandels und andere möglichen Datenquellen zur Verfügung standen, die Anzahl der Telefonanschlüsse als annäherungsweise zu gebrauchenden Indikator der Zentralität. Die Mängel dieses Indikators sind offensichtlich, besonders dann, wenn das Telefonnetz eines Landes oder einer Region erweitert wird und wenn dies unter räumlich unterschiedlichen Kosten geschieht. Zur Entwicklung eines präziseren Indikators wäre die Schätzung des aus der Lieferung von zentralen Gütern und Dienstleistungen erhaltenen Einkommens notwendig; dies würde uns aber wieder zu der oben angeführten Schwierigkeit der Indentifikation zentraler Güter führen.

Die Theorie zentraler Orte prophezeiht, daß große Städte sich auf Güter mit ausgedehnten Marktgebieten spezialisieren werden. Wenn jedoch Städte wachsen, werden Dienstleistungen angeboten, die sehr wenig mit der Belieferung großer, nicht-lokaler Marktgebiete zu tun haben. So verursachen zum Beispiel die Lebensbedingungen und sozialen Verhältnisse in großen Städten Bedürfnisse, die nicht typisch für kleine städtische Zentren sind, wie zum Beispiel Parkplätze. Ferner werden mit dem Wachstum der Städte einige bisher von Haushalten oder von Unternehmungen selbst hergestellte Dienstleistungen in genügend großen Mengen nachgefragt, so daß spezialisierte Unternehmungen nun diese Dienstleistungen anbieten und davon existieren können. Kostendegressionen können das Entstehen und Wachsen von Wäschereien, reprographischen Anstalten und anderen Diensten fördern. Schließlich werden Dienstleistungen, die früher von nicht-spezialisierten Produktionseinheiten oder von Unternehmungen angeboten wurden, die sowohl Verkaufs- als auch Servicefunktionen hatten, nun zum Teil von Unternehmungen übernommen, die sich auf sehr eng begrenzte Dienstleistungen spezialisiert haben. Diese Entwicklung neuer Funktionen ist nicht notwendigerweise mit einem Zuwachs des Dienstleistungsvolumens oder mit einer Ausweitung der Marktgebiete verbunden.

Diese Hypothesen sind empirisch durch die *Urbanisierungsindices* verifiziert worden, mit denen die Bedeutung eines Gewerbes, Industriezweiges oder einer Dienstleistung pro Einwohner in großen Städten in Relation zu kleineren Zentren gemessen werden können. Ein Index dieser Art kann durch eine Lorenz-Kurve dargestellt werden, wobei die Abszisse die kumulierten Ertragsanteile einer spezialisierten Dienstleistungsindustrie zeigt, während die Ordinate die kumulierten Teile der Bevölkerung eines Stadtzentrums wiedergibt. Solche Indices helfen, zentrale Güter und Dienstleistungen in höhere und niedrigere Ordnungen zu trennen und spezialisierte nicht-zentrale Dienstleistungen, die hauptsächlich in größeren Städten angeboten werden, zu bestimmen. Empirische Untersuchungen in den USA zeigen, daß Differenzierung und Spezialisierung des Dienstleistungsgewerbes mit zunehmender Stadtgröße nur in einem kleinen Ausmaß durch Prinzipien erklärbar sind, die vom Schema der zentralen Orte oder vom Begriff einer städtischen Hierarchie abgeleitet werden können.[10]

Die dargelegte Theorie hat in landwirtschaftlichen Regionen größere Gültigkeit als in industrialisierten Gebieten. Danach hat die Stadt die Aufgabe, als ein Dienstleistungszentrum für das Hinterland zu fungieren. Diese Funktion der Stadt kann am eindeutigsten festgestellt werden, wenn es keine anderen städtischen Zentren im Hinterland gibt. Dort, wo mehrere städtische Zentren ähnlicher Größe in einer Region gefunden werden, besteht eine höhere Wahrscheinlichkeit, daß diese sich untereinander auf bestimmte Funktionen spezialisieren und daß sich eine mögliche Verzerrung von Christallers Hierarchie städtischer Größen ergibt. In einem dicht bevölkerten und hochindustrialisierten Gebiet wird es darüber hinaus auch viele städtische Zentren geben, die oft eng zusammenliegen und eine einzige städtische Agglomeration bilden. In einem solchen Fall werden die sozialen und kommerziellen Interaktionen in den beiden Zentren aller Wahrscheinlichkeit nach das Wachstum durch einen Mechanismus fördern, der nicht direkt mit der Produktion von zentralen Gütern und Dienstleistungen in Verbindung gebracht werden kann. Ebenso kann das allgemeine Phänomen der Entwicklung der Randgemeinden und das Wachstum von Industriegebieten sehr leicht in das System der zentralen Orte eingefügt werden.

Als Folge wirtschaftlicher Agglomerationsvorteile und der Existenz eines großstädtischen Arbeitsmarktes sind städtische Zentren oft auch sehr wichtige Industriestandorte. Wenn städtisches Wachstum das Ergebnis der Erweiterung industrieller Produktion innerhalb des Großstadt- oder Stadtgebietes ist, besonders wenn diese Betriebe nationale und Weltmärkte versorgen, kann dieses Wachstum durch die Theorie zentraler Orte nicht erklärt werden. In großen Ländern, wie in den USA, produzieren städtische Fertigungsbetriebe oft nur für regionale Märkte; in kleineren Ländern jedoch werden solche Betriebe kaum nur den regionalen Markt beliefern. Außerdem haben die Hauptverwaltungen nationaler Handels- und Finanzorganisationen ihren Standort gewöhnlich in großen Städten. Die Theorie zentraler Orte ist auf die Versorgung mit persönlichen Dienstleistungen

besser anwendbar als auf die Versorgung mit Dienstleistungen geschäftlicher Natur.
Die Theorie zentraler Orte unterschätzt auch den Beitrag zum Urbanisierungsprozeß, der durch die Bevölkerungsabwanderung vom Land in die Stadt gefördert wird.[11] Obwohl natürlich die Bevölkerungsabwanderung in städtische Zentren durch die besseren Arbeitsmöglichkeiten hervorgerufen und oft mit einem Anstieg des Nettoeinkommens durch die Versorgung mit zentralen Gütern und Dienstleistungen verbunden ist, wird nicht jede oder vielleicht nur ein Teil der Bevölkerungsabwanderung aus diesem Grunde erfolgen. Das Wachstum des Arbeitsmarktes kann durch angestiegene Arbeitsmöglichkeiten im Produktionsprozeß erklärt werden. In anderen Fällen kann die zunehmende Urbanisierung das Ergebnis der Abwanderung aus ländlichen Gebieten sein, in denen die Abwanderer von ihrem Grund und Boden durch den technischen Fortschritt in der Landwirtschaft oder durch andere Faktoren freigesetzt werden, die zur Abnahme der Beschäftigung im landwirtschaftlichen Sektor beitragen.

Aus diesen Gründen reicht die Theorie zentraler Orte nicht hin, den Prozeß städtischen Wachstums vollständig zu erklären. Aber dies verweist nur auf die Notwendigkeit, das Konzept der zentralen Orte zu erweitern und besser abzusichern. In der Tat würde es schwierig sein, eine logisch konsistente und plausible Theorie städtischen Wachstums zu entwickeln, die nicht die Bedeutung der Großstädte und der Städte als Versorger mit zentralen Gütern und Dienstleistungen für das Hinterland miteinbezieht.

3. Städtische Wirtschaftsbasis und städtisches Wachstum

Das Konzept der „economic base" kann sowohl zur Analyse von Städten als auch von Regionen verwandt werden. Die Anwendung des Konzepts auf Regionen wird im nächsten Kapitel formal abgehandelt werden. Hier untersuchen wir nur den Aussagewert des Basisverhältnisses in bezug auf städtisches Wachstum und Stadtentwicklung.[12] Die Theorie der „economic base" muß erwähnt werden, weil sie eine der wenigen rein ökonomischen Erklärungen städtischen Wachstums bildet und weil ihr beachtliche Aufmerksamkeit gewidmet wurde. Die Grundidee der Theorie einer städtischen „economic base" ist einfach, vielleicht zu einfach. Von der städtischen Wirtschaftsstruktur wird angenommen, daß sie aus zwei fundamentalen Aktivitäten zusammengesetzt ist: aus Basisaktivitäten, die Güter und Dienstleistungen für den Export in einem eindeutig abgegrenzten Stadtgebiet produzieren und absetzen; und aus Dienstleistungsaktivitäten (oder Nicht-Basisaktivitäten), deren Güter und Dienstleistungen innerhalb des Stadtgebietes konsumiert werden. Die Basistheorie nimmt nun an, daß diese Aktivitäten die Grundlagen des städtischen Wachstums bilden und daß die Ausweitung des Basissektors Wachstum in den Nicht-Basisaktivitäten — und damit in der gesamten städtischen Wirtschaft — induziert. Hier handelt es sich um sehr vereinfachte Annahmen zur Analyse der komplexen Phänomene städtischen Wachstums.

Drei Haupteinwendungen können gegen den theoretischen Ansatz der städtischen Basis erhoben werden.
1. Durch die Bestimmung der „economic base" und durch die Frage, wie zwischen Basis- und Nicht-Basisaktivitäten einer Wirtschaft unterschieden werden soll, ergeben sich ernsthafte Schwierigkeiten.
2. Das Basis-Konzept scheint als Prognoseinstrument für das städtische Wachstum eine sehr geringe Aussagekraft zu haben.
3. Die Theorie städtischer Basis hat solche Unzulänglichkeiten, daß man fast zu dem Schluß kommen könnte, daß eine Einteilung in Basis- und Nicht-Basissektoren bedeutungslos ist.

Diese drei Einwendungen werden nun der Reihe nach diskutiert.

Verkäufe von Gütern und Dienstleistungen in ein außerhalb der Stadt gelegenes Gebiet können nicht als Exporte oder Basisaktivitäten beschrieben werden, wenn man nicht das Gebiet selbst definiert. Im internationalen Handel wirft dies nur geringe Probleme auf, da nationale Grenzen ziemlich exakt gezogen sind. Auf städtischer Ebene jedoch mag eine Lösung dieses Problems fast unüberwindlich sein. Begrenzt man das Stadtgebiet dort, wo die Verwaltungsbefugnis der Stadtverwaltung endet, so erhält man ein völlig anderes Resultat, als wenn man das Gebiet entsprechend der Anziehungskraft der Stadt für besondere Einzelhandelsbetriebe und/ oder Dienstleistungen definieren wollte. Mögliche Kriterien dafür wären unter anderem das Einzugsgebiet für Arbeitskräfte, Einzelhandelsgebiete für die wichtigsten Waren oder ein „Gemeinschaftsgebiet" mehrerer Güter, das den graphischen Darstellungen der Marktgebiete entnommen ist. Eine Variante des letzteren Vorschlages ist es, die Grenzen entlang einer Reihe von „Schwellen-Punkten" zu ziehen, von denen jeder „als ein Punkt, bis zu dem eine Stadt den dominierenden Einzelhandelseinfluß ausübt, und von welchem an der Einfluß einer anderen Stadt dominiert"[13], definiert werden kann. Es gibt also für die Zwecke der Basis-Analyse eine Vielzahl von Abgrenzungen des Stadtgebiets, und die Größe der Basis ist offensichtlich nicht unabhängig von den ausgewählten Grenzen.

Sogar wenn das Abgrenzungsproblem gelöst werden könnte, bliebe die Frage, wie Basis- und Nicht-Basisaktivitäten klassifiziert werden sollen. Eventuelle Basissektoren enthalten Industriebetriebe, Bergwerke, Finanz- und Bankdienstleistungen, Absatzorganisationen zur Versorgung nichtlokaler Märkte und Wirtschaftsaktivitäten, die durch die von außerhalb des Stadtgebietes kommenden Einkommen – wie Tourismus, Ämter von Bundes- und Landesbehörden, Laboratorien und andere Einrichtungen, bestimmte Arten medizinischer Institutionen, Ausbildungseinrichtungen und Schulen – induziert werden. Nicht-Basissektoren enthalten Stadtverwaltung, Geschäfte, die die lokale Nachfrage versorgen, Schulen, Rechtsanwalt- und Arztpraxen sowie ansässige Dienstleistungsbetriebe. Die meisten Einrichtungen können jedoch nicht scharf abgegrenzt werden; im Grunde genommen arbeiten alle sowohl für die äußeren Gebiete als auch für die lokalen Märkte. Außerdem kann der Effekt einer Erweiterung der städtischen Basis in denjenigen Fällen unterschiedliche Konsequenzen haben, in denen die Güter und Dienstleistungen dem Konsumenten angeliefert werden, im Vergleich mit den Fällen, in denen die Konsumenten zum Kauf ihrer Güter und Dienstleistungen in die Stadt kommen müssen. In den letzteren Fällen wird wahrscheinlich der Konsum von „non-basic-outputs", wie etwa die Fahrt mit dem Omnibus und die Mahlzeit im Stadtrestaurant, die Konsumtion einer vom Basissektor produzierten Ware ergänzen. Ähnlicher muß in bezug auf die Klassifikation von Nicht-Basisaktivitäten eine Unterscheidung zwischen Sektoren gemacht werden, die Güter, Dienstleistungen und Kapital für die lokale Produktion importieren und solchen, die dies nicht tun. Schließlich gilt: Je größer und komplexer die ökonomische Struktur einer Stadt ist, desto schwieriger wird es sein, eine Unterscheidung zwischen Basis- und Nicht-Basisaktivitäten zu treffen. In einer komplexen Wirtschaft wird sowohl eine große Anzahl von Halbfabrikaten als auch von Fertigprodukten produziert, deren Zusammensetzung zwischen örtlichen, importierten und exportierbaren Materialien variiert. Die städtische Wirtschaft wird in einem hohen Ausmaß interdependent sein, und sogar große Datenmengen über die zwischenregionalen und zwischenbetrieblichen Warenströme erlauben keine einfache Aufteilung der gesamten städtischen Wirtschaftsaktivitäten in Basis- und Dienstleistungs(Nicht-Basis-)aktivitäten, besonders da es für eine Stadt normal sein kann, bestimmte Mengen von „Basis"-Produkten sowohl zu importieren als auch zu exportieren.

Soll das städtische Basis-Modell operationalen Wert haben, so wird es notwendig sein, ein auf Basis- und Nicht-Basisaktivitäten anwendbares Unterscheidungskriterium zu finden, das eine quantitative Abgrenzung jedes Basissektors ermöglicht und eine Aufteilung des Gesamtproduktes jedes Sektor in Basis- und Nicht-Basiskomponenten erlaubt. Mögliche Unterscheidungskriterien sind: Beschäftigungsstruktur, Löhne und Gehälter, das Netto- und das Bruttoprodukt, die Produktionsmenge, Geldeinkommen und Ausgabenstatistiken für das gesamte Stadtgebiet. Da die Sozialstatistik sowohl Kapitaltransaktionen als auch Transaktionen von Gütern und Dienstleistungen enthält, ist wahrscheinlich das letzte Maß das beste, obwohl die benötigten Daten nicht sehr leicht zu erhalten sind. Stehen andere detaillierte Daten nicht zur Verfügung, so wird die Beschäftigungsstruktur zum Maßstab. Die Unzulänglichkeiten sind offenkundig: Als Maß des Kapitalexportes ist es ohne Sinn; Daten zur Beschäftigungsstruktur zeigen nicht notwendigerweise Änderungen in der Produktivität an, besonders zwischen Basis- und Nicht-Basisaktivitäten; der Anteil des Basissektors ändert sich von einer Stadt zur anderen im bedeutenden Ausmaß und variiert zeitlich sogar noch in stärkerem Maße in jeder Stadt; die Klassifikation jeder Unternehmung oder Institution in Basis- und Nicht-Basisbeschäftigte ist eine teure und ungenaue Erhebungsmethode (außer wahrscheinlich in einem sehr kleinen Ort). Diese Mängel haben dazu geführt, daß indirekte Methoden verwendet werden, so wie zum Beispiel die Annahme, daß die Beschäftigung, verbunden mit einem Standortquotienten* > 1, Basisaktivitäten anzeigt.

Die in der Empirie auftretende Schwierigkeit, die Basisaktivitäten von den gesamten anderen städtischen Aktivitäten zu trennen, bedeutet, daß jedes konstruierte Basis-/Nicht-Basisverhältnis nur eine Annäherung sein wird und daß ihr Aussagewert durch die Unzulänglichkeiten der Daten, durch die Unvollkommenheit der benutzten Maßeinheit und die Ungenauigkeit der zur Unterscheidung zwischen Basis- und Nicht-Basisaktivitäten notwendigen Annahmen stark eingeschränkt wird. Sogar dann, wenn man diese Probleme beiseite läßt, wird das Basisverhältnis als ein Prognoseinstrument städtischen Wachstums geringe Aussagekraft haben. Bei einigen einfachen Tests hat Pfouts keine Beziehung zwischen Basisaktivitäten (gemessen durch die Standortquotientenmethode) und Wachstum (ausgedrückt durch das Bevölkerungswachstum) gefunden; er stellte indessen eine engere Beziehung zwischen Nicht-Basisaktivität und Wachstum fest.[14] Dieses Ergebnis, sollte es durch weitere Untersuchungen bestätigt werden, läßt vermuten, daß der Anteil von Basis- zur Gesamtaktivität mit zunehmender Größe der Stadt tendenziell fällt. Trifft dies zu, so

---

* Standortquotienten werden im allgemeinen durch folgende Formel berechnet:

$$q = \frac{\frac{S_{ij}}{\sum_j S_{ij}}}{\frac{N_j}{\sum_j N_j}}$$

q ist der Standortquotient, S_{ij} ist die Anzahl der Beschäftigten der Stadt/Region i in der Industrie j, und N_j ist die Gesamtanzahl der Beschäftigten der Industrie j, *Anm. d. Hrsg.*

würde diese Tendenz das Basis-Konzept als Erklärung eines langfristigen Wachstums ausschließen. Hat die Basis-Theorie überhaupt einen Aussagewert, so liegt dieser eher in der kurzfristigen Prognose, bei der die strukturelle Zusammensetzung der städtischen Wirtschaft unverändert bleibt, als in der konjunkturellen Wachstumsanalyse. Aber Basis-Verhältniszahlen können sogar als kurzfristiges Instrument schwere Unzulänglichkeiten haben, da das Basisverhältnis in den verschiedenen Konjunkturphasen im Wert schwanken kann. Auf lange Sicht wäre eine Stabilität des Basisverhältnisses, wenn es überhaupt existierte, wahrscheinlich seltener Zufall. Dies deswegen, weil im Kontext säkulären Wachstums jedes kausale Verhältnis zwischen dem Basissektor und der gesamten städtischen Aktivität wahrscheinlich durch die enge Interdependenz zwischen dem Basissektor und dem Dienstleistungssektor undeutlich wird. Die Nachfrage nach lokalen Dienstleistungen kann indirekt von der Ausweitung in der Exportbasis abgeleitet werden; zur gleichen Zeit aber werden Nicht-Basis-Wirtschaftsbranchen bedeutende Inputs für Exportproduktionen liefern, und die Effizienz des lokalen Dienstleistungssektors kann zu einer kritischen Determinante der Wettbewerbsfähigkeit städtischer Exportunternehmungen werden.

Dies führt weiter zu der begrifflichen Schwäche der Basistheorie selbst. Eindeutig wird die Rolle der Exporte überbewertet; kann denn gezeigt werden, daß ein großer Anteil an Basis-Industrie immer städtisches Wachstum und Stabilität hervorruft? Es wäre ein befriedigenderer theoretischer Ansatz, wenn die Basistheorie durch eine städtische Einkommensanalyse ersetzt werden könnte, einer Methode analog der Volkseinkommensanalyse. Dadurch würde die übermäßige Abhängigkeit von Exporten reduziert und die Bedeutung der Importe und des Sparens als Abzweigungen vom Einkommensstrom genauso betont werden wie die Investitionen als ein zusätzlich zu den Exporten vorhandener Zufluß zum Einkommensstrom.

Die Existenz von Importen hat *Blumenfeld* veranlaßt, den Sinn der Aufteilung zwischen Basis- und Nicht-Basisaktivitäten in Frage zu stellen. Ein Standortquotient = 1 kann zum Beispiel für eine Wirtschaftsbranche bedeuten, daß sich beträchtliche Importe durch die Exporte ausgleichen. Versuche, die Basisaktivitäten zu quantifizieren, führten unvermeidlich zu städtischen Input-Output-Relationen; und wenn die Stadt als eine integrierte Einheit von interdependenten Aktivitäten betrachtet wurde, schien die Basis/Nicht-Basisunterscheidung nach *Blumenfelds* Worten „sich in Luft aufzulösen".[15] Der gleiche Autor bemerkt, daß die Anwendbarkeit des Basis-Konzepts bei zunehmender Stadtgröße und mit zunehmender Größe des nicht auf Gehaltszahlungen beruhenden in die Stadt fließenden und auch des aus ihr hinausfließenden Einkommensstromes tendenziell abnimmt; andererseits wird die Basistheorie mit zunehmender Spezialisierung der

Städte wieder relevanter. *Blumenfelds* extreme Kritik bedeutet, die Basistheorie dadurch auf den Kopf zu stellen, daß der lokale Dienstleistungssektor die wichtigste Determinante des langfristigen Wachstums städtischer Wirtschaftsaktivitäten, der ökonomischen Stabilität, andererseits auch des Exportbasissektors wird. Es wird angeführt, daß große Städte deshalb Erfolg haben, weil ihre effizienten lokalisierten Dienstleistungssektoren es ihnen ermöglichen, stagnierende Basis-Wirtschaftsbranchen durch andere zu ersetzen. Die Zusammensetzung des Basissektors in bezug auf Wirtschaftsbranchen und Unternehmungen ist variabel und unterliegt Veränderungen, die dem Ersatz von stagnierenden Wirtschaftsbranchen und Unternehmungen entspricht. Die Dienstleistungsaktivitäten bilden die einzigen dauerhaften Voraussetzungen der Stadtökonomie, sie sind das Hauptelement der Anziehungskraft für Exportsektoren. Sie stellen durch ihre kontinuierliche Effizienz und Wettbewerbsfähigkeit einen wichtigen Faktor der städtischen Wirtschaft dar. Als Ergebnis der Analyse des Wachstumspotentials der städtischen Wirtschaft hat Blumenfeld auf die Bedeutung von „kritischen Studien" hingewiesen, die sich seiner Auffassung nach mit der Verletzbarkeit der lokalen Wirtschaftsaktivität durch von außen kommende Konkurrenz ebenso befassen sollten wie mit der potentiellen Kapazität der städtischen Wirtschaftsaktivitäten, in die außerhalb liegenden Märkte zu expandieren; wie mit der Zahlungsbilanzanalyse, die sowohl Kapital- als auch laufende Transaktionen, Importe und ebenso die „export base" behandelt.

Fassen wir zusammen, so ergibt sich, daß die Untersuchung der städtischen Basis ein grobes Instrument für die Analyse der städtischen Wirtschaft ist und daß Voraussagen, die auf Grundlage des Anteils der Basisaktivitäten am städtischen Gesamtprodukt gemacht werden, kaum eine fehlerfreie Prognose des langfristigen städtischen Wachstums garantieren können.

4. Der human-ökologische Ansatz städtischen Wachstums

Die meisten Theorien städtischen Wachstums leiden an einer sehr starken Vereinfachung. Die Stadt ist nicht nur eine wirtschaftliche Organisation, ihr Wachstum ist nicht nur durch wirtschaftliche Begriffe allein erklärbar. Die Stadt ist ebenso eine physische Struktur architektonischer Einheiten, eine Verwaltungseinheit, vor allem aber ein sozialer Organismus. Der Prozeß städtischen Wachstums ist daher von vielen Perspektiven aus beschreibbar. Soziologische, oder genauer: human-ökologische Interpretationen dieses Prozesses können viel zur Beschreibung beitragen, und da es gewisse Ähnlichkeiten zwischen human-ökologischen Organisationen und dem Phänomen des wirtschaftlichen Wettbewerbs gibt, soll im folgenden dieser

Ansatz in seiner Relation zur Stadtforschung kurz und allgemein dargestellt werden. Humanökologie kann als das Studium der Wanderungen und Niederlassungen menschlicher Bevölkerung und ihre Beeinflussung durch die natürliche, soziale und kulturelle Umwelt definiert werden. Für den Humanökologen ist die Stadt Teil der natürlichen Umwelt. Ihre Entwicklung reflektiert die wirtschaftliche Konkurrenz als Gegenstück zur biologischen Konkurrenz in der Tierwelt. Der Daseinskampf veranlaßt, bei zunehmender Komplexität der Gesellschaft, die menschliche Bevölkerung, sich in Gemeinschaften unterschiedlicher Größe und Merkmale zu aggregieren; in einem entwickelten Wirtschaftssystem ist die entsprechende Gemeinschaft die Stadt. Im wesentlichen gibt es drei Hauptkräfte, die erklären, wie wirtschaftliche Bedingungen innerhalb der Stadt und innerhalb von städtischen Gemeinschaften im allgemeinen wirken. Die erste Bedingung ist die grundlegende Interdependenz der Menschen; sie müssen in Gemeinschaften leben, sie teilen sich dieselben wirtschaftlichen Bedingungen. So ist zum Beispiel die Arbeitsteilung innerhalb städtischer Gemeinschaften eine zum Überleben notwendige Anpassung, die unter dem Druck des wirtschaftlichen Konkurrenzkampfes erzwungen wurde. Zweitens: Standortentscheidungen haben eine ökonomische Funktion. Menschen wählen für ihre Produktion (und auch für ihre sozialen und kulturellen Aktivitäten) bestimmte Orte aus, die ihnen helfen, bestimmte Ziele zu verwirklichen. Drittens: Die Kosten zur Überwindung des Raumes veranlassen einzelne Menschen, sich in den zentralen Gebieten der Stadt zusammenzuballen. Diese Tendenz intensiviert den Wettbewerb um zentrale Standorte, so daß höhere Preise für Grund und Boden, höhere Grundrenten und höhere Transportkosten durch Verkehrsstauungen entstehen. Die einzelnen Menschen müssen diese höheren Kosten gegen die funktionale Abhängigkeit von zentralen Standorten abwägen.

Ein zweites wichtiges ökologisches Konzept — zusätzlich zum wirtschaftlichen Wettbewerb — ist die Dominanz. In einer durch die Gesetzmäßigkeiten des Marktes bestimmten Umwelt war die Bestimmung des Standortes wirtschaftlicher Aktivitäten vor der Einführung der Flächennutzungsverordnungen und der Stadtplanung allein das Ergebnis wirtschaftlicher Überlegungen. Industrie und Handel tendierten dazu, sich im Stadtzentrum niederzulassen, einerseits aus der Notwendigkeit, direkten Zugang zum Markt zu haben, andererseits, weil für Industrie und Handel hier Zugang zu einer Konzentration von Arbeitskräften mit verschiedener Ausbildung besteht. Haben sich Industrie und Handel einmal in der Stadt angesiedelt, so bestimmen sie den Charakter der Stadt, des umgebenden Gebietes und die Vorstellungen der darin lebenden Menschen. *Reissman* stellt dazu fest: „Der Standort *per se* einer Industrie in einer Stadt ist keine soziologisch signifikante Tatsache. Wenn der Standort eines Produktionsbetriebes in einer gegebenen Nachbarschaft diese und die Bevölkerungszusammensetzung in der Nähe des Betriebes ändert, haben wir es mit einem *sozialen* Raum zu tun."[16] Industrie und Handel sind deshalb die bestimmenden Faktoren einer städtischen Gesellschaft; aber diese Faktoren beziehen sich in diesem Zusammenhang auf die nicht-wirtschaftliche Struktur. Sie beeinflussen eher die Lebensgewohnheiten der Menschen in der Stadt und in den Vororten. Ein Hauptaspekt dieses Einflusses ist die Transformation der Stadt von einem einzelnen Agglomerationspunkt in ein Zentrum innerhalb eines besiedelten Stadtgebietes, das andere „untergeordnete" Zentren enthält. Deshalb beschrieb *Bogue*[17] seine eigene Arbeit als eine „Studie über Dominanz und Subdominanz", in der er eine komplexe, aber systematische geographische Arbeitsteilung unter einzelnen räumlichen Einheiten untersuchte, die sich über ein weit größeres Gebiet, als es die Stadt selbst bildet, verteilten. Diese Untersuchung ist eine direkte Weiterentwicklung der von *McKenzie* in den dreißiger Jahren[18] formulierten Hypothese. Dieser erweiterte das Konzept der Stadt als ein kontinuierliches und dichtbesiedeltes Gebiet durch die Erkenntnis, daß sich mehrere Städte um eine dominante Zentralstadt entwickeln könnten, die eine „Großgemeinschaft" bilden, wobei diese „Großgemeinschaft" differenzierte Aktivitätszentren enthalten könnte. Zusätzlich enthielt die Vorstellung einer Agglomeration von Städten ein dynamisches Konzept, und das Wachstum wurde durch zwei Haupttrends charakterisiert: Anwachsen der aggregierten Bevölkerung und Ausdehnung desjenigen Gebietes, in dem lokale Aktivitäten gemeinsam durchgeführt werden; Zunahme der Mobilität der Produkte, Dienstleistungen und Arbeitskräfte, wodurch sich dem Einzelnen neue Alternativen eröffneten, und ein höherer Spezialisierungsgrad erreicht wurde; dies trug folglich zu einer höheren Integration der verschiedenen Zentren innerhalb des Großstadtgebietes bei.

Kish erweiterte diesen Aspekt der Theorie. Er stellte fest, daß dominierende Zentren von Ringen mit „großstädtischem Einfluß" umgeben waren, deren Breite sich entsprechend der Größe der Zentralstadt änderte. Untergeordnete Zentren, die nicht weit von der Zentralstadt entfernt waren, zeigten größere spezialisierte Funktionen als die weiter entfernt liegenden. Man kann dies damit erklären, daß der Einfluß des wirklichen Zentrums mit der Entfernung abnimmt und sich auf die abhängigen Städte durch Unterschiede in der Spezialisierung innerhalb dieses Stadtsystems ausdehnt.[19]

In Anlehnung an diese Theorien, die das Verhältnis zwischen Dominanz und Unterordnung hervorheben, manifestiert sich städtisches Wachstum durch die Bedeutung der zentralen Stadt, die spezifische Funktionen (oder Gruppen von Funktionen) in die peripheren Gebiete verlagert, so daß sich dort neue Zentren bilden, während gleichzeitig die zentrale Stadt bereits bestehende Gebiete und Funktionen wieder abbaut, die der regionalen Expansion im Wege stehen. Die neuen an der Peripherie gebildeten Zentren können als *urbanisierte Kerne* bezeichnet werden; sie liegen außerhalb der zentralen Stadt, sind aber von ihr aus erreichbar. Sie können ein gewisses Maß an politischer Unabhängigkeit von der zentralen Stadt haben, sind aber mit ihr ökonomisch verbunden und sind für viele Dienstleistungen und öffentliche Einrichtungen von dieser abhängig. Diese Kerne werden relativ hohe Einwohnerdichte haben, eine nicht-ländliche Beschäftigungsstruktur und einen urbanen Lebensstil aufweisen. Sie können jedoch nicht als unabhängige Gemeinschaften betrachtet werden, sondern sind eher eine Auswahl städtischer „Fragmente", die effizienter funktionieren, wenn sie von der zentralen Stadt abgesondert sind.

Mit der Existenz industrieller Vororte sind die gegenseitigen Vorteile der Spezialisierung zwischen der zentralen Stadt und den Vorortzentren klar herausgearbeitet. Zentrale Städte tendieren dazu, ihre Handels- und Dienstleistungsfunktionen zu intensivieren, ihren industriellen Charakter jedoch zu reduzieren. Die industriellen Standorte in den Vorstädten reduzieren die Konzentration und die sich aus ihr ergebenen Kosten, sichern jedoch eine kontinuierliche Nachfrage nach Arbeitskräften und stellen ein größeres Angebot von Fertigwaren zur Verfügung; industrielle Unternehmungen in den Vororten profitieren von der allgemein geringeren Nachfrage nach Grund und Boden, niedrigen Produktionskosten, im allgemeinen kürzeren Anfahrtzeiten zum Arbeitsplatz, ohne jedoch die Vorteile des Zuganges zu städtischen Dienstleistungen und zu lokalen Märkten zu verlieren. Die funktionale Bedeutung von Wohngebieten in den Vororten spricht für sich selbst. Innerhalb der Stadtregion finden wir auch Satellitenstädte, die durch eine sichtbarere räumliche Trennung, wenn auch nicht durch Unabhängigkeit von der Stadt charakterisiert sind. Diese Satellitenstädte können unterschiedliche Funktionen aufweisen, normalerweise aber werden sie als Beschäftigungsgebiete für die Stadtregion dienen. Das *städtische Randgebiet* kann jedoch auch als „Insel" innerhalb der Stadtgrenzen gelegen sein; in diesen Fällen ist die Unterscheidung zwischen städtischen und ländlichen Merkmalen innerhalb dieses Randgebietes verwischt. Die Bedeutung ist in diesem Schema deshalb hervorzuheben, da diese Randgebiete die entscheidende geographische Grundlage für die städtische Expansion bilden, so daß innerhalb dieses Randgebietes sowohl Vororte mit Wohn- als auch Industriegebieten als Folge des Wachstumsprozesses entstehen können. Da die Einwohnerdichte erfahrungsgemäß dazu tendiert, in denjenigen Sektoren höher zu sein, in denen die Ausfallstraßen zu anderen Großstädten und Satellitenbezirken liegen, ergibt sich zusätzlich – als Resultat des Übergewichtes der Zentralstadt –, daß diese indirekt die regionale Bevölkerungsverteilung reguliert.

Der Nachteil der Untersuchung städtischen Wachstums auf der Grundlage der Vorherrschaft einer Großstadt und ihres Einflusses auf die Entwicklung von abhängigen Zentren ist der, daß das Großstadtgebiet als „geschlossenes System", isoliert von größeren Regionen und von der Volkswirtschaft, als ganzes behandelt wird. Aus diesem Grund haben Ökologen ihr Hauptinteresse von der Betrachtung der wirtschaftlichen Vorherrschaft zentraler Städte auf die Untersuchung ausgedehnterer Funktionen in den Bereichen Industrie, Transport, Marketing und Finanzen gerichtet, weil diese ausgedehnteren Funktionen von Großstädten innerhalb regionaler und nationaler Zusammenhänge, d.h. in einem verallgemeinerten „ökologischen Feld"[20] ausgeübt werden. In einem Vergleich von in Illinois gelegenen Produktionsbetrieben mit den von ihnen räumlich getrennten, über das ganze Gebiet der USA verstreuten Verwaltungssitze fand *Pappenfort* heraus, daß die Produktionsbetriebe in Illinois ungleichmäßig verteilt waren, je nach dem, wo die ihnen übergeordneten Verwaltungssitze ihren Standort hatten. Die Produktionsbetriebe mit lokalen Verwaltungssitzen waren nach Chicago, der beherrschenden Großstadt von Illinois, ausgerichtet, während die Betriebe, deren Verwaltungssitze außerhalb der lokalen Region ihren Standort hatten, diesen im Verhältnis zu dem Einfluß näherer oder entfernterer Regionen gefunden hatten. *Pappenfort* schloß daraus: „Die Konsistenz der Beziehungen weist darauf hin, daß diese allgemeine Prinzipien der ökologischen Organisation auf nationaler Ebene widerspiegeln können, die in der zeitgenössischen Interpretation der Großstadt nicht enthalten sind."[21]

Ähnlich haben *Duncan* und seine Mitautoren argumentiert. „Um Großstädte zu verstehen, müssen wir sie im Zusammenhang eines umfassenden Systems untersuchen", ein System, das supraregional — manchmal die gesamte Volkswirtschaft umfassen kann.[22] Jede einzelne Großstadtfunktion kann einen spezifischen Typ regionaler, subregionaler oder supraregionaler Relationen hervorrufen. Der Einfluß der Großstadt oder ihre „Dominanz" kann nicht allein durch die Waren- und Dienstleistungsströme von jeder Großstadt ins Hinterland verstanden werden, so wie das volle Ausmaß und die Komplexität der Großstadt-Beziehungen nur in Zusammenhang mit einem offenen System entziffert werden können. Die nationalen und supraregionalen Funktionen der Stadt werden in der Hauptsache durch die in dieser ansässigen Unternehmungen erfüllt. Die Bedeutung dieser Funktionen läßt sich durch das Nettoprodukt, den Großhandelsumsatz, die Einnahmen aus Dienstleistungen, durch Input-Output-Daten und die kommerziellen und finanziellen Zahlungsströme und Einkommensunterschiede zwischen den Gebieten messen.

Die bisherige Diskussion entwirft eher ein ökologisches System zum Studium des Wachstums der Stadt, als daß sie eine Theorie städtischen

Wachstums selbst entwickelt. Es ist jedoch nicht schwierig, die groben Umrisse aufzuzeichnen, mit deren Hilfe eine solche Theorie entfaltet werden könnte. Das Wachstum der Stadt würde hierbei als das Ergebnis von grundlegenden wirtschaftlichen, sozialen und kulturellen Kräften verstanden werden, die den gesellschaftlichen Lebensprozeß in einer entwickelten (und urbanisierten) Gesellschaft bestimmen. Die interne räumliche Struktur der Städte wird sich ändern, wenn einzelne Personen oder Gruppen ihre Standorte als Reaktion auf sich ändernde Bedürfnisse, wirtschaftliche Bedingungen und Tatbestände neu einnehmen. Das Wirtschaftswachstum wird sich in der Stadtregion selbst in einer Erweiterung der Grenzen der zentralen Stadt auswirken und/oder das Entstehen von neuen und oft hochspezialisierten untergeordneten Zentren hervorrufen. Gleichzeitig wird volkswirtschaftliches Wachstum, durch seine Auswirkungen auf die supraregionalen Funktionen der in Großstadtzentren ansässigen Unternehmungen, Rückwirkungen auf die Struktur und das Wachstum der Städte haben. Wenn die Humanökologen das fundamentale Problem des Menschen darin sehen, wie sich dieser in seiner natürlichen und materiellen Umgebung organisieren soll, damit er eine größere Bedürfnisbefriedigung erreicht, dann ist ihr hauptsächliches Anliegen ein ökonomisches Problem – wenn auch eines mit beträchtlichen sozialen Konsequenzen. Im Zusammenhang mit städtischem Wachstum bedeutet das, daß Städte im großen und ganzen aus denselben Gründen wie die Volkswirtschaft wachsen; da die Stadt aber offenkundig ein sozialer Organismus ist, kann ihre Expansion nicht allein – vielleicht nicht einmal in der Hauptsache – ausschließlich mit Hilfe ökonomischer Theorien verstanden werden. Ökologische und soziologische Interpretationen städtischen Wachstums sind für das Verständnis der Struktur der Städte, für das Verständnis davon, wie sie funktionieren und expandieren, ebenso wesentlich und notwendig.

5. Die Kommunikationstheorie städtischen Wachstums

Ein Beispiel einer soziologischen oder interdisziplinären Theorie städtischen Wachstums ist von *Meier*[23] vorgeschlagen worden. Die Stadt wird als Ort menschlicher Interaktionen verstanden. Transport und Kommunikation sind die wichtigsten Medien der Interaktion. Städte entwickelten sich ursprünglich und dehnten sich aus, weil die Möglichkeit bestand, Verhandlungen und geschäftliche Abmachungen auf persönlicher Grundlage durchzuführen. Die Entwicklung des technischen Fortschritts und verstopfte Verkehrssysteme aber führen zur Substitution von Kommunikationsaktivitäten durch Transportsysteme. Der wichtigste Agglomerationsvorteil der Stadt ergibt sich durch die von ihr angebotenen Vorteile, nahe an den Zentren des Informationsaustausches, nahe an Orten zu sein, an denen Verhandlungen leichter geführt und Geschäftsabmachungen leichter getroffen werden können. Städtisches Wachstum manifestiert sich in einer Zunahme der Kommunikationsrate. *Meier* ist der Ansicht, das Kommunikationssystem bilde eine richtige Basis für den Aufbau einer Theorie städtischen Wachstums. Er schreibt: „Mit Hilfe des Kommunikationssystems läßt sich die Eigenart der Städte am besten beurteilen. Vieles von dieser wird durch den Arbeitsplatz, noch mehr durch Wettbewerb bestimmt; ein großer Teil ist das Ergebnis des Sozialisierungsprozesses in der Schule, in großem Umfang auch Ergebnis der Freizeitmöglichkeiten."[24] Diese Darstellung verdeutlicht, daß es öffentliche und nicht persönliche Kommunikation ist, die die Basis für die städtische Expansion bildet; private Kommunikation ist für die Untersuchung des das Wachstum betreffenden Prozesses irrelevant. Obwohl es *Meier* nicht darzustellen gelang, wie seine Theorie als Instrument der Prognose eingesetzt werden könnte, läßt sich sein theoretisches Konzept des *städtischen Zeitbudgets*, das sich auf den Zeitaufwand innerhalb eines Tages bezieht, den jemand für die verschiedenen Formen öffentlicher Kommunikation aufwenden muß, eindeutig zur Erarbeitung von Zukunftsentwürfen der Stadt gebrauchen. Jedoch ist noch mehr Arbeit erforderlich, um die Bedeutung der Kommunikationsmöglichkeiten in bezug auf Wachstumsvoraussetzungen städtischer Aktivitäten zu erklären. *Meier* vermochte nicht nachzuweisen, daß die Zunahme von Kommunikationsaktivitäten eine notwendige Bedingung städtischen Wachstums war; ebenso gelang es ihm nicht, eine meßbare Beziehung zwischen einer gegebenen Änderungsrate der Kommunikationsaktivität und der damit verbundenen Änderung des städtischen Wachstums herzustellen. Seine Erkenntnisse sind in ihrer Betonung des verhaltenswissenschaftlichen Aspekts der Stadtentwicklung wertvoll; zugleich ist es aber kaum zu akzeptieren, daß das Kommunikationssystem das einzige ausschlaggebende Element städtischen Wachstums sein soll. *Webbers* Unterscheidung zwischen *städtischen Orten* (z.B. Gebieten von nur lokalem Einfluß) und *nicht begrenzten städtischen Bereichen* (d.h. über die Stadtgebiete hinausgehenden Einflußbereichen, die sich auf das regionale, nationale und globale, Niveau beziehen) hilft, das Gerüst der Kommunikationstheorie zu einer umfassend anwendbaren Theorie zu entwickeln.[25] Städte, die ein größeres Ausmaß an Kontakten mit städtischen Bereichen außerhalb der Stadt und einen höheren Anteil von Kommunikationsaktivitäten mit diesen Bereichen aufweisen, tendieren dazu, schneller zu wachsen als diejenigen Städte, deren Hauptteil an Kommunikationstransaktionen innerhalb der Stadt selbst vor sich geht.

6. Stadtgröße und städtisches Wachstum

Unter Wissenschaftlern, die sich mit der Theorie städtischen Wachstums beschäftigen, herrscht die Ansicht vor, daß die Größe einer Stadt eine signifikante Variable des Stadtwachstums bilde. Die Interpretation der Beziehung zwischen Größe und städtischem Wachstum ist sehr verschieden. Einige verstehen unter dem Begriff Stadt hauptsächlich einen Standort für die Industrie. Sie sagen, daß mit der Industrialisierung städtische Zentren aus wirtschaftlichen Gründen notwendig geworden waren, da die industrielle Produktion den Zugang zu einem großen Arbeitskräftemarkt und zu verschiedenen beruflichen Fähigkeiten und Fertigkeiten voraussetze. Sekundäre Faktoren bewirkten dann die flächenmäßige Ausdehnung der Funktionen und das Wachstum der Zentren, da die hohe Bevölkerungskonzentration zu ihrer Erhaltung steigende Dienstleistungen benötige, wie Wohnungsbau, soziale Dienste, Einrichtungen für den Absatz von Gütern und (zu einem späteren Zeitpunkt) Einrichtungen zur Freizeitgestaltung. Zur gleichen Zeit tendierten ökonomische und politische Schwerpunkte dazu, sich zur Stadt hin zu verlagern; urbane Lebenseinstellung und urbane Bedürfnisse verbreiteten sich langsam in der Gesellschaft — ein Prozeß, der zusätzlich durch verbesserte Transport- und Kommunikationsmöglichkeiten beschleunigt wird. Ist die Stadt vorwiegend ein Standort für die Industrie, so wird ihre optimale und tatsächliche Größe entsprechend den technologischen Änderungen der Industrie und dem sich dadurch ergebenden Bedarf an industriellen Arbeitskräften gestalten. Es kann daher festgestellt werden, daß immer mehr Industriebetriebe voneinander abhängig sind und sich in Agglomerationszentren zusammenballen, die auf Input-Output-Verbindungen und auf Zugang zu gemeinsam genutzten Dienstleistungen basieren, und daß industrielle Großbetriebe auch größere Industriegebietszentren implizieren. Außerdem benötigen viele städtische Dienstleistungseinrichtungen eine hohe Bevölkerungsdichte, um effizient arbeiten zu können. Nur große Städte können einen Flughafen unterhalten, medizinische Versorgung in modernen Krankenhäusern anbieten oder ein komplexes Rechenzentrum finanzieren. Viele städtische Gemeinden, die nur von einer einzigen Wirtschaftsbranche abhängig sind, werden unter dem sich wandelnden technischen Fortschritt außergewöhnliche Instabilität oder eine Veralterung der Produktion aufweisen.

Eine Erweiterung des Standpunktes, nach welchem technische Änderungen in der Industrie große städtische Gebiete positiv und kleinere negativ beeinflussen, ist die „*urban size ratchet*"-Hypothese. Sie besagt, daß nur kleine städtische Gemeinden einen wirtschaftlichen und politischen Niedergang erleiden müssen, und daß es eine kritische Stadtgröße gibt, unterhalb welcher normalerweise eine absolute Verkleinerung nicht vorkommt. So wird bewiesen, daß „in der Ordnungsskala der Städte von einer gewissen Größe an, die durch den Grad der Isolation eines Ortes, die Struktur seines Hinterlandes, das Niveau industrieller Entwicklung der Region und durch verschiedene kulturelle Faktoren bestimmt wird, ein Wachstumsmechanismus entsteht, der einem mit einer Rückwärtssperre versehenen Getriebe ähnelt, so daß das in der Vergangenheit erzielte Wachstum erhalten und ferner verhindert wird, daß die Stadt in ihrer Größe abnimmt".[26] Durch Diversifikation der Wirtschaft und anderer ökonomischer Funktionen in Großstädten wird der wirtschaftliche Niedergang verhindert, große Gemeinden werden von den Bundes- und Landesbehörden größere finanzielle Unterstützung erhalten, da sie als eine besser organisierte „pressure group" in Erscheinung treten, während auf der anderen Seite die Bundesregierung* nur ungern den großen Kapitalbestand einer Stadt abschreiben wird. Durch die Ausdehnung konsumorientierter Industrien wird als Folge des großen potentiellen Marktes mit einer städtischen Bevölkerung das Wachstum gesichert, während auf der Angebotsseite die in der Stadt lebenden Innovatoren, Top-Manager und leitenden Angestellten dazu tendieren, die Städte zu Hauptausgangspunkten neu zu entwickelnder Industrien zu machen.

Sogar wenn die „urban size ratchet"-Hypothese als gültig akzeptiert werden kann, so daß Städte von einer bestimmten Größe an kaum einen wirtschaftlichen Niedergang zu verzeichnen haben, folgt daraus nicht, daß Städte, die über diesem Minimum liegen, sich unbegrenzt ausdehnen können. Die städtischen Wachstumsraten werden sich aus verschiedenen Gründen von der Stadtgröße unterscheiden. Die Wachstumraten werden in Städten, die in erst kürzlich besiedelten Gebieten liegen, eine Funktion des Standortes sein, so daß diese Städte schneller wachsen als andere. Städte mit einer günstigeren Beschäftigungs- und Wirtschaftsstruktur werden ebenso dahin tendieren, schneller zu wachsen, während der Anteil an expandierenden Wachstumsindustrien in einer Stadt von ihrem Erfolg im Wettbewerb der Städte untereinander abhängig ist, und dies wiederum wird von den relativen Agglomerationsvorteilen, der Verfügbarkeit von Dienstleistungen, Industriegrundstücken und ausgebildeten Arbeitskräften, der Effizienz des Transportnetzes und der Besteuerungsstruktur bestimmt; dies alles wiederum beeinflußt die Entwicklung der Wirtschaft.[27] Betrachten wir zusätzlich die Bedeutung der Stadtgröße, so können wir feststellen, daß mit wenigen Ausnahmen, die größeren Städte dazu tendieren, langsamer zu wachsen als kleinere Städte. Die sich gegenüberstehenden Kräfte, die die Wachstumsrate der Stadt bestimmen, können sich einander anglei-

---

* in den USA die Regierung des einzelnen Bundesstaates, *Anm. d. Verl.*

chen, wobei diese Kräfte auf der einen Seite durch Agglomerationsvorteile, auf der anderen durch ansteigende Agglomerationskosten und überproportionales Kostenwachstum der öffentlichen Dienstleistungen charakterisiert werden können.

Diese Beschreibung zeigt, daß das Konzept der optimalen Stadtgröße Stadtwachstum erklären könnte. Wirtschaftliche, soziale und kulturelle Kriterien können zur Bestimmung dieses Optimums herangezogen werden. Da aber die Wichtung der verschiedenen Kriterien immer subjektiv ist, wird die Wahl der optimalen Stadtgröße sehr ungenau ausfallen. Die Hauptschwierigkeit liegt darin, ökonomische Effizienzkriterien und nicht-quantifizierbare Größen, wie z.b. die Vorstellung einer *potentiellen Stadtteilpartizipation*[28], mit der Gleichartigkeit städtischer Gebiete unterschiedlicher Größe gegeneinander abzuwägen. Offenbar wird sich die optimale Größe von einem gesellschaftlichen System zum anderen unterscheiden, ja nach der institutionellen Struktur, dem Niveau der ökonomischen Entwicklung und der Definition des minimalen Lebensstandards. Schließlich wird bei einer dynamischen Betrachtungsweise die optimale Größe selbst variieren, so daß sie keine festgelegte Bezugsform für eine Bewertung städtischer Wachstumsvorgänge abgeben kann. Faktoren, die das Optimum beeinflussen, sind zum Beispiel: Verbesserungen der Transport- und Kommunikationssysteme, der Bautechnologie und die Anwendung von Managementmethoden in der Stadtverwaltung.

Kriterien, die zur Beurteilung der Brauchbarkeit einer Vorstellung von der optimalen Stadtgröße herangezogen werden können, sind: Gesundheitindices (so kann sich beispielsweise die Kindersterblichkeit mit der Stadtgröße ändern); Berücksichtigung öffentlicher Sicherheit (kleine Städte haben relativ weniger Kriminalität, weniger Autounfälle und weniger Feuerschäden); Effizienz der Stadtverwaltung; Bildungs- und Ausbildungseinrichtungen (große Städte geben dafür mehr Geld aus und haben dafür bessere und in ihrer Vielfalt geeignetere Gebäude und Ausstattungen, sowie eine günstigere Schüler/Lehrer-Relation); bessere Grünanlagen, Parks und öffentliche Erholungseinrichtungen dürften in mittelgroßen Städten eher vorkommen als in sehr großen oder sehr kleinen Orten; große Städte haben durch ihre Vielzahl von spezialisierten Einkaufsmöglichkeiten und durch die in ihnen angebotenen persönlichen Dienstleistungen Vorteile, die jedoch nicht auf die Existenz der allgemeinen Einkaufsmöglichkeiten ausgedehnt werden können; der nicht quantitativ erfaßbare Nutzen kleinerer Städte kann in einem engeren Familienleben, in besseren Wohnraumbedingungen, in der vielen Kleinstädten eigenen Atmosphäre gesehen werden; schließlich sind die vorwiegend ökonomischen Kriterien zu erwähnen, die für die Versorgung einer notwendigen Zusammensetzung städtischer Dienstleistungen und öffentlicher Einrichtungen als effizienteste Größe der städtischen Einheit vorausgesetzt werden müssen.[29] Die Problematik einer Definition eines Optimums braucht uns jedoch hier nicht zu beschäftigen. Existiert eine optimale Stadtgröße (sogar wenn sie zwischen unterschiedlichen gesellschaftlichen Strukturen und im Zeitablauf variiert) und verursachen die Bedingungen in einer Stadt, die sich oberhalb des Optimums befindet, erhöhte Kosten für Haushalte und Unternehmen, dann würde dies die Tendenz der Städte erklären, oberhalb ihrer optimalen Größe langsamer zu wachsen.

Eine andere Erklärung dafür, warum die Wachstumsrate bei Änderungen der Stadtgröße variiert, geht aus der *Schwellentheorie*[30] hervor. Deren Grundlage ist die Vorstellung, daß das Stadtgebiet bei einer Expansion gegen Barrieren stößt, die als Schwellen städtischer Entwicklung bezeichnet werden können; solche Barrieren sind zum Beispiel topographische Gegebenheiten, die Grenzen des öffentlichen Versorgungsnetzes und die an der Peripherie vorhandene Flächennutzung. Diese Barrieren sind nicht unüberwindbar, setzen jedoch einen hohen Investitionsaufwand voraus. Stößt eine Stadt an eine solche Schwelle, so tendiert sie dazu, eine bestimmte Zeit innerhalb ihrer Ausdehnung begrenzt zu werden, wodurch sich folglich ihre Expansion verlangsamt. Schwellen können in vielerlei Gestalt auftreten: Physische Schwellen bedingen, daß die Expansion der Stadt nur durch die Nutzung von teurem Grund und Boden möglich ist; quantitative Schwellen begrenzen die Kapazität bestehender städtischer Versorgungseinrichtungen, und strukturbestimmte Schwellen schränken eine weitere Expansion durch die interne Struktur ein (zum Beispiel dadurch, daß das Bevölkerungswachstum eine erhebliche Zunahme an zentralen Einkaufsgelegenheiten erfordert, deren Schaffung sehr hohe Kosten verursacht). Schwellen-Kosten können dadurch bestimmt werden, daß die für die Niederlassung eines neuen Stadtbewohners erforderlichen *Pro Kopf*-Investitionskosten in zwei Komponenten aufgeteilt werden — normale Kosten und Entwicklungskosten. Normale Kosten sind solche, die nicht mit den für die Unterbringung neuer Einwohner notwendigen Standortinvestitionen verbunden sind; diese Kosten bleiben konstant oder sind linear von der Stadtgröße abhängig. Entwicklungskosten (oder: Schwellenkosten) sind die zur Überwindung der die Entwicklung begrenzenden Schwellen aufzuwendenden feststehenden Kosten; sie steigen vor und bei Überwindung der Schwelle steil an, fallen aber danach wieder ab. Schwellen können daher durch Maxima in den langfristigen Kostenkurven dargestellt werden. Die Schwäche der Schwellentheorie beruht auf der Vernachlässigung der Betriebskosten bei gleichzeitiger Betonung der Entwicklungskosten; es gelingt ihr nicht, Nutzen und Vorteile unterschiedlicher Arten städtischer Expansion zu berücksichtigen. Ihre Bedeutung in diesem Zusammenhang ist, daß sie eine Erklärung dafür liefert, warum konstantes Wachstum der Großstädte und Städte unwahrscheinlich ist.

Der städtische Wachstumsprozeß kann jedoch beträchtliche Unterschiede aufweisen. Ist die Voraussetzung, wirtschaftliche Aktivitäten anzuziehen und zu expandieren, eine der Hauptdeterminanten für städtisches Wachstum, so vermag eine Stadt sich dadurch den Bedingungen anzupassen, daß sie ihre räumliche Struktur Veränderungen unterwirft, die es ihr möglich machen, neue Wirtschaftszweige und Unternehmungen leichter einzugliedern. Die Verlagerung der Unternehmen in die Vororte, der Transfer einiger zentraler Wirtschaftsfunktionen in die Zentren der Vorstädte, Sanierung und Entwicklung bestimmter Gebiete im Stadtzentrum, Ausdehnung der Stadtgrenzen, verstärkter Wohnungsbau und erweiterte Nahverkehrseinrichtungen sind einige der möglichen Anpassungen.

Bei einer detaillierteren Aufschlüsselung werden bestimmte grundlegende Kräfte zutagekommen, die die räumliche Verteilung der Industrie im Verhältnis zur agglomerativen Konzentration des städtischen Marktes beeinflussen. Je stärker die Interdependenz der Produktion ist, desto wahrscheinlicher werden Unternehmungen in solchen Wirtschaftsbranchen ihren Standort in der Stadt haben. Konsumgüterindustrien neigen dazu, ihren Standort in Übereinstimmung mit der Bevölkerungsverteilung zu bestimmen, wobei jedoch jene Wirtschaftszweige ausgenommen werden, die teure aperiodisch konsumierte Luxusgüter herstellen. Diese werden versuchen, ihre Luxusgüter in Großstädten abzusetzen und auch möglichst dort zu produzieren. Im Stadtzentrum werden industrielle Betriebe mit großem Raumbedarf durch die hohen Bodenpreise verdrängt; diejenigen Industrie- und Gewerbebetriebe, die ihren Standort noch im Stadtzentrum haben, können sich hier nur behaupten, weil sie Nachfrage nach Zentralität befriedigen (wie zum Beispiel Druckereien) oder weil dort die notwendigen Produktions- und Geschäftsverbindungen existieren (so zum Beispiel die Bekleidungsindustrie). In einiger Entfernung vom Stadtzentrum ist die allgemeine Erreichbarkeit der Verkehrsverbindungen der dominante Standortfaktor für die Bestimmung der Wohngebiete für Arbeitskräfte. Gemischte Industrie- und Wohngebiete können durch die Ausdehnung der Verkehrsverbindungen entstehen. Lohn- und Gehaltskosten werden hier tendenziell höher sein, die Grundstückskosten und die Steuern aber niedriger als im Zentrum. In noch größerer Entfernung vom Stadtzentrum werden auch Löhne und Gehälter fallen. Art und Größe von Betrieben in solchen Gebieten werden durch das Angebot, durch Quantität und Qualität des Arbeitskräfteangebots bestimmt. In einer noch größeren Entfernung vom Stadtzentrum schließlich fällt die Bevölkerungsdichte, Arbeitskräfte werden knapp, und die Lohn- und Gehaltskosten werden wieder steigen, da es unter Umständen notwendig ist, Arbeitskräfte zu „importieren". Industriebetriebe, die sich in solchen Gebieten ansiedeln, tendieren dazu, kapitalintensiv zu sein und haben oft aus speziellen Gründen, beispielsweise wegen ihres Zugangs zu Rohstofflagern oder aus Gründen des Umweltschutzes, ihren Standort in großer Entfernung von den Städten. Der Schluß, der sich aus diesen Betrachtungen ergibt, verweist auf die Abhängigkeit städtischen Wachstums von der industriellen Expansion, weshalb eine Stadt am wahrscheinlichsten dann am stärksten wächst, wenn sie ihre Grenzen leicht nach außen ausdehnen kann und dabei die für die effektive Expansion notwendigen Standortanpassungen möglich sind.

Diese einseitige Betonung der Stadt als Industriestandort kann besonders dann zu einem verzerrten Bild städtischen Wachstums führen, wenn gesagt wird, daß diejenigen Städte am schnellsten wachsen, die eine günstigere wirtschaftliche Zusammensetzung haben. Das letztere Argument betont den Nachfrageaspekt des städtischen Wachstums. Angebotsfaktoren sind aber ebenso wichtig. Im letzten Fall kann angeführt werden, daß das Wachstumspotential einer Stadt von ihrer Fähigkeit abhängt, sowohl Produktivkapital zu schaffen und anzuziehen, als auch die auf regionalen und nationalen Märkten nachgefragten Güter und Dienstleistungen zu produzieren. Die Möglichkeit einer Stadt, ihre produktiven Ressourcen intern zu erweitern, ist durch die natürliche Zuwachsrate der Bevölkerung, durch die Kapitalakkumulation ansässiger Unternehmungen und durch die Neigung der Manager und Innovatoren, die Produktivität zu erhöhen, begrenzt. Städte, die große Wachstumsraten wünschen, müssen Produktionsfaktoren von außerhalb an sich binden; sie müssen Arbeitskräfte, nichtstädtisches Kapital, geeignete nichtstädtische Führungskräfte und Innovationen an sich ziehen. Für eine solche Aufgabe sind große Städte besser ausgestattet als die kleineren kommunalen Einheiten. Ihr größerer Arbeitskräftemarkt und die besseren Aufstiegschancen, die sie bieten, ziehen mehr Arbeitskräfte, besonders aus großen Entfernungen, an. Große Städte sind attraktivere Zentren für fremde Investoren, besonders in bezug auf Konsumgüterindustrien und Dienstleistungsbetriebe, bei denen der Zugang zu einem großen Marktpotential das Risiko einschränkt; größere Kommunen bieten eine Vielzahl städtischer Annehmlichkeiten und viele Kultur- und Freizeiteinrichtungen, die notwendig sind, um Führungskräfte anderer Städte und Regionen anzuziehen; schließlich tendieren Großstädte dazu, Hauptzentren der Innovation zu sein. Das Ergebnis dieser Analyse ist, daß das Wachstum an große Städte gebunden ist, da diese viel größere Möglichkeiten zur Erlangung von Wachstumsvoraussetzungen haben.

Der Einfluß der Stadtgröße determiniert nicht allein das Wachstum einer einzelnen Stadt, er erklärt auch — in Verbindung mit der gesamten Volkswirtschaft — Art und Weise des Stadtwachstums. Das Einflußgebiet (gemessen durch das städtische Dienstleistungsgebiet, durch die Reichweite des Nahverkehrs usw.) einer Stadt korrelliert unmittelbar mit der Stadtgröße. Kleine Städte, sowohl innerhalb als auch außerhalb des Einflußgebietes, jedoch in der Nähe der Stadtgrenze, sind nur dann lebensfähig, wenn sie nicht versuchen, mit der Großstadt selbst zu konkurrieren. Sie werden sich daher auf andere wirtschaftliche Funktionen spezialisieren. Im allgemeinen gilt darum, daß zwei bestimmte Städte je größer sind, desto größer der Abstand zwischen ihnen wird. Alle Städte und Großstädte einer Volkswirtschaft aber sind Teil eines Systems in dem Sinne, daß durch die Interdependenz städtischer Zentren eine Änderung in einer Stadt Änderungen in einer anderen verursachen kann. Das System hat eine vertikale Dimension; man erkennt sie daran, daß Stadtgebiete entsprechend ihrer Bevölkerungsgröße, nach den von ihnen ausgefüllten Funktionen und nach der Größe des Gebietes, das sie mit Dienstleistungen versorgen, in einer hierarchischen Reihenfolge angeordnet werden können. Die durch diese Klassifikation entstehende Ordnung bildet eine städtische Hierarchie, die einen räumlichen und einen größenmäßigen Aspekt haben wird; von Interesse ist hier der letztere.[31]

Die zentrale Frage lautet: Wenn es eine Hierarchie der Stadtgrößen gibt, erscheint diese dann in einer regelmäßigen Ordnung? Angenommen, eine solche regelmäßige Reihenfolge existiert – ist sie allgemein genug, um auf alle gesellschaftlichen Systeme angewandt zu werden? Oder ist diese Reihung nur für Gesellschaften relevant, die ein bestimmtes Niveau ökonomischer Entwicklung erreicht haben? Die wichtigste Frage jedoch ist: Bleibt die hierarchische Ordnung zeitlich stabil und ist es auf dieser Grundlage möglich – wenn eine Kausalität oder Theorie zur Erklärung der Hierarchie gefunden werden kann – städtisches Wachstum in Umrissen innerhalb des gesamten gesellschaftlichen Systems zu prognostizieren?

Von den Versuchen, diese Fragen zu beantworten, ist der bekannteste die „*rank size rule*" (Rang-Größe-Regel), die durch die Arbeiten von *Singer* und *Zipf*[32] bekannt geworden ist. In ihrer einfachsten Form besagt diese Regel, daß die Bevölkerung einer bestimmten Stadt dazu tendiert, der Bevölkerungsgröße der größten Stadt – dividiert durch den Rang der Größenklasse, in die die betreffende Stadt fällt – zu entsprechen. Die Grundformel wird in der Praxis oft durch eine Konstante modifiziert, die dazu dient, diese der aktuellen Verteilung besser anzupassen. In dieser modifizierten Form kann sie folgendermaßen geschrieben werden:

$$R^n P_R = M$$

M und n sind Konstante, n ist positiv.
P_R = Bevölkerung der R-ten Stadt
R = Rang der R-ten Stadt im hierarchischen System.

Ist R = 1, dann ergibt die Gleichung, daß P = M ist, und zwar unabhängig vom Wert von n. M entspricht somit der Größe der größten Stadt im System. Gibt es X Städte, von denen jede eine Größe hat, die nicht geringer als die untere Grenze P_X ist, und ist die Größe der Stadt mit dem Rang X gleich P_X, dann erfordert die Gleichung, daß:

$$X^n P_X = M = P_1,$$

wobei die Größe der größten Stadt gleich P_1 oder M ist.
Die Gleichung beschreibt ein konstantes Größerwerden der Städte innerhalb der städtischen Hierarchie. Offensichtlich gibt es aber Schwierigkeiten, diese Hypothese zu prüfen.[33] Nationale Grenzen zum Beispiel sind sich anbietende geographische Abgrenzungsgrundlagen für das System, wenn auch nicht das geeignetste Verfahren. In einigen Fällen, wie zum Beispiel in dem eines großen Bundeslandes, das in einer Ecke seines Gebietes eine hoch entwickelte industrialisierte Zone aufweist, die von einem sehr großen, dünn besiedelten und nur kaum entwickelten Gebiet, das sich über das restliche Gebiet des Bundeslandes erstreckt, umgeben ist, kann die geeignete und richtige Grenze des Systems innerhalb des Staates verlaufen. In anderen Fällen mag das optimale System international sein, das heißt mehrere Staaten umfassen. Die Gleichung stimmt zum Beispiel nicht für Großbritannien, hat aber für die Städte Westeuropas, als Ganzes gesehen, einen relativ hohen Erklärungswert.

Ein anderes Problem ist die Größe der Stadteinheit, die nachfolgend behandelt werden soll. Bis zu welcher Einheit der Städtehierarchie soll die Richtigkeit der Gleichung getestet werden? Kann sie nur auf große regionale Städte angewendet werden oder auf alle Kommunen? Es wird eine bestimmte untere Grenze geben, unter der die Gleichung nicht mehr relevant ist; bei einer vergleichenden Untersuchung wird diese untere Grenze entsprechend der Größen und Merkmale der einzelnen Länder variieren.

Ein anderer Nachteil der Hypothese ist, daß sie sich aller Wahrscheinlichkeit nach nur auf Gesellschaften anwenden läßt, die bestimmte, nicht allgemeingültige Besonderheiten aufweisen. Es kann möglich sein, daß in einem Land A die größte Stadt mehrfach größer ist als die zweitgrößte Stadt, während im Land B die ersten beiden Städte ähnlich groß sind; ohne Zweifel könnten mehrere Beispiele gefunden werden, die diesem Beispiel gleichen. Die meisten dieser Untersuchungen wurden in den USA durchgeführt; die Gleichung scheint relativ gute Ergebnisse zu bringen, wenn das System der zu testenden Städte in einem großen, wirtschaftlich entwickelten und normal besiedelten Kontinent, der einen einzigen Staat umfaßt, enthalten ist, und wenn die meisten Städte der Hierarchie wesentliche regionale und subregionale Funktionen erfüllen. Es gibt aber bedeutende internationale Unterschiede in der Struktur der Urbanisierung, die allgemein auf Ungleichgewichtigkeit der städtischen Entwicklung hinweisen und ganz sicher der „rank size rule" widersprechen. So gilt diese Regel für Entwicklungsländer in geringerem Maße als für hochentwickelte Länder. Die hierarchische Ordnung der Städte in Großbritannien weist darauf hin, daß die Hypothese für kleine dicht bevölkerte Länder nicht gelten kann, besonders dann, wenn die größte Stadt im Verhältnis zur Gesamtbevölkerung groß ist. Theoretisch jedoch entstehen keine Schwierigkeiten, einen Index für Gesamtabweichungen von der Rang-Größe-Regel dadurch zu konstruieren, daß man den Prozentsatz der Bevölkerung schätzt, der von einer Stadt zu einer anderen umziehen müßte, um Konformität mit der Regel zu erreichen. Eine der wichtigsten Gründe für die Abweichungen von Rang-Größe-Regel ist die Tendenz der größten Stadt eines Systems, disproportional zu wachsen. Die Hypothese mag für solche Gesellschaften eher gelten, in denen mit Hilfe eines Ausscheidungsverfahrens ein System auf der Basis eines Stadtgrößenindizes ausgewählt wurde. Ein solcher Ausleseprozeß könnte folgendermaßen geschehen: Ein Größenindex der Stadtgrößen kann so ermittelt werden, daß die Zahl der Bevölkerung der größten Stadt eines Systems durch die Bevölkerungszahl der zweitgrößten Stadt (oder durch die Summe der Bevölkerung einer zu wählenden Anzahl von in der Rangfolge der Hierarchie sich anschließenden Städten) dividiert wird. Übersteigt der Index einen gewissen vorgegebenen Wert, so wird das System entweder ausgeschlossen, oder die Wichtung der größten Stadt wird reduziert.

Der Abweichungsindex kann für verschiedene Zeiträume ermittelt werden. Ob dieser Index jedoch Wertänderungen aufweist oder nicht, gibt dann ebenfalls Klarheit über Stabilität oder Instabilität der Hierarchie städtischer Größen. Wird die „rank size rule" bestätigt oder ist die Abweichung von ihr gering und ändert sich zeitlich nicht, so kann gefolgert werden, daß einige grundlegende Kräfte die Erhaltung des Gleichgewichtes zwischen konkurrierenden Städten beeinflussen und innerhalb des gesamten Systems ein stetiges Wachstum erzeugen. Es ist aber möglich, daß einzelne Städte innerhalb der städtischen Hierarchie auf- oder absteigen. Die Instabilität in der Reihenfolge kann auf ungleiche wirtschaftliche Wachstumsraten zwischen verschiedenen Regionen eines Landes hinweisen. Andererseits kann bei Änderungen in der Rangfolge der Städte auf schnelleres Wachstum oder auf einen relativen Rückgang an funktional spezialisierten Städten geschlossen werden, die mehr für nationale als für regionale Bedürfnisse produzieren. Zeigt dieser Abweichungsindex in beiden Richtungen stochastische Änderungen, dann hat die „rank size rule" keinerlei prognostischen Wert. Offensichtlich ist noch viel Arbeit erforderlich, um die Dynamik dieser Gesetzmäßigkeit vollkommen einzuschätzen. Ein weiterer Ansatzpunkt wäre, die Änderungen im Abweichungsindex mit Änderungen der volkswirtschaftlichen Wachstumsrate zu vergleichen, um zu untersuchen, inwieweit städtisches Wachstum auf Änderungen der volkswirtschaftlichen Expansion reagiert.

Es mag auch eine Beziehung zwischen der „rank size rule" und dem Anteil der städtischen Bevölkerung geben. Einige Wissenschaftler haben vorgeschlagen, daß der städtische Bevölkerungsanteil (d.h. derjenige Anteil an der Gesamtbevölkerung, der in Städten oberhalb einer bestimmten Größenklasse lebt) in folgender Weise auf die Gesamtzahl der Städte oberhalb dieser Größenklasse bezogen werden kann:

$$U = a\sqrt{N},$$

wobei U = der städtische Bevölkerungsanteil,
N = die Gesamtzahl der Städte, und
a = eine Konstante (oder ein Parameter) ist.

Hält diese Beziehung, so kann auf ein Gleichgewicht zwischen der konkurrierenden Anziehungskraft von Stadt und Land hingewiesen werden.

Die oben aufgeführten Hypothesen bilden nur einen Ausgangspunkt für eine Untersuchung städtischen Wachstums. Ihre Nützlichkeit besteht darin, daß sie auf die mögliche Existenz gesetzmäßiger Beziehungen zwischen der Stadtgröße und städtischem Wachstum verweisen, einen Rahmen für weitere empirische Untersuchungen bilden und eine Grundlage für ein systematischeres Vorgehen bei der Konstruktion einer Theorie städtischen Wachstums abgeben. Die Entwicklung einer solchen Theorie steckt jedoch noch in ihren Anfängen. Eine Schwierigkeit besteht darin, daß eine rein wirtschaftstheoretische Erklärung städtischen Wachstums nicht den Grundzusammenhang aufdeckt, so daß wichtige Faktoren des städtischen Wachstumsprozesses verschleiert werden. Ein interdisziplinärer Ansatz ist nicht nur wünschenswert, sondern auch für das Verständnis der inneren Zusammenhänge städtischen Wachstums notwendig.[34]

Anmerkungen

1 *Christaller, W.:* Die zentralen Orte in Süddeutschland, Jena 1933.
2 Das Bruttopotential der Erwerbstätigen von *Warntz* kann als adäquates Maß verwendet werden. Vgl. *Warntz, W.:* Toward a Geography of Price. A Study in Geo-Econometrics, Philadelphia 1959.
3 Dienstleistungen, nach denen eine starke allgemeine Nachfrage (zum Beispiel Lebensmittelläden, Grundschulen, praktische Ärzte usw.) besteht, werden sowohl in kleinen als auch großen zentralen Orten existieren können, während spezialisiertere Dienstleistungen (zum Beispiel Modewarenhäuser, Wirtschaftshochschulen, Fachärzte und Chirurgen) nur in größeren Zentren anzutreffen sind. Externe Effekte ergeben sich durch Einsparungen durch Vermeidung von Doppelfahrten auf Nahverkehrsmitteln, weil Einrichtungen wie Warenhäuser und technische Dienstleistungsbetriebe ihren Standort in der Nähe der Geschäfts- und Handelszentren haben.

4 Dies umfaßt die Kosten der Dienstleistungen an zentralen Orten ebenso, wie die Größe des Ortes, die Bevölkerungsdichte des Hinterlandes, die Einkommensverteilung und die Entfernung zwischen solchen Städten, die die gleichen Dienstleistungen anbieten.
5 Für eine nähere Beschreibung siehe *Christaller*, a.a.O., S. 58–80.
6 Siehe vor allem *Berry, B.J.L.* und *Garrison, W.L.:* Recent Development of Central Place Theory, in: Papers and Proceedings of the Regional Science Association, Vol. IV, und *Dacey, M.F.:* Population of Places in a Central Place Hierarchy, in: Journal of Regional Science, Vol. 6, S. 27–33.
7 Unter Berücksichtigung dynamischer Faktoren hat *Christaller* diese Annahme aufgegeben.
8 Vgl. *Berry* und *Garrison*, a.a.O. und ebenfalls *Mills, E.S.* und *Lav, M.R.:* A Model of Market Area with Free Entry. In: Journal of Political Economy, Vol. 72.
9 Vgl. *Boskoff, A.:* The Sociology of Urban Regions, New York 1962.
10 Vgl. *Duncan, O.T.:* Service Industries and the Urban Hierarchy, in: Papers and Proceedings of the Regional Science Association, Vol. V, S. 105–120.
11 Vgl. *Morill, R. L.:* The Development of Spatial Distribution of Towns in Sweden, in: Annals of the Association of American Geographers, Vol. 53.
12 Wesentliche Beiträge zur Theorie der städtischen Basis finden sich in: *Hoyt, H.:* The Economic Base of Brockton, Brockton 1949. Siehe ebenfalls die von *Andrews, R.B.:* Mechanics of the Urban Economic Base, verfaßten Artikel, erschienen in Land Economics, Vol. 29 (Mai 1953) bis Vol. 32 (Feb. 1956). Ferner *Pfouts, R. W.:* An Empirical Testing of the Economic Base Theory, in: Journal of American Institute of Planners, Vol. 23 (1957); *Curtis, E.T.:* Limitations of the Economic Base Analysis, in: Social Forces, Vol. 36 (1958); *Blumenfeld, H.:* The Economic Base of the Metropolis, in: Journal of American Institute of Planners, Vol. 21 (1955), *Tiebout, C.M.:* The Community Economic Base Study, Supplementary Paper No. 16, Committee for Economic Development, 1962, *Mattila, J.M.* und *Thompson, W.R.:* The Measurement of the Economic Base of the Metropolitan Area, in: *J.P. Gibbs* (Hrsg.), Urban Research Methods, Princeton 1961.
13 Dieses Konzept wurde von *Reilly, W.J.:* The Law of Retail Gravitation, New York 1931 entwickelt.
14 *Pfouts*, a.a.O.
15 *Blumenfeld*, a.a.O., S. 121.
16 *Reissman, L.:* The Urban Process: Cities in Industrial Societies, New York 1964, S. 15.
17 Vgl. *Bogue, D. J.:* The Structure of the Metropolitan Community, Ann Arbor 1949.
18 Vgl. *McKenzie, R. D.:* The Metropolitan Community, New York 1933; ferner: *Schnore, L. F.:* Urban Forms: The Case of the Metropolitan Community, in: *W. Z. Hirsch* (Hrsg.), Urban Life and Form, New York 1963; *Sirjamaki, J.:* The Sociology of Cities, New York 1964; *Boskoff, A.:* The Sociology of Urban Regions, New York 1962.
19 *Kish, L.:* Differentiation in Metropolitan Areas, in: American Sociological Review Vol. 49.
20 *Pappenfort, D. M.:* The Ecological Field and the Metropolitan Community: Manufacturing and Management, in: American Journal of Sociology, Vol. 65.
21 Ders., a.a.O.
22 *Duncan, O. D.* und andere: Metropolis und Region, Baltimore 1960.
23 *Meier, R. L.:* A Communications Theory of Urban Growth, Cambridge, Mass. 1962.

24 A.a.O., S. 7 f.
25 Vgl. *Webber, M. N.:* The Urban Place and Non-Place Urban Realm, in: *M.-M. Webber* (Hrsg.), Exploration in Urban Structure, Philadelphia 1964.
26 *Thompson, W. R.:* Preface to Urban Economics, Baltimore 1965, S. 22.
27 Vgl. *Chinitz, B.:* City and Suburb: The Economics of Metropolitan Growth New Jersey 1964.
28 Dieser Ausdruck stammt von *Isard, W.:* Methods in Regional Analysis, Cambridge London 1960, S. 527–533.
29 Vgl. *Duncan, O. D.:* The Optimum Size of Cities, in: *J. J. Spengler* und *O. D. Duncan* (Hrsg.), Demographic Analysis, Glencoe 1956, S. 372–386.
30 Die Schwellentheorie wurde 1963 von *B. Malisz* in Polen entwickelt. Vgl. *Hughes, J.T.* und *Kozlowski, J.:* Urban Threshold Theory and Analysis, in: Journal of Town Planning Institute, Vol. 53 (1967); ders.: Threshold Analysis – An Economic Tool for Town and Regional Planning, in: Urban Studies, Vol. 5 (1968); *Malisz, B.:* Implication of Threshold Theory for Urban and Regional Planning, in: Journal of the Town Planning Institute, Vol. 55 (1969).
31 Der räumliche Aspekt ist in Abschnitt 2 dieses Artikels behandelt worden. Es hat jedoch einige Kontroversen über die Kompatibilität der räumlichen Perspektive gegeben, wie sie in der Hierarchie zentraler Orte enthalten ist, und der Größenordnungen, wie sie sich in der „rank size rule" widerspiegelt. Siehe dazu auch *Dacey, M. F.:* Population of Places in a Central Place Hierarchy, in: Journal of Regional Science, Vol. 6 (1966), S. 27–33.
32 Vgl. *Singer, H. W.:* The „Courbes des Populations", A Parallel to Pareto's Law, in: Economic Journal, Vol. 46 (1936), S. 254–263, und *Zipf, G.K.:* Human Behavior and the Principle of Least Effort, Cambridge, Mass. 1949, S. 374.
33 Vgl. *Browning, H.L.* und *Gibbs, J.P.:* Some Measures of Demographic and Spatial Relationships among Cities, in: *J.P. Gibbs* (Hrsg.), Urban Research Methods, Princeton 1961, S. 436–459.
34 *Thompson* meint, daß eine Synthese einer großen Anzahl von Fallstudien die beste Methode sein könnte, unser Wissen zu vergrößern. Er schreibt: „Der Wirtschaftshistoriker wird genausoviel zur Theorie städtischen Wachstums beizutragen haben wie der Wirtschaftstheoretiker oder der Ökonometriker." Vgl. *Thompson,* a.a.O., S. 60.

2.2 Interne und externe Faktoren bei der Entwicklung der städtischen Wirtschaft

Wilbur Thompson

Die kommunal- und regionalwissenschaftliche Wachstumstheorie basiert seit den ersten systematischen Untersuchungen — irgendwann in den zwanziger Jahren — auf einer einfachen aber grundlegenden Voraussetzung, der „export base"-Theorie. Da die historische Entwicklung dieser Theorie schon anderweitig dargestellt wurde[1], soll, gleichsam als Einleitung in den hier vorliegenden Beitrag, nur auf die mit der Zeit erarbeiteten wesentlichen Merkmale und auf die Grenzen ihrer Aussagen eingegangen werden.

1. Die Grundlage der „export base"-Theorie

Immer schon haben Wirtschaftsgeographen, Wirtschaftshistoriker, Stadtplaner und Wirtschaftswissenschaftler, die sich mit der Ökonomie städtischen Grund und Bodens befassen, die Brauchbarkeit der Unterscheidung zwischen den örtlich ansässigen Industriebetrieben gesehen, die an Verbraucher außerhalb der „lokalen Stadtwirtschaft" liefern (später genauer durch den Radius des Nahverkehrs um das Stadtzentrum herum eingegrenzt) und denjenigen Betrieben, die ihre Waren innerhalb des „lokalen Arbeitsmarktes" absetzen. Exportindustrien verursachen einen Strom von Nettoeinkommen in die lokale Wirtschaft, aus dem notwendige Importe finanziert werden können. Das unmittelbare Verständnis dieses Nettoeinkommensstromes macht den Exportsektor zur Grundlage der Stadtwirtschaft und den lokalen Dienstleistungssektor ursprünglich von diesem abhängig.

Als Wirtschaftswissenschaftler in der Nachkriegszeit ein größeres Interesse an der Regionalentwicklung zeigten, wurde zunächst eine Ähnlichkeit zwischen der „export base"-Theorie und dem Keynesschen Exportmultiplikatorkonzept gesehen. Die Beiträge der Wirtschaftswissenschaftler tendierten dahin, die Auffassung zu bestätigen, daß hauptsächlich der Exportsektor für die Funktion einer offenen Wirtschaft in kleinen Gebieten verantwortlich ist; hinzukommt, daß Wirtschaftswissenschaftler üblicherweise zyklische Wirtschaftsschwankungen berücksichtigen, d. h. Expansion und Kontraktion von Produktion und Beschäftigung in den vorhandenen Betrieben der Exportindustrie. Die Richtung der Kausalbeziehung ist eindeutig, die nationalen Konjunkturschwankungen — wie wirtschaftlicher Aufschwung und Rezession — beeinflussen, ähnlich wie Ebbe und Flut, den lokalen Exportsektor und oktroyieren den passiven Aktivitäten, wie Geschäften und Büros, ihre Dynamik.

Die versuchte Vereinigung des Exportmultiplikatorkonzeptes mit der „export base"-Theorie war jedoch zu sehr konstruiert. Diejenigen, die ein weitgehenderes und besseres Verständnis städtischer Prozesse hatten — besonders Stadtplaner — beabsichtigten, nicht herauszufinden, in welcher Richtung die Kausalbeziehung verläuft, die die Pro-Kopf-Änderungen des Einkommens einer (beinahe) gleichbleibenden Bevölkerung und die Änderungen des Arbeitskräfteangebotes im Konjunkturablauf betrifft. Stadtplaner befassen sich mehr mit den Zusammenhängen des aggregierten, nach Jahrzehnten bemessenen Wachstums der Gesamtbevölkerung. Sie waren daher folglich an einer ganz anderen „Multiplikator-Form" interessiert, an einer solchen, die die langfristigen Zusammenhänge der Standortentscheidungen bestimmt, die neue Investitionen in Betriebsanlagen und Standortveränderungen von Betrieben hervorruft, die neue andere Betriebe und Geschäfte anzieht und den Wohnungsbau beeinflußt.

Während der Nachkriegszeit wurden diese Beziehungen nicht eindeutig voneinander getrennt, wenn die jeweilige Untersuchung auf konjunkturelle Änderungen des lokalen Produktionsvolumens, der Einkommen und der Beschäftigungszahl gerichtet war, wenn sie öffentliche Einkommen und öffentliche Angestellte und Beamte zum Gegenstand hatte, oder wenn sie sich auf langfristige öffentliche Investitionen in den Straßenbau, in die kommunalen Versorgungseinrichtungen, Schulen oder was auch immer im Mittelpunkt der Diskussion stand, konzentrierte. Die Prognose der für das nächste Jahr eingeplanten Steuereinnahmen ebenso wie das geplante Bauvolumen hat bedeutende soziale Implikationen. Die Prognosezeiträume weichen jedoch weitgehend voneinander ab, ganz abgesehen davon, daß die relevante Theorie auf einer anderen Grundlage aufbaut.

Verständlicherweise waren einige Stadtplaner gegen diesen besonderen Gebrauch der Ausdrücke „Basis" und „öffentliche Dienstleistungen", weil dadurch der Bedeutung des Exportsektors implizit eine höhere wirtschaftspolitische Priorität eingeräumt wurde. Die Exportunternehmen waren in der Regel alte Industriebetriebe am Stadtrand oder siedelten sich gerade dort an, während der lokale Dienstleistungssektor sich auf die neuen und höheren Bauten konzentrierte, die das von den Stadtplanern begünstigte Stadtzentrum dominierten und die „Stadt" selbst symbolisierten. Allgemein war der Stadtplaner nicht hinreichend in Ökonomie geschult, um die Intuition zu verteidigen, daß für die Standortentscheidung langfristig der lokale Dienstleistungssektor der ökonomisch wichtigere (basic) Sektor ist und daß Industriebetriebe nur für einen bestimmten Zeitraum ihren Standort in einem Stadtgebiet haben.

Wird im folgenden von der Analyse der Konjunkturzyklen zur Untersuchung der kommunalen Entwicklung übergegangen, so verlagert sich das Interesse von den Einkommensströmen, die eindeutig vom Exportsektor an den lokalen Dienstleistungssektor fließen, auf die komparativen Kosten zwischen konkurrierenden städtischen Regionen. Die Richtung der Kausalität wird dann in dem Maß umgekehrt, wie die komparativen Kosten von der Effizienz lokaler Transportsysteme, lokaler Versorgungseinrichtungen, Banken und anderer Finanzierungsinstitute, Schulen und Universitäten und anderer Ausbildungs- und Umschulungseinrichtungen, und einer ganzen Menge anderer notwendiger Infrastruktureinrichtungen abhängig sind. Solche Dienstleistungen sind wahrscheinlich innerhalb eines bestimmten Zeitraumes insgesamt von dauerhafterer Natur, als Industriebetriebe es sind.

Überprüfen wir diese vereinfachende und etwas dürftige Dichotomie zwischen Export und lokalen Dienstleistungen in ihren Einzelheiten, so wird die Beziehung zwischen dem zeitlichen Aspekt und der Art der Kausalität für städtische Veränderung und Entwicklung immer deutlicher. Im Laufe der Zeit — und durch die Beiträge der Wirtschaftswissenschaftler — wurde die Theorie des Exportsektors über die strenge Annahme von direkten Exporten in andere Regionen auch auf lokale Unternehmungen ausgedehnt, die Halbfertigprodukte für lokale Exporteure herstellen. Geht man jedoch von den am offensichtlichsten mit anderen Regionen verbundenen Unternehmungen aus (wie zum Beispiel Reifenproduktion in Detroit) und analysiert die einzelnen vorgelagerten Produktionsstufen, wie Transportfirmen, die In- und Outputs befördern, wie finanzielle, gewerbliche und buchhalterische Dienstleistungen oder sogar die technischen Curricula der lokalen Schulen, so kommt fast eine unendliche Zahl von vorgelagerten Aktivitäten zum Vorschein. Es ist sehr schwierig, die lokalen Aktivitäten in Basis- und Nicht-Basisaktivitäten aufzuteilen; und die meiste „Basis"-Arbeit wird in der Tat von den gleichen Banken, Schulen und städtischen Versorgungsbetrieben geleistet, die auch die Haushalte mit Dienstleistungen versorgen.

Diese komplexen Zusammenhänge können und werden — unter den vielschichtigen lokalen Aktivitäten — klar und eindeutig in Input-Output-Tabellen erfaßt, die für ein Land aufgestellt werden. Auch in diesem Fall aber quantifizieren Input-Output-Tabellen Dienstleistungsströme zwischen einer gegebenen Anzahl von lokalen Industriebetrieben und sind weitgehend nur für kurzfristige Input-Output-Veränderungen nutzbar, obwohl eine begrenzte Erweiterung auf eine Wachstumsanalyse möglich wäre. Wir haben jedoch in der Input-Output-Analyse kein der wirtschaftlichen

Entwicklung vollständig äquivalentes Instrument; ein solches müßte als Standortmatrix festzustellen in der Lage sein, welche Industriebetriebe und unter welchen Bedingungen einem gegebenen Industriebetrieb zu seinem Standort folgen. Ein solches Instrument würde den Anforderungen der Stadtplaner und Wirtschaftsgeographen entsprechen.

Wird eine Stadt größer, so tendiert sie dazu, lokal autark zu werden. Vor mehr als einem Jahrzehnt haben Kritiker der frühen Form der „export base"-Theorie auf die Tendenz hingewiesen, daß das Verhältnis zwischen Basis- und Nicht-Basisaktivitäten bei zunehmender Stadtgröße abnimmt. Obwohl keiner der frühen Begründer der „export base"-Theorie darauf bestanden hätte, das Verhältnis von Beschäftigten im Exportsektor zu Beschäftigten im lokalen Dienstleistungssektor als nicht veränderlich anzusehen, wurde es doch allzu leicht dazu benutzt, und zwar, indem Änderungen in der Anzahl der Industriebeschäftigten zum Beispiel mit irgendeinem aus der Erfahrung gewonnenen Koeffizienten multipliziert wurden, um so die Änderungen in der Zahl der Gesamtbeschäftigten zu finden und diese dann wieder mit dem umgekehrten Verhältnis der Erwerbsquote zu multiplizieren, um auf diese Weise die Änderungsrate der Gesamtbevölkerung einer Stadt bestimmen zu können. Vielleicht ist die Zahl der Einzelhandelsverkäufer oder der Friseure pro Tausend Einwohner unter Berücksichtigung des gesamten Spektrums des Stadtgebietes beinahe konstant; bei wachsender Stadtgröße aber wird diese Schwelle gewinnbringender lokaler und ausschließlich für die Stadt bestimmter Produktion von einer Aktivität zu einer anderen neuen wirtschaftlichen Aktivität überschritten. Zunächst werden es jene Aktivitäten sein, die nur geringe Kostendegressionen aufweisen und hohe Transportkosten haben (beispielsweise Krankenhäuser); wächst die Stadt weiter, so werden sogar die Aktivitäten mit hohen Kostendegressionen und niedrigen Transportkosten (wie zum Beispiel Investitionsbanken) ausschließlich für den lokalen, städtischen Bedarf in Anspruch genommen.

Nehmen wir etwa eine Stadt mit 10.000 Einwohnern an, in welcher dem Exportsektor große Bedeutung zukommt. Rund die Hälfte aller lokalen Aktivitäten wird allein von ihm bestimmt. Es wird kaum möglich sein, dieselbe Bedeutung auch in einer Großstadt mit einer halben Million oder mehr Einwohnern aufrechtzuerhalten, wenn dort der gesamte Exportsektor zum Beispiel nur ein Viertel aller Aktivitäten ausmacht. (Dieses Ergebnis trifft auch auf die konjunkturelle Analyse zu, bei welcher Änderungen in der lokalen Investition und in der „lokalen Konsumtion der lokalen Produktion" in einem ähnlichen Widerspruch zu den Auswirkungen des Exportmultiplikators auf die lokale Konjunktur stehen.) Das zeigt ganz eindeutig, daß sich die relative Bedeutung des Exportsektors und des

lokalen Dienstleistungssektors über relevante Zeiträume hinaus und mit der Größe der untersuchten Stadt ändern.
In der folgenden Untersuchung wird ein allgemeiner Begriff verwendet, der als „local industry mix" bezeichnet wird. Bei einer statischen oder kurzfristigen Analyse eines kleinen städtischen Gebietes ist der hervorstechende und alles bestimmende Teil der lokalen Industrie die zur Zeit der Analyse vorherrschende Zusammensetzung der Exportindustrie (export mix); der Einfluß der lokalen industriellen Spezialisierung auf die wirtschaftliche Gestaltung muß auf ihren Einfluß auf die Einkommensverteilung und auf die wirtschaftliche Wachstumsrate hin untersucht werden. In dem Maße aber, wie die Zeit fortschreitet und Städte wachsen, muß sich auch die Untersuchung mehr mit dem Prozeß beschäftigen, der strukturelle Änderungen in der örtlichen Wirtschaftszusammensetzung verursacht. Diese Untersuchung wird daher zunächst mit der Zusammensetzung des Exportsektors beginnen und die zunehmende Bedeutung des lokalen Dienstleistungssektors in die Untersuchung einbeziehen, und zwar besonders die Teilsektoren, die Anpassung an Änderungsprozesse ermöglichen und/oder selbst Änderungen hervorrufen.

2. Städtische und regionale Einkommensanalyse

Das vorhandene wirtschaftliche Niveau ist für den Wirtschaftswissenschaftler der einfachste Ansatzpunkt zur Analyse des Wachstums und der Entwicklung der Stadt oder der Region. Wenn einmal besser verstanden wird, wie eine bestimmte — das heißt die derzeit existierende — industrielle Struktur die Funktion der lokalen städtischen Wirtschaft beeinflußt, dies sogar, wenn sich diese Interdependenz nur durch eine statische Analyse beschreiben ließe, dann würden wir in die Lage versetzt, den unmittelbaren Einfluß dieser Abhängigkeiten in bezug auf die ökonomischen Kräfte zu erkennen, die eine Änderung bewirken.
Die konventionellsten und wirksamsten Techniken und Fähigkeiten von Ökonomen können außerdem in einer statischen, regionalen Einkommensanalyse am ehesten genutzt werden. Wir beginnen hier mit sehr vereinfachten Annahmen und betrachten zunächst eine lokale Wirtschaft als einfache Konzentration räumlich verteilter Industriegebiete: „Sage mir, welche und wieviele Industriebetriebe Du hast, und ich sage Dir, was Deine (unmittelbare) Zukunft ist." Wie könnte aber andererseits das Niveau einer weitgehend spezialisierten Wirtschaft keinen Einfluß auf Verteilung und Stabilität der Einkommen und auf die Wachstumsraten der spezifischen industriellen Zusammensetzung (industry mix) haben? Diese Untersuchung wird jedoch jene traditionelle Dimension wirtschaftlichen Wohlstandes

beibehalten, die aus der Analyse des Volkseinkommens abgeleitet werden kann.

Die wichtigste Abweichung ist hier, daß kein Versuch unternommen wird, das allgemeine Einkommensniveau, das allgemeine Ausmaß der Einkommensverteilung oder die allgemeine Stabilität der Volkswirtschaft zu untersuchen; nur Art und Weise der regionalen Abweichung vom nationalen Durchschnitt ist von Bedeutung. Als Aufgabe der Stadt-/Regionalökonomen wird hier verstanden, zu bestimmen, warum einige Stadtregionen eine gleichmäßigere Einkommensverteilung haben, reicher oder instabiler sind, oder alle Merkmale zugleich aufweisen (wie zum Beispiel im Falle von Flint, Michigan, USA). Die Stadt- und Regionalökonomie, die von Anbeginn von der Aufgabe befreit war, den allgemeinen Zustand einer Volkswirtschaft zu erklären, wird daher zum Studium der Veränderungen innerhalb des Systems der Städte.[2]

Auch wenn die städtische oder regionale Einkommensanalyse mehr als eine einseitige Wirtschaftsuntersuchung umfaßt, ist es doch beeindruckend und überraschend, inwieweit Niveau, Verteilung und Stabilität des lokalen Einkommens durch die Ausdehnung der örtlichen industriellen Zusammensetzung erklärt werden können. Da dies aber an anderer Stelle ausführlicher geschah[3], soll hier lediglich auf die wichtigeren Interaktionsformen zwischen der lokalen wirtschaftlichen Struktur und der lokalen Einkommensverteilung eingegangen werden, bevor die wesentlich kompliziertere Thematik der technologischen Veränderung angesprochen werden wird.

2.1 Das Einkommensniveau

Die vielen subtilen und zusammenwirkenden Faktoren, die dafür verantwortlich sind, daß eine Kommune reicher wird, können in zwei das Einkommensniveau bestimmende Determinanten aufgeteilt werden: berufliche Qualifikation und Ausbildungsstruktur sowie Macht. Wir werden normalerweise bei jenen lokalen Arbeitskräften überdurchschnittliche berufliche Qualifikationen erwarten, die mit der Herstellung neuer Produkte beschäftigt sind. Implizit wird damit die Existenz von „Lernkurven" verknüpft: Neue Produktiontechniken tendieren dazu, der Qualifikation und der Kreativität zu Anfang das Höchste abzuverlangen; allmählich aber wird der Produktionsprozeß rationalisiert und kann mit ausreichender Routine durchgeführt werden. Arbeitskräfte mit diesen spezialisierten Eigenschaften sind nicht nur in geringerer Anzahl vorhanden und werden deshalb besser bezahlt, sondern sie nehmen in der Regel auch an der monopolistischen Führungsposition einer Wachstumsbranche teil; die zeitweilig hohen Profitraten, die lokale Innovatoren realisieren können, werden zum Teil an die lokalen Arbeitskräfte weitergegeben. Innovationen produzieren die benötigten Facharbeiter, die zur Rationalisierung der neuen und unbekannten Produkte erforderlich sind und bestimmen auch, als Ergebnis der Innovation, die Preisspitzen.

Andere lokale Wirtschaftsgebiete, die von einer älteren, sich langsamer ändernden Produktion abhängig sind, können von dieser nicht wettbewerbsgemäßen Situation profitieren, die — je nach der Größe des Marktes — von der internen Kostendegression verursacht wird. Umfangreiche Investitionen in Produktionsbetriebe und Produktionsmittel verursachen hohe Fixkosten, wobei die letzteren, bei sehr umfangreicher Produktion, die Stückkosten wesentlich senken, was wiederum eine kleinere Zahl von Fabriken (Unternehmungen) und in der Regel Preisabsprachen zur Folge hat. Die umfangreichen Investitionen verstärken diese Marktmacht dadurch, daß sie neuen Unternehmungen, möglichen Konkurrenten also, den Zutritt zum Markt versperren. Die Macht der Preisbildung eines Oligopols reicht jedoch nicht aus, um den allgemeinen Wohlstand einer Kommune zu erhöhen, besonders dann, wenn der lokale Produktionsbetrieb einem nicht in der Stadtregion ansässigen Besitzer gehört. Sind es große, mit mehreren Betrieben ausgestattete Unternehmungen, deren Aktionäre (räumlich) weit verstreut sind, so kann die Macht des Oligopols im lokalen Sektor nur dann in höhere Stundenlöhne und/oder Familieneinkommen umgesetzt werden, wenn das beherrschende Unternehmen sehr stark von Arbeitskräften abhängig ist. Die dafür notwendige Bedingung ist eine agressive, die gesamte Industrie umfassende Gewerkschaft, der nur nominell ein sicheres Oligopol gegenübersteht, das der Forderung nach höheren Löhnen durch höhere Preise entsprechen kann.

Sogar eine geringe Nachfrageelastizität nach lokalen, in der Exportindustrie beschäftigten Arbeitskräften wird das lokale Einkommen nicht begrenzen, wenn die sich als Folge einer hohen Lohnrate ergebenden nachteiligen Beschäftigungseffekte durch einen expandierenden Markt (vielleicht in Form von neuen oder einkommenselastischen Produkten) oder durch einfache „Auswanderung" der Arbeitskräfte aufgefangen werden kann. Ist die oligopolistische Exportindustrie eine Wachstumsindustrie, so wird die Kommune die Vorteile der wirtschaftlichen Macht dann am meisten zu spüren bekommen, wenn die monopolistischen Stundenlöhne auch auf den lokalen Dienstleistungssektor übergreifen, so daß dort Lehrern, Angestellten der Verkehrsbetriebe oder Banken ein Einkommen geschaffen wird, das höher ist als die durch höhere lokale Preise bewirkte Senkung des Geldeinkommens der in der Exportindustrie Beschäftigten. Diese Wechselwirkung der Einkommen beruht auf der Annahme, daß es eine Mobilität zwischen der Beschäftigungsstruktur des Export- und Importsektors gibt und zusätzlich eine vollkommene Immobilität der Wanderungsstruktur besteht, so daß die hohen Löhne im Exportsektor vorwiegend lokalen Bewohnern zugutekommen. Die Auswirkungen von Innovation, Marktmacht und Gewerkschaften auf das Einkommensniveau sind in Abbildung 1 zusammengefaßt.

2.2 Die Einkommensverteilung

Gewerkschaften erhöhen nicht nur die lokalen Stundenlöhne und die durchschnittlichen Familieneinkommen, sie tragen auch dazu bei, Einkommensunterschiede zu verringern. Die häufige Drohung von Facharbeitern, aus einer Gewerkschaft auszutreten und ihre eigene Gewerkschaft zu gründen, ist ein indirekter Beweis dafür, daß entweder die gewerkschaftliche Organisation (Ideologie) oder die Wirtschaftsdemokratie (d.h. hier die Annahme von Majoritätsentscheidungen und repräsentativer Führung innerhalb der Gewerkschaften) das Gleichheitsprinzip eher fördert als der freie marktwirtschaftliche Wettbewerb. Die geringere Variation der Einkommensunterschiede (gemessen an den durchschnittlichen Familieneinkommen) in den industrialisierten Stadtgebieten ist jedoch zum großen Teil auf die relativ geringen Qualifikationserfordernisse der industriellen Produktion an die Ausbildungsmerkmale zurückzuführen; das trifft besonders für Teilbereiche der Fließbandarbeit zu. Auch in diesem Fall sind die Gewerkschaften als ein von vornherein auf gleiche Einkommensverteilung wirkender Faktor von relativer Bedeutung anzusehen.

Eine Vorstellung von der Komplexität der die örtliche Einkommensverteilung beeinflussenden Kräfte ergibt die Analyse des lokalen Arbeitsmarktes, der eine große Zahl von Arbeitsplätzen für weibliche Arbeitskräfte anbietet. Diese tendieren dazu, am egalitärsten zu sein. Eine hohe weibliche Erwerbsquote kann zum Beispiel als das Ergebnis der Leichtindustrie (wie zum Beispiel eine Stadt, in der die Textilindustrie dominiert) angesehen werden, ist aber aller Wahrscheinlichkeit nach meistens durch die Existenz von Handels-, Finanz-, Krankenhaus-, Schul- oder Verwaltungszentren bedingt, die für eine ausgeglichene Nachfrage nach Arbeitskräften sorgen.[4] Bei dieser Arbeitsorganisation trifft die implizit gemachte Annahme zu, daß mitarbeitende Ehefrauen und andere weibliche Zweitverdiener in überproportionalem Verhältnis aus Haushalten mit niedrigem Gesamteinkommen kommen. Gewiß erhöhen Zweitverdiener auch das durchschnittliche Familieneinkommen, ihr Einfluß auf die Verteilung des Familieneinkommens sollte aber sowohl in quantitativer als auch in sozialer Hinsicht schwerwiegender bewertet werden.

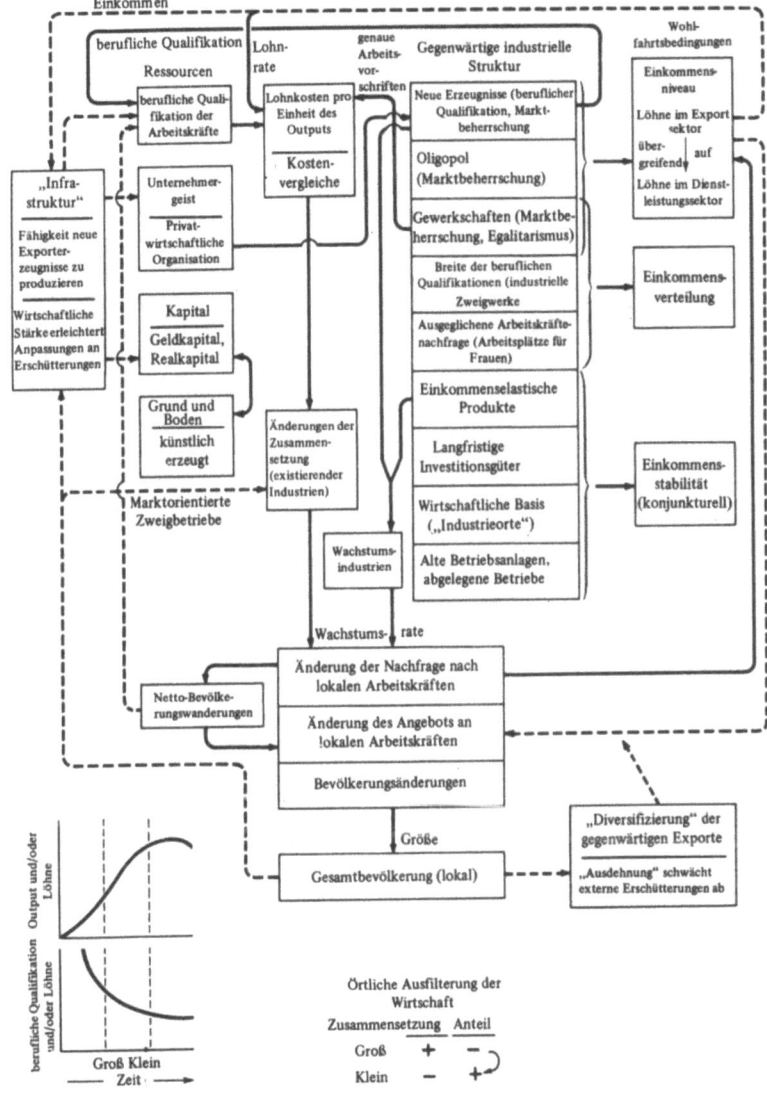

1 Modell der städtisch-regionalen Wirtschaftsentwicklung

2.3 Einkommens- und Beschäftigungsstabilität

Zwei Standardbegriffe der Volkswirtschaftslehre sind in jedem Fall weitgehend anwendbar, die Zusammenhänge zwischen der lokalen industriellen Struktur und der relativen Bedeutung des lokalen Konjunkturablaufs zu analysieren. Diejenigen Gebiete, die sich auf die Produktion von Investitionsgütern (durable) spezialisiert haben, sollten sehr instabil sein, diejenigen, die sich auf notwendige Verbrauchsgüter (non-durable) spezialisiert haben, sollten sehr stabil sein; dies folgt aus den im Konjunkturablauf auftretenden Änderungen der Investitionsausgaben, die relativ größer sind als bei Konsumtionsausgaben, ebenso wie aus der Tatsache, daß die Nutzung von dauerhaften Produktions- oder Konsumtionsgütern leichter verlängert, während der Ersatz von notwendigen Konsumtionsgütern kaum eingeschränkt werden kann. Die durch ältere Untersuchungen bekannten statistischen Ergebnisse zeigen, daß eine Erklärung der lokalen Konjunkturschwankungen auf Grundlage der industriellen Zusammensetzung allein nicht ausreicht.

Die Spezialisierung auf dauerhafte Investitions- oder Konsumtionsgüter korreliert zum Beispiel nicht (oder zumindest nicht signifikant) mit dem Beschäftigungsrückgang in den USA während der Rezession 1957/1958. Natürlich trifft es zu, daß die zu Verfügung stehenden Daten keine sichere und einfache Trennung zwischen *Investitionsgütern* und *dauerhaften Konsumtionsgütern* erlauben. Die allgemein feststellbare Tendenz, daß dauerhafte Güter sich im Raum zusammenballen (das heißt in Industriegebieten sich agglomerieren), während notwendige Konsumtionsgüter oft allein als einzige ökonomische Grundlage kleiner Orte (zum Beispiel eine Stadt mit Textilproduktion) erscheinen, kann zusätzlich die räumlichen Unterschiede eines Landes dadurch verschleiern, daß diesen industriellen Zentren, die sich auf *diversifizierte* dauerhafte Investitions- oder Konsumtionsgüter konzentriert haben, einzelne Städte gegenüberstehen, die *spezialisierte* Gebrauchsgüter produzieren. Jeder bedeutende zeitliche Vorsprung oder Rückstand gegenüber dem industriellen Zyklus einer der lokalen dauerhafte Investitions- oder Konsumtionsgüter herstellenden Wirtschaftszweige schwächt die aggregierten lokalen Konjunkturschwankungen insofern ab, als der in der Konjunktur führende Wirtschaftszweig sich schon auf den konjunkturellen Tiefpunkt hin bewegt, während andere lokale Branchen sich noch im konjunkturellen Aufschwung befinden, und wie er sich vom Tiefpunkt weg bewegt, während andere lokale Wirtschaftszweige noch von der Rezession beherrscht werden.

Wenn wir weiterhin volkswirtschaftliche Theorien in der Regionalwissenschaft anwenden, so müssen wir dabei beachten, daß eine lokal begrenzte Wirtschaftsstruktur nicht nur eine atypische Zusammensetzung von unterschiedlichen Branchen, sondern auch eine nicht-zufällige oder einseitig verzerrte Stichprobe je nach der Altersstruktur der Industriebetriebe darstellt. Die älteren Industriegebiete werden einen größeren Anteil an alten Industriebetrieben haben, und diese wiederum werden die Produktionsbetriebe mit den höheren Produktionskosten sein, was zur Folge hat, daß solche Betriebe von einer Rezession zuerst getroffen werden und die letzten sind, die vom Konjunkturaufschwung profitieren. Dadurch, daß neuere Produktionsbetriebe kapitalintensiver und damit automatisierter sind, wird das höhere Verhältnis von fixen Kosten zu variablen (d.h. Kosten für Arbeitskräfte) die Grenzkosten senken und damit die Tendenz verstärken, daß Betriebe mit neueren Produktionsbedingungen zum relativ größeren Teil von Rezessionen getroffen werden und im Falle des Wirtschaftsaufschwungs einen relativ geringeren Anteil daran haben.

Diese asymmetrische Entwicklung der volkswirtschaftlichen und regionalen Konjunktur kann dadurch erweitert werden, daß der Untersuchung der am meisten vernachlässigte Aspekt hinzugefügt wird, der der räumlichen Ordnung. Ein Ort kann nicht nur des Alters der Produktionsanlagen wegen relativ hohe Produktionskosten aufweisen, sondern auch wegen seines entlegenen Standortes. Nur selten werden die Transportkosten, des Inputs oder des Outputs, in einer Kostenkurve berücksichtigt. Werden diese jedoch miteinbezogen, so heißt dies eindeutig, daß eine größere Entfernung vom Markt die Grenzkosten am Markt erhöht und dadurch Produktionsmengen durch Nachfrageänderungen und Preisfluktuationen verstärkt. Zusätzlich muß berücksichtigt werden, daß „räumliche Entfernung" im Zusammenhang mit den differenzierten Schwankungen der regionalen Marktstruktur analysiert werden muß. Produkte, die hohe Transportkosten verursachen, werden allgemein nicht an weiter entlegene Märkte einer Volkswirtschaft geliefert. Daher wird die örtliche Konjunktur sowohl von der regionalen Wirtschaftszusammensetzung, als auch von der eigenen und der Standortlage in einer Region bestimmt werden. So gibt es nur wenig Spekulation darüber, daß zum Beispiel eine von der Papierindustrie beherrschte Stadt, die in einer Region mit einer Landeshauptstadt und mit einer größeren Universität liegt, nur relativ gering durch den Konjunkturzyklus beeinflußt wird.

2.4 Wachstums- und Einkommensstrukturen

Weil die örtliche Wirtschaftsstruktur von der lokalen wirtschaftlichen Wachstumsrate abhängt, beeinflußt die Struktur auch indirekt Gestalt und Umfang der lokalen Einkommensstruktur. Ein lokaler Exportsektor, der hauptsächlich entweder neue oder einkommenselastische Produkte herstellt, wird tendenziell ein überdurchschnittliches Wachstum des Outputs und der Nachfrage nach Arbeitskräften verzeichnen. Ein stetig steigendes Volkseinkommen pro Einwohner beeinflußt direkt das Wachstum von Orten, die einkommenselastische Produkte herstellen. Der durch überproportionales Wachstum des verfügbaren Einkommens stimulierte wachsende Wohlstand bestimmt direkt die Nachfrage nach neuen Produkten. Der wirtschaftliche Aufschwung einer Industrie, die neue Produkte herstellt, ist nicht nur allein das Ergebnis der Gelegenheit, in einen noch nicht von Abwertungsraten und Instandhaltungsplänen begrenzten Markt einzudringen, sondern auch das Resultat einer immer wieder von Neuem beginnenden Notwendigkeit, neue Produkte herzustellen; die zeitweilige Begeisterung für ein neues Produkt wird zum dauernden Zwang, neue Produkte herzustellen.

Um höhere Löhne, Überstunden, Beförderungen, Teilzeitjobs, sinkende Anforderungen an Arbeitskräfte und andere Kennzeichen eines angespannten Arbeitsmarktes zu schaffen, muß ein überdurchschnittliches Wachstum in der Nachfrage nach lokalen Arbeitskräften mit einer durchschnittlichen Zunahme der örtlichen Arbeitskräfte verbunden sein (normalerweise Geburts- und Sterberate sowie Erwerbsquote). Eine überdurchschnittlich steigende Nachfrage nach lokalen Arbeitskräften sollte dann zu relativ stark steigendem und damit schließlich zu einem relativ hohen Familieneinkommen führen; noch sicherer aber sollte die steigende Nachfrage zu einer Verminderung der Ungleichheit der Einkommen führen. Der Grenzbeschäftigte, der Vollzeitbeschäftigung findet, wird natürlich die größte Zuwachsrate seines Einkommens zu verzeichnen haben. Vor kurzem erschienene Untersuchungen der Einkommensungleichheiten haben gezeigt, daß es die angespannte Arbeitsmarktsituation während der Kriegsjahre in den USA war, die die starke Angleichung der Einkommensverteilung mit sich brachte und daß in den Jahren seit dem Zweiten Weltkrieg nur eine geringfügige oder gar keine Reduktion der personellen Einkommensunterschiede auftrat.[5]

Zusätzlich wird zwischen der Volkswirtschaft, das heißt einer geschlossenen Wirtschaft, und der örtlich begrenzten Wirtschaft unterschieden, die für Zuzug von neuen Einwohnern und Import von Waren gleichermaßen offen ist. Die herrschende wirtschaftswissenschaftliche Theorie wird unter solchen Bedingungen einen Zuwachs des Arbeitskräfteangebotes voraussagen, da die hohen Löhne und Gehälter, die reichlich zur Verfügung stehenden Arbeitsplätze und die hohen Sozialunterstützungen in einer prosperierenden Kommune Arbeitslose und Wohlfahrtsempfänger anziehen. Das scheinbare Paradox von Armut innerhalb einer sich im wirtschaftlichen Aufschwung befindenden Kommune stimmt weitgehend mit der Theorie überein. Auf lange Sicht gesehen machen Wachstumsindustrien einen Ort nicht reicher, sondern nur größer.

3. Zur Theorie des städtischen und regionalen Wachstums

3.1 Bevölkerungsgröße

Da Bevölkerungsgröße nur Kumulation des Wachstums ist, werden diejenigen Orte, die schneller wachsen, auch schneller an Größe zunehmen und damit zu jeder Zeit größer als die übrigen sein. Wachstum bedingt Größe, und Größe reagiert auf Umstrukturierung der örtlich begrenzten Wirtschaft so, als ob dadurch zukünftiges, jedoch eher durchschnittliches Wachstum gesichert werden soll; die Reorganisation soll Wachstumsstabilität produzieren. Die grundlegende, wichtigste und damit am meisten vorkommende Strukturwandlung, die mit einer großen Bevölkerungsausdehnung im Zusammenhang steht, ist die Entwicklung von vielschichtigen, sich gut verkaufenden Exportartikeln. Eine Vielfalt von „Exportartikeln", so wie sie in Chicago oder Philadelphia vorkommen, würde wahrscheinlich einige sehr neue Wachstumsindustrien, einige dem Alter nach mittlere, langsam wachsende Industrien und sogar einige, die alt und in der Auflösung begriffen sind, einschließen. Außerdem würde eine solche Vielfalt sowohl einkommenselastische als auch nichteinkommenselastische Produkte enthalten. Daher ist in diesem Fall kaum ein umfangreicher und diversifizierter Exportsektor zu finden, der in der Regel schnelles oder auch langsames Wachstum erzeugt.[6]

Eine sehr große Stadtregion kann besser durch die innere Struktur als durch ihre ökonomische Bedeutung charakterisiert werden. Das lokale „social overhead capital" — die Infrastruktureinrichtungen, die zur Verfügung stehen — kann eher als die Exportdiversifikation als Grundlage der wirtschaftlichen Funktion angesehen werden. Stabiles Wachstum innerhalb eines kurzen Zeitraumes, etwa über einen Zeitraum von zehn Jahren, ist hauptsächlich von der Anzahl der verschiedenen Exportprodukte abhängig, von denen die Beschäftigungs- und Einkommensstrukturen bestimmt werden. Alle Waren aber werden produziert und konsumiert; deshalb beruht die langfristige Wachstumsvoraussetzung jedes Gebietes letztlich auf seiner Fähigkeit, sich zu regenerieren und/oder Innovation einzuführen oder sogar neue Exportindustrien anzuziehen.

Die wirtschaftliche Voraussetzung größerer Stadtregionen ist daher von der Qualität ihrer Universitäten und Forschungseinrichtungen, vom fachlichen Niveau der Ingenieurfirmen und Finanzierungsinstitute, von der Überzeugungskraft der Public Relations- und Werbeagenturen, der Flexibilität des Transportsystems und dem System der Versorgungsbetriebe und all den anderen Dimensionen der Infrastruktur abhängig, die einen schnellen und reibungslosen Übergang von einer überholten zu einer neuen, wachsenden Wirtschaftsstruktur erleichtert. Eine vielschichtige Gruppe profitabler Exportunternehmungen mindert der Einfluß exogener Änderungen, während eine vielschichtige Infrastruktur die Anpassung an die Änderungen erleichtert, indem sie die sozioökonomischen Institutionen und die für die Initiierung neuer Vorhaben notwendigen physischen Anlagen bereitstellt, Kapital von alten auf neue Produktionsformen überträgt und Arbeitskräfte umschult.

3.2 Der Einfluß der Größe auf die Produktionsvoraussetzungen

Was immer auch die Hauptquelle der nationalen Wirtschaftsentwicklung sein mag, „Unternehmergeist" ist in jedem System offener Regionen der Ausgangspunkt für das wirtschaftliche Wachstum einer Region. Eine große Stadtregion hat einen „natürlichen" Vorteil in den für Wachstum kritischen Funktionen wie Erfindung, Invention, Innovation, Verkaufsförderung und Rationalisierung der neuen Produkte. Stabilisierung und sogar Institutionalisierung des Unternehmergeistes könnten die Hauptaufgabe einer großen Stadtregion darstellen. In einer früheren Untersuchung wurde das Argument vorgebracht, daß eine große Bevölkerungskonzentration einen stetigen Strom an qualitativ gut ausgebildeten Bewohnern hervorbringt. Eine Bevölkerungskonzentration von fünfzigtausend, die zum Beispiel alle zehn Jahre einen kommerziellen oder industriellen Genius hervorbringt, müßte beim Ausfallen eines Genies in einer Zeit wirtschaftlicher Notwendigkeit und dem Verlust eines großen Unternehmers ohne wirtschaftliches Führungspersonal auskommen; in einer Bevölkerungszusammenballung von fünf Millionen jedoch, mit einem durchschnittlichen „Jahresaufkommen" von zehn Genies, scheint eine erste und langandauernde Krise in der lokalen wirtschaftlichen Führung sehr unwahrscheinlich.[7]

Bei weiterem Nachdenken erscheint die bessere Lebensfähigkeit einer großen Bevölkerungsaggregation in einer Zeit schneller und umfangreicher sozioökonomischer Veränderungen weitgehend durch die voneinander getrennte, jedoch indirekt koordinierte Institutionalisierung der vielen unternehmerischen Funktion beeinflußt zu sein, besonders durch Erfindung, Innovation und schnellere Anpassung an Änderungen. Sehr große Stadtregionen beherbergen in der Regel eine große Landesuniversität mit einem sehr gut entwickelten Programm für die Grundlagenforschung und für die Erlangung eines akademischen Grades, sowie für Doktoranden und für jedere weiterführende Ausbildung. Diese Regionen sind auch Standorte für zentrale medizinische Versorgungseinrichtungen für die Bevölkerung des umliegenden Gebietes; durch diese vielschichtigen Vorteile, die sich aus Kostendegressionen ergeben, ziehen solche Regionen in medizinischer

Forschung tätige Wissenschaftler und Finanzierungsmittel an. Je dienstleistungsabhängiger eine Wirtschaftsstruktur wird, desto mehr wird die Stadt selbst der ständig neu zu entwerfende und neu zu entwickelnde Gegenstand; damit wird die Stadt sowohl Experiment als auch Untersuchungsobjekt. Es ist daher kein Wunder, daß sich die größten Stadtregionen, verglichen mit den intensiven Bemühungen kleinerer Stadtgebiete, nur um wenig Industrieansiedlung bemühen.

Wenden wir uns jedoch der Analyse kooperierender Produktionsfaktoren zu, so ändert sich die Sachlage für die großen Stadtregionen nicht entscheidend. Geldkapital ist schon seit langem der räumlich mobilste Faktor und wird als solcher explizit wie implizit in den Standortuntersuchungen von *Edgar Hoover* und *August Lösch* als solcher behandelt. Der Aufstieg der modernen großen Konzerne, die sich intern durch stille Reserven und durch einbehaltene Kapitalgewinne und extern über den nationalen Geldmarkt finanzieren, schwächen weiterhin den standortbedingten Einfluß der lokalen Kapitalangebote für große, bekannte, auf nationaler Ebene operierende Unternehmungen. Aber das investierte Realkapital ist hochgradig immobil und in den meisten Fällen dauerhaft an einen Standort gebunden. Große Stadtregionen haben ex definitione das größte und unterschiedlichste Angebot an Realkapital, hier: Infrastrukturanlagen, die schon einmal als die wirkliche ökonomische Grundlage der Stadt bezeichnet wurde. Es ist in Wirklichkeit schwierig, eine Grenze zwischen privatem Unternehmergeist und öffentlichem Kapital zu ziehen; man betrachte die Forschungslaboratorien großer Universitäten, ein Fall, bei dem öffentliches Kapital neue Produkte und somit neue Geschäftszweige entwickelt.

Im Gegensatz dazu sind die örtlichen Geschäftszweige oft in hohem Ausmaß vom lokalen Kapitalangebot abhängig. Dieses bezieht sich auf die Erhältlichkeit von Krediten sowohl zum Ankauf von Betriebsmitteln als auch zur Aufstockung des Eigenkapitals. Der größte Anteil kleinerer Betriebe ist im örtlichen Dienstleistungsbereich zu finden, wodurch solche Aktivitäten auf kurze Sicht vom regionalem Wachstum beeinflußt werden und nicht umgekehrt das Wachstum von ihnen determiniert wird. In dem Ausmaß jedoch, wie lokale Dienstleistungsaktivitäten eine bedeutende Rolle auf die langfristigen Entwicklungsmöglichkeiten haben, wird die große Stadtregion wahrscheinlich eher in der Lage sein, diese kleine Gruppe von Spezialgeschäften, die in der Tat vom örtlichen Kapitalangebot abhängen, zu finanzieren.

Wenden wir uns dem Arbeitskräfteangebot als Standortfaktor zu. Die vorteilhafte Situation großer städtischer Regionen wird durch diesen Faktor zusätzlich verstärkt. Mit der wachsenden Verbreitung der Gewerkschaften tritt, als Ergebnis gewerkschaftlicher Verhandlungsmacht, ein räumlich gleichbleibender Stundenlohn auf. Dieser gleiche Stundenlohn in einem gegebenen Wirtschaftszweig ist ein großer Schritt zum räumlich gleichbleibenden Stundenlohn, obwohl regionale Unterschiede in der Arbeitsproduktivität, zum Beispiel als Ergebnis regionaler Unterschiede in der beruflichen Qualifikation und Motivation, auftreten können. Aber wahrscheinlich werden räumlich differenzierte Arbeitsproduktivitäten durch zunehmende Automation des Produktionsprozesses mögliche Abweichungen beruflicher Qualifikationen der Arbeitskräfte bis zu einem Punkt reduzieren, in dem Produktionsmenge und Qualität nur in unbedeutendem Ausmaß variieren.

Verlangen die Arbeiter überall für eine bestimmte Arbeit die gleichen Stundenlöhne, so geben sie ihren Einfluß auf den Standort des Arbeitsplatzes auf. Sollten Arbeiter mit mittlerem Einkommen zufällig Kleinstädte oder Städte mittlerer Größe als Standorte bevorzugen, die angenehme Lebens- und Freizeitbedingungen anbieten, so ist dies als Standortfaktor irrelevant. Die Gewerkschaftsbewegung bedingt die Verlagerung der Standortentscheidung von einer Produktions- zu einer Konsumtionsentscheidung, und damit wird sie in zunehmendem Maße eine Entscheidung in den Händen des Managements, das heißt in diesem Fall in den Händen der Stadt- und Regionalplaner.

Abschließend soll die Bedeutung von Grund und Boden untersucht werden, schon immer ein wichtiger Faktor bei der Standortentscheidung einzelner wirtschaftlicher Aktivitäten. Ursprünglich entstanden viele städtische Gebiete durch den Abbau von Rohstoffen oder durch eine vorteilhafte strategische (Handels-)Position des Stadtgebietes; seither ist der Anteil der abbauenden und rohstofforientierten Industrien an der Wirtschaftsaktivität der Stadt zurückgegangen. Während sich auf der Produktionsseite die Bindung an Grund und Boden gelockert hat, hat sie sich auf der Konsumseite jedoch verstärkt. Bei hohem Einkommen und bedingt durch mehr Freizeit, haben große Grundstücksflächen als natürliche Annehmlichkeiten und durch klimatische Bedingungen bedeutenden Einfluß auf Standortentscheidungen gewonnen. Ebenso muß jedoch hier festgehalten werden, daß die Umwelt mehr und mehr durch den Menschen geprägt wird; Ufergrundstücke an Seen, Schnee für Wintersportler werden künstlich hergestellt, und wir werden wahrscheinlich in Zukunft Plastikbäume und -berge haben. Das heißt, Kapital substituiert in zunehmendem Maße Grund und Boden; Kapital unterliegt der Kostendegression und wird zum Zauberstab in der Hand des Unternehmer-Illusionisten.

3.3 Eine Theorie der Ausfilterung industrieller Standorte

Wenn größere Stadtregionen tatsächlich Standorte überproportionaler unternehmerischer „Kreativität" bilden, dann könnte versucht werden, eine umfassende Hypothese regionaler Wachstumsstrukturen aufzustellen, die durch vorhandenes Datenmaterial getestet werden könnte.[8] Wir folgen dabei einer derzeit geübten Praxis und teilen das regionale Wachstum in zwei Hauptfaktoren, Zusammensetzung der und Anteil an Wachstumsindustrien, ein. Ein Gebiet kann schnelles Wachstum entweder dadurch erzielen, daß es eine Vielfalt von schnell wachsenden Industriezweigen aufweist (zum Beispiel die Zusammensetzung von neuen Produkten herstellende Industrien in Los Angeles oder diejenige in Detroit, oder solche Industriezweige, die Produkte mit einer einkommenselastischen Nachfrage herstellen), oder dadurch, daß es einen größeren Anteil an älteren, langsam wachsenden Industriezweigen erwirbt (ein solcher Fall ist der Umzug der Textilindustrie in einzelne Städte North Carolinas). Die aufgestellte Hypothese besagt, daß die größeren Stadtregionen dazu tendieren, eine stetig wachsende Zusammensetzung von Wachstumsindustrien mit einem stetig fallenden Anteil langsam wachsender Industriezweigen zu kombinieren. Damit wird der frühere Standpunkt modifiziert, daß große städtische Gebiete eine weitgehend diversifizierte Wirtschaftsstruktur haben, indem darauf hingewiesen wird, daß die Zusammensetzung der Industriezweige — zumindest mehr zu den Wachstumsbranchen hin — einen Schwerpunkt zeigt, daß aber dieses Wachstum durch den dauernden Ausleseprozeß der langsam wachsenden Industrien gedämpft wird. Das Ergebnis ist dann eine fast durchschnittliche Wachstumsrate.

Von der größeren Stadtregion wird angenommen, daß sie in einem überproportionalen Ausmaß Erfindungen oder zumindest Innovationen fördert, und daß sie durch die Ausbeutung eines neuen Marktes in einer frühen Phase des industriellen Zyklus charakteristische hohe Wachstumsraten aufweisen kann. Fällt ein Industriezweig in die Spätphase des industriellen Zyklus, so sinkt die Bildungsrate neuer Arbeitsplätze auf nationaler Ebene, und diese Rate kann auf lokaler Ebene sogar noch schneller sinken, wenn dieser Industriezweig sich dezentralisiert. Hier handelt es sich um eine wahrscheinliche Entwicklung, besonders bei nicht gewerkschaftlich organisierten Betrieben. Auf dem Höhepunkt des Zyklus wird der Produktionsprozeß rationalisiert, er wird zur Routineangelegenheit. Die hohen Löhne im innovativen Sektor, die anfänglich mit den besonderen Anforderungen an die Qualifikation der Arbeitskräfte übereinstimmten, fallen unter diesen Bedingungen, da die beruflichen Anforderungen an die Arbeitskräfte durch die Rationalisierung abnehmen, besonders dann, wenn die Industrie — oder Teile von ihr — in die kleineren, mit weniger technischen know-how ausgestatteten Sektoren oder Betriebe dringt, wo billigere Arbeitskräfte den gesunkenen beruflichen Anforderungen entsprechen.

Eine solche „Ausfilterungstheorie" industrieller Standorte trägt wesentlich zur Erklärung der wirtschaftlichen Probleme kleiner Orte z.B. in den Südstaaten der USA bei, da sie immer lediglich Industrien mit nur geringer Wachstumsrate ansiedeln können. So benachteiligte Städte finden immer wieder bestätigt, daß sie wirtschaftlich nicht weiterbestehen können; denn für ihre Industrieansiedlungen kommen nur Industrien in Frage, die kurz vor dem Bankrott stehen. Jedoch bemühen sich diese kleineren industriellen Zentren, das Pro-Kopf-Einkommen über das Niveau derjenigen Industriezweige zu heben, die nur niedrigste Löhne zahlen können. Diese Charakteristika, die sich (bei gleichzeitig geringeren qualitativen Voraussetzungen) auf langsames Wachstum und niedrige Löhne beziehen, können eindeutig als ein Aspekt für veraltete Industriebranchen angesehen werden. Die kleineren, weniger industriell entwickelten Gebiete versuchen immer wieder, durch Vergrößerung des Anteils an langsam wachsenden Industrien, die ein Nebenprodukt der vorherrschenden, geringeren Lohnstruktur sind, durchschnittliche Wachstumsraten zu erzielen.

Die größeren, technologisch weiter entwickelten Wirtschaftsgebiete können hohe Löhne nur dadurch halten, daß in ihrem Gebiet vorwiegend komplizierte Arbeitsprozesse durchgeführt werden. Folglich müssen sie immer darauf vorbereitet sein, neue Produktionstechniken frühzeitig anzuziehen, damit also Inventions-, Innovations- und Rationalisierungsprozesse zu fördern, um dann dieselben Produktionstechniken, wenn sie zur Routine werden, an andere Regionen abzustoßen. In der Frühphase seiner industriellen Entwicklung erzeugt ein Wirtschaftszweig hohe Einkommen durch seine Führungsposition. Diese Quasirenten, die sich aus der Führungsposition ergeben, gehen teilweise für die lokale Wirtschaft verloren, da sie oft an nicht ortsansässige Aktionäre in Form von Dividenden ausgezahlt werden, bleiben der lokalen Wirtschaft aber teilweise in Form von hohen Löhnen erhalten, besonders dann, wenn starke Gewerkschaften die zeitweilige hohe Zahlungsfähigkeit ausnutzen können. Daraus könnte geschlossen werden, daß die größeren Industriezentren wie die kleineren Gebiete sich mit ihrer Wachstumsrate in der nationalen, durchschnittlichen Wachstumsrate treffen müßten; die größeren Industriegebiete haben jedoch eine andere Zielfunktion.

Um Wachstumsvoraussetzungen zu schaffen, müßten kleinere, weniger für Industrieansiedlungen geeignete Stadtgebiete jeden Industriezweig mit günstigen Zukunftsaussichten schon zu einem früheren Zeitpunkt als große Stadtgebiete anziehen, wenn die kleineren Gebiete noch ein wesentliches Potential zur Schaffung von Arbeitsplätzen haben und, was noch wichtiger ist, wenn qualitativ hohe Arbeit erforderlich ist. Nur durch die hohen Einkommen, die sich als Resultat einer Ausbildung der Arbeitskräfte am Arbeitsplatz ergeben, wird das örtliche Steueraufkommen erhöht, das zur Finanzierung besserer Schulen benötigt wird; nur unter solchen Bedingungen kann eine Region hoffen, aus dem Kreislauf der Unterentwicklung auszubrechen. Geht man davon aus, daß ein Stadtgebiet sich auf der Kurve, die die Arbeitskräftequalifikation abbildet, in Richtung einer besseren Qualifikation (nach links) und auf der Kurve, die wirtschaftliches Wachstum für eine gegebene Industrie darstellt, in Richtung höherer Wachstumsraten bewegt (nach links, vgl. Abbildung 1), kann es den örtlich begrenzten Arbeitsmarkt für stark nachgefragte Berufssparten dadurch qualifizieren, daß die besseren und jüngeren Arbeitskräfte an den lokalen Markt gebunden werden, qualitativ gut ausgebildete angelockt werden und so die weniger Qualifizierten ebenfalls aufsteigen können.

3.4 Der schwierige Ausgleich gleichgewichtiger und ungleichgewichtiger Kräfte

Auch wenn man noch viel von einer statischen Regionalanalyse lernen kann, so ist es doch notwendig, ein dynamisches System zu entwerfen, um die komplexen Interdependenzen der regionalen Entwicklung zu verstehen. Eine vollkommen dynamische Analyse liegt immer noch außerhalb des Möglichen, aber eine Form von „Stufen"-Analyse ist ein Mittel, um neue Erkenntnisse über den Entwicklungsprozeß zu gewinnen. Zu jedem gegebenen Zeitpunkt beeinflußt die lokale Wirtschaftsstruktur direkt den Bestand lokaler Wirtschaftsvoraussetzungen, insofern diese Quantität und Qualität jener ändert. Jeder Prozeß oder jede Stufe der regionalen Entwicklung verursacht eine Änderung der Arbeitskräftezahlen, des Kapitals oder des Unternehmergeistes, die darauf abzielen, den Entwicklungsprozeß zu ändern. Hier wird nur ein Beispiel einer möglichen Entwicklungsfolge gegeben, aber es stellt den komplizierten Ausgleich zwischen gleichgewichtigen und ungleichgewichtigen Kräften besonders gut dar.

Im vorangegangenen Teil dieses Beitrags, der sich auf eine statische, auf die Industrie orientierte Analyse bezog, wurde angeführt, daß ein Ort durch eine oligopolistische Exportindustrie und eine starke gewerkschaftliche Organisation hohe Löhne und Einkommen haben kann. Ein Ort, der die Marktstellung in eine hohe Lohnstruktur umwandelt, so daß die Löhne im Verhältnis zur Arbeitsproduktivität der Beschäftigten relativ zu hoch sind, wird mit seinen überbezahlten Arbeitskräften gut, aber gefährlich existieren. Wird der betreffende Industriezweig älter, so wird die Rate der geschaffenen Arbeitsplätze abnehmen; die Rate der örtlich geschaffenen Arbeitsplätze wird, bei weitgehender Dezentralisation, wie es bei vollentwickelten Industrien gewöhnlich der Fall ist, davon besonders stark betroffen sein.[9] Ein solcher Ort ist mit einer Rate der Arbeitsplatzbildung konfrontiert, die natürliches Wachstum der örtlichen Arbeitskräfte nicht absorbieren kann; die Suche nach neuen Industriebranchen wird durch die überbezahlten Arbeitskräfte stark behindert.

Auf sehr lange Sicht gesehen kann eine örtlich begrenzte Monopolstellung noch auf andere Weise Nachteile hervorrufen. Starke Gewerkschaften können sehr genaue Arbeitsvorschriften durchsetzen, die mit der Zeit und mit fortschreitender Technologie sich immer als hinderlich und kostspielig erweisen. Neue Produktionstechnologien, die, ohne mehr Arbeit als zuvor zu erfordern, einem Arbeiter erlauben, gleichzeitig mehr Spindeln zu beaufsichtigen oder mehr Löcher in einer bestimmten Zeit zu bohren, können unter solchen Voraussetzungen lokal nicht eingeführt werden. Ein neuer technologischer Prozeß muß und wird anderswo eingeführt werden, und als Folge wird der örtliche Anteil an einen Industriezweig, der Teil einer Wachstumsindustrie sein kann, fallen. Unter diesen Bedingungen wird dieser hohe Kosten verursachende Arbeitsmarkt außerdem auch tendenziell mit alten Betriebsanlagen und einem schwierigen Konjunkturverlauf ebenso belastet wie mit einem langsamen Wachstum. Daher können die klassischen Vorteile eines zeitlich frühen Startpunktes — wie zum Beispiel ein Arbeitsmarkt, der sich durch seine Qualifikation auszeichnet, oder Bankiers, die ihr Fach verstehen und sich mit diesem identifizieren —, einfach durch die äußerst strengen Arbeitsvorschriften unter den Bedingungen des sich wandelnden technischen Fortschritts aufgehoben werden.

Ein solcher Ort müßte eine erhebliche Verminderung der Löhne erfahren, bevor er seine Situation verbessern kann; kurz gesagt: Es kann einmal der Tag der Vergeltung kommen. Aber genauso muß es nicht kommen. Wenn zum Beispiel das die lokale Wirtschaft fördernde Oligopol eine lang andauernde Periode konstanten Wachstums aufweist, und sich nur langsam dezentralisiert, könnte es das örtlich begrenzte Gebiet für eine ganze Generation oder mehr fördern, wie es sich zum Beispiel am Fall der Automobilindustrie und am Beispiel Detroits demonstrieren läßt. Ein solcher Standort könnte die Ausbildungseinrichtungen und die daraus folgenden beruflichen Fähigkeiten erwerben, die ein relativ hohes Lohnniveau rechtfertigen. Ist einmal ein örtlich begrenztes Wohlstandsgebiet hergestellt worden, so schaffen private Mittel und notwendige Steueraufkommen die Bedingung, um fortschrittliche Infrastruktureinrichtungen zu entwickeln und damit nebenbei die wirtschaftliche Basis vollkommen zu erneuern, so daß neue Exportindustrien unterstützt werden können. Wird unter den oben aufgeführten Voraussetzungen der Höhepunkt der wirtschaftlichen Entwicklung erreicht, dann könnten die lokalen Arbeitskräfte durch Ausbildungseinrichtungen und den daraus sich ergebenden beruflichen Qualifikationen einen Punkt erreicht haben, in dem sie nicht mehr in bedeutendem Maße überbezahlt werden und damit tatsächlich einen knappen Produktionsfaktor darstellen.

In diesem letzteren Fall würde kein ausgleichender Faktor zur Wirkung kommen. Der ursprüngliche Zusammenhang der marktwirtschaftlichen

Kräfte könnte stattdessen zu einer Reihe von nicht ausgleichenden Faktoren führen, so wie zum Beispiel Macht Wohlstand, Wohlstand Bildung und berufliche Qualifikation weiteren Wohlstand hervorrufen. Welche der ausgleichenden oder nicht ausgleichenden Faktoren einen Einfluß ausüben, hängt vom jeweiligen Zeitpunkt ab. Je länger ein Ort einen Markt dominieren kann, desto wahrscheinlicher wird es keinen Tag der Vergeltung geben. Örtlich begrenzte Wachstumsraten der Beschäftigungsstruktur, Arbeitskräfteanzahl und der Bevölkerung, die sich wesentlich von der durchschnittlichen Rate der Gesamtwirtschaft oder von der Rate des natürlichen Zuwachses unterscheiden, verursachen Netto-Wanderungsbewegungen der Bevölkerung und rufen dadurch eine Spannung zwischen den ausgleichenden und nicht ausgleichenden Faktoren hervor. Positive oder negative Bevölkerungswanderungen nehmen darauf Einfluß, die Größe des lokalen Arbeitskräfteangebotes und der Bevölkerung dem Niveau der Wirtschaftsaktivitäten anzupassen und sind daher für den lokalen Arbeitsmarkt ein ausgleichender Mechanismus, d.h. sowohl in bezug auf die Beschäftigungsstruktur als auch auf das Pro-Kopf-Einkommen. Bevölkerungswanderungen wirken jedoch auch auf die Änderung lokaler Bevölkerungszusammensetzungen, so daß die Einwanderer von den bereits Ansässigen unterschieden werden können. Sind die mobileren (wanderungsfreudigeren) Personen die jüngeren, talentierteren, energischeren oder aggressiveren, dann kann sich die Bevölkerungsabnahme so auswirken, daß sie das zukünftige Wirtschaftspotential, wirtschaftlich zurückbleibender oder nur langsam wachsender Gebiete verringert, zudem sie die Bedingung für die nächste Generation der Unternehmer oder Facharbeiter schafft. Zusätzlich wird in den schneller wachsenden Gebieten, die die neuen Zuwanderer auffangen, eine günstigere Altersstruktur der Bevölkerung geschaffen, die das zukünftige Wachstum absichern kann. Bevölkerungswanderung kann daher als ausgleichender Faktor beginnen und als ungleichgewichtiger enden, genauso, wie die Reichen reicher und die Armen ärmer werden können.

3.5 Nächste Schritte

Ganz eindeutig sind wir nun in komplexe Fragen der Bestimmung des richtigen Zeitpunktes verstrickt. Eine oligopolistische Exportindustrie kann bankrott gehen oder die von ihr beherrschte Kommune verlassen, bevor diese Zeit hat, sich der erhöhten Lohnstruktur entsprechend zu entwickeln; so wird der Übergang zu einer neuen industriellen Struktur besonders schwierig. Ferner besteht die Möglichkeit, daß die Industrie durch eine zweite Generation ersetzt wird, bevor sie allmählich ihre Produktion aufgibt. Auch hier kann die Netto-Bevölkerungsabnahme den Druck eines zu großen Arbeitskräfteangebots kurzfristig vermindern, solange zumindest, bis es der Region gelingt, öffentliche Mittel, zum Beispiel aus Fürsorgeeinrichtungen, abzuziehen, zur Ausbildung der Beschäftigten zu verwenden und dadurch die Region neu zu entwickeln. Genauso kann die Netto-Bevölkerungsabnahme zum „brain-drain" werden, die die Kommune nach jeder „korrigierenden Anpassung" in einem jeweils schlechteren Zustand zurückläßt. Sehr viel Erkenntnisse könnten dazugewonnen werden, wenn für die Verifikation der Hypothese neue, umfangreiche Datenzeitreihen für Stadtgebiete und Regionen zur Verfügung stünden. Aber es gibt kaum solche Daten. Die erhältlichen Daten der Bundesstatistik ermöglichen jedoch einige begrenzte Untersuchungen, die einen ersten Schritt in die Richtung der Erforschung des Wesens und der Ursachen städtisch-regionaler Wirtschaftsentwicklung darstellen.

Anmerkungen

1 Siehe besonders die Reihe der von *R.B. Andrews* verfaßten neun Artikel, in: Land Economics, Band 29, Nr. 2 (Mai 1953) bis Band 32, Nr. 1 (Februar 1956), und die Arbeiten anderer früher Befürworter und Kritiker der „export base"-Theorie regionalen Wachstums, die alle wiederabgedruckt wurden in: *Ralph W. Pfouts,* The Techniques of Urban Economic Analysis, Trenton 1960.
2 Eine Untersuchung zu anderer Zeit und an anderer Stelle sollte für die umgekehrte Beziehung durchgeführt werden: Auf welche Art und Weise kann ein nicht optimales System von Städten das Volkseinkommen senken?
3 *Wilbur R. Thompson,* A Preface to Urban Economics, 1965, Kapitel 2–5, oder eine überarbeitete und kürzere Fassung, *Thompson,* „Urban Economic Development", in: *Werner Z. Hirsch* (Hrsg.), Regional Accounts for Policy Decisions, 1966 (beide erschienen bei The Johns Hopkins Press, für Resources for the Future, Baltimore).
4 Da diese nicht industrialisierten Orte dazu neigen, ihrer differenzierteren Beschäftigungsstruktur wegen größere Unterschiede in der Einkommensverteilung zu schaffen, tendiert ihr größeres Verhältnis von Arbeitsplätzen für weibliche Arbeitskräfte dahin, die Einkommensunterschiede einander weiter als in der Regel üblich anzugleichen, dies jedoch keineswegs so wie in den Industriestädten.
5 Vgl. zum Beispiel *Herman P. Miller,* Income of the American People, New York, 1955.
6 Der Variationskoeffizient (σ/x) der prozentualen Bevölkerungsänderung von 1950–1960 für 22 Stadtregionen in den USA mit einer Bevölkerung von über einer Million war um die Hälfte größer als bei den kleineren Stadtregionen. Vgl. *Thompson,* A Preface to Urban Economics, a.a.O., S. 192; für eine umfangreichere Untersuchung der Auswirkungen der Stadtgröße auf die wirtschaftliche Stabilität siehe *Thompson,* „The Future of the Detroit Metropolitan Area", in: *W. Haber, A. Spivey* und *M.R. Warshaw* (Hrsg.), Michigan in the 1970's: An Economic Forecast, Ann Arbor 1965.
7 *Thompson,* A Preface to Urban Economics, a.a.O.

8 U.S. Department of Commerce, Growth Patterns in Employment by County, 1940–50, Vols. 1–8, U.S. Government Printing Office, Washington D.C., 1965.

9 Sogar wenn angenommen wird, daß der Industriezweig mit einer einzigen Gewerkschaft auf nationaler Ebene und einer überall gleichen Lohnstruktur konfrontiert wird, so daß auf diese Weise ein Ausweichen in Gebiete mit einer niedrigen Lohnstruktur nicht möglich ist, wenn der Produktionsprozeß zunehmend rationalisiert wird, wie es unter der Ausfilterungshypothese behandelt wurde, wird eine Dezentralisation in entwickelten Industriezweigen in der Regel angestrebt, um die Transportkosten zu reduzieren.

3. Teil
Stadtstruktur und Grundrente

Vorbemerkung des Herausgebers

Die im letzten Jahrzehnt in fast allen Großstädten zu beobachtenden Steigerungen der Bodenpreise und damit der Grundrente verlangen ebenso eine Erklärung wie die veränderten Kriterien für Flächennutzungsentscheidungen. Die in diesem abschließenden Teil aufgeführten Beiträge versuchen einen Überblick über die interne Struktur der Stadt zu geben; sie bilden damit eine Erweiterung der unter 1.3 angeschnittenen Thematik.

In den meisten Untersuchungen zur Stadtstruktur wird die Bedeutung der Grundrente als eines Bestimmungsfaktors der Standortentscheidung, der Bebauungsdichte, der Bevölkerungsdichte usw. hervorgehoben, was für die interne Struktur der Stadt von größter Bedeutung ist. Wenn man unter Grundrente ausschließlich Differentialrente versteht, dann wird die Flächennutzung dem Prinzip konzentrischer Ringe um ein einziges Stadtzentrum folgen, vorausgesetzt, man nimmt nicht nur das Vorhandensein eines einzigen Zentrums an, sondern auch homogene Flächen. *Von Thünen* antizipierte schon in dem „isolierten Staat" eine solche interne Struktur der Stadt[1], und kein geringerer als *F. Engels* beobachtete dasselbe in Manchester. „Mit Ausnahme dieses kommerziellen Distrikts ist das ganze eigentliche Manchester (...) lauter Arbeiterbezirk, der sich wie ein durchschnittlich anderthalb Meilen breiter Gürtel um das kommerzielle Viertel zieht. Draußen, jenseits dieses Gürtels, wohnt die höhere und mittlere Bourgeoisie (...) in einer freien, gesunden Landluft, in prächtigen, bequemen Wohnungen (...). Und das Schönste bei der Sache ist, daß diese reichen Geldaristokraten mitten durch die sämtlichen Arbeiterviertel auf dem nächsten Wege nach ihren Geschäftslokalen in der Mitte der Stadt kommen können, ohne auch nur zu merken, daß sie in die Nähe des schmutzigsten Elends geraten, das rechts und links zu finden ist."[2] Das gleiche Ergebnis ist auch in den Untersuchungen von *Park* und *Burgess*

---

1 Vgl. *H. von Thünen:* Der isolierte Staat in Beziehung auf Landwirtschaft und Nationalökonomie, Jena 1926 (1826, 1850).
2 *Friedrich Engels:* Zur Lage der arbeitenden Klassen in England, in: MEW 2, Berlin 1970, S. 279.

enthalten, die die sogenannte „Concentric Zone Theory"[3] formulierten, und sie ist auch das Resultat der neo-klassischen Stadtmodelle.

Für eine solche Stadtstruktur werden zwei unterschiedliche theoretische Erklärungen gegeben. Die eine beruht auf der Erkenntnis, daß die Grundrente mit zunehmender Entfernung vom Stadtzentrum fällt; sie ist Gegenstand der folgenden Beiträge. Die zweite Theorie — auch sie führt zu konzentrischen Ringen um das Stadtzentrum — ist die „Filter-Theorie"[4]; sie beruht auf der Annahme, daß ältere Hausstrukturen durch die Erweiterung des Stadtgebietes in wachsendem Maß von niedrigen Einkommensklassen genutzt werden, wobei ein Umzug in diese ehemals von mittleren Einkommensklassen bewohnten Gebäude eine relative Verbesserung bedeutet. Der innerste Ring hat den ältesten Hausbestand, befindet sich in einer Nutzungsumwandlung und wird aufgrund der geringen Gebäudewerte — jedoch hohen Grundrente — von den untersten Einkommensklassen, bei einer hohen Belegungsdichte, bewohnt. Wie die Stadt sich ausdehnt, „filtert" dieser Prozeß durch den Wohnungsbestand.

Werden topologische und andere qualitative Standortmerkmale berücksichtigt, so ist die Annahme einer homogenen Fläche nicht mehr ausreichend. Radiale Hauptverkehrsachsen haben zweifellos einen Einfluß auf Flächennutzungsentscheidung und Bebauungsdichte; die Sektor-Theorie[5] *Homer Hoyts* handelt sie explizit ab. Entlang dieser Verkehrsachsen entsteht durch die höheren Grundrenten eine höhere Bebauungsdichte.

C. D. Harris und *E. L. Ullman* berücksichtigten in ihrer „Multi-Nuclei"-Theorie[6] die Erkenntnis, daß die modernen Großstädte weniger durch ein einziges Geschäftszentrum dominiert werden, sondern daß sich in ihnen ebensoviele Subzentren herausbilden. Sie führen vier Faktoren an, die eine Trennung in verschiedene Zentren bewirken.

1. Bestimmte städtische Aktivitäten erfordern bestimmte natürliche oder erst geschaffene räumliche Voraussetzungen.

---

3 Vgl. *Ernest Burgess:* The Growth of the City, in: *R.E. Park, E.W. Burgess* and *R.D. McKenzie* (Hrsg.): The City, Chicago 1925.
4 *Wallace F. Smith:* Filtering and Neighborhood Change, Berkely 1964, Kapitel 3. Für eine Kritik siehe *Matthew Edel:* Filtering in a Private Housing Market, in: *Matthew Edel* und *Jerome Rothenberg* (Hrsg.): Readings in Urban Economics, New York 1972, S. 204—215.
5 Vgl. *Homer Hoyt:* The Structure and Growth of Residential Neighborhoods in American Cities, Washington 1939.
6 Vgl. *Chauncey Harris* and *Edward E. Ullman:* The Nature of Cities, in: The Annals of the American Academy of Political and Social Science, Vol. 242 (1945), S. 7—17.

2. Andere verdichten sich räumlich; Konzentration erhöht die Profiterwartungen der betreffenden Unternehmen.
3. Bestimmte Flächennutzungen schließen einander aus.
4. Einige Unternehmen oder Haushalte können an den von ihnen bevorzugten Standorten die geforderten Grundrenten nicht zahlen.

Diese vier Faktoren rufen eine diskontinuierliche Flächennutzung hervor.

Von einzelnen Ansätzen abgesehen, die diese komplizierenden Faktoren in formalisierte Stadtmodelle integrieren [7], sind sie bisher in ökonomischen Stadtuntersuchungen nicht berücksichtigt worden. Die in diesem Teil der vorliegenden Aufsatzsammlung wiedergegebenen Beiträge von *Alonso* und *Mills* gehen davon aus, daß das Stadtgebiet auf einer gleichförmigen Ebene liegt, ein Zentrum hat und daß Transportmöglichkeiten in alle Richtungen bestehen.

Alonso untersucht in einem einfachen Modell die Standortentscheidung eines einzelnen Haushalts; die Marktpreise aller von diesem konsumierten Güter und Dienstleistungen sind vorgegeben und können durch seine Entscheidung nicht beeinflußt werden. Unter gegebenen Einkommen kann der einzelne Haushalt seinen optimalen Standort bestimmen. Die Ableitung erfolgt graphisch und mathematisch.

Mills geht von einer Produktionsfunktion aus, die als dritten Faktor Grund und Boden enthält. Mit diesem Modell soll die Grundrente als abhängig von der Entfernung gezeigt und zusätzlich die Bebauungsdichte als Funktion der Grundrente abgeleitet werden. Wie in anderen Stadtmodellen ist die Entfernung von dem Geschäftszentrum die wichtigste Variable. Die abgeleitete Grundrentenfunktion ist hier eine negative Exponentialfunktion; sie ist proportional zur Bebauungsdichte oder dem auf dem Boden investierten Kapital. Die in diese Analyse eingeschlossenen empirischen Untersuchungen zeigen, daß die Beschreibung der Grundrente als einer negativen Exponentialfunktion im Zeitverlauf abnehmende Korrelationskoeffizienten für die durchgeführten Regressionen ergibt. Diese empirischen Ergebnisse können dahin interpretiert werden, daß im Zeitverlauf die Bedeutung der Zentralität zur Erklärung der städtischen Struktur abnimmt und damit multizentrale Stadtstrukturen für die moderne Großstadt wichtiger werden.

Mason Gaffney zeigt, daß der ricardianischen oder neo-klassischen Differentialrente „eine Verwechselung des Nebensächlichen mit dem Wesent-

---

7 Vgl. *M.F. Dacey:* A Model for the Areal Distribution of Population in a City with Multiple Population Centers, in: Tijdschrift voor Economische en Sociale Geografie, Vol. 59 (1968), S. 232–236. Auch *B.L. Gorevich:* The Density of Population of a City and the Probability of a Random Magnitude, in: Soviet Geography, Vol. 8, Nr. 9 (1967), S. 722–730.

lichen" zugrundeliegt und daß diese nur eine mögliche Grundrentenform bildet. Nach *Gaffney* entsteht Grundrente dadurch, daß Grund und Boden im Verhältnis zur Nachfrage knapp ist und dem Grundeigentum aufgrund seines Monopols an Grund und Boden zufließt. Durch die Formulierung einer Grenzrente — des Nettoprodukts des Bodens — untersucht *Gaffney* die Bedeutung der Grundrente als einer zeitlichen und räumlichen Begrenzung der Flächennutzung, ihre Bedeutung für die „Überwindungskosten" der räumlich angeordneten Bodenflächen, ihre Auswirkungen auf die Intensität der Flächennutzung und die der Preisfestsetzungen von öffentlichen Versorgungsleistungen auf die Grundrente. Seine Vorschläge zur Lösung der Grundrentenproblematik werden gewiß als nicht realistisch und deswegen als praktisch nicht durchführbar kritisiert werden, sind aber die klare Konsequenz der Anwendung der Marginalanalyse. Durch Festsetzung der Preise für öffentliche Güter und Dienstleistungen auf der Grundlage der Grenzkosten und durch Bodenbesteuerung nach zukünftigen Nutzungsmöglichkeiten kann die Grundrente als Bestimmungsfaktor der räumlichen und zeitlichen Flächennutzung und damit als Planungsinstrument herangezogen werden.

Richard Walker schließt ebenso wie *Gaffney* die Differentialrente als eine Erklärung der allokativen Funktion der Grundrente — das heißt ihre Aufgabe als Bestimmungsfaktor der Flächennutzung — aus und untersucht im einzelnen, inwieweit Monopol- und absolute Renten die im Stadtgebiet vorherrschenden Grundrentenformen sind. Die zunehmende Bereitstellung von sogenannten öffentlichen Gütern durch den Staat, die raumgebunden sind und deren Preisfestsetzung nicht auf der Grundlage der Grenzkosten erfolgen kann, führt zu Transferzahlungen, und diese werden, sofern sie nicht an Personen, sondern an Grund und Boden gebunden sind, in der Grundrente reflektiert. Die sich aus diesen Annahmen ergebende Grundrentenform wird von *Walker* als redistributive Rente bezeichnet; Ursprung und Richtung dieser Transferzahlungen werden allerdings nicht untersucht.

Stadtmodelle zur Erklärung bestimmter städtischer Probleme nehmen an Zahl und Komplexität zu. Die folgenden Literaturangaben beziehen sich auf einzelne wichtige Beiträge zur Analyse der internen Struktur der Stadt, sofern sie nicht schon an anderer Stelle in dieser Materialsammlung erwähnt wurden.

Literatur:

Nurudeen Alao: An Approach to Intraurban Location Theory, in: Economic Geography, Vol. 50, Nr. 1, Jan. 1974.

Martin Beckmann: On the Distribution of Urban Rent and Residential Density, in: Journal of Economic Theory, 1969.

Ders.: Zur Verteilung der Wohnkosten und der Siedlungsdichte in Städten, in: Information, 1967.

Edwin von Böventer: Land Values and Spatial Structure, Agricultural Urban and Tourist Location Theory, in: Papers of the Regional Science Association, Vol. XVIII, 1966.

James Heilbrun: Urban Economics and Public Policy, New York 1974.

Ira S. Lowry: A Model of Metropolis, The Rand Corporation, Santa Monica, 1964.

Edwin Mills: Studies in the Structure of the Urban Economy, Baltimore und London 1972.

Richard Muth: Cities and Housing, Chicago 1969.

3.1 Das Gleichgewicht des Haushalts

William Alonso

1. Einleitung

Zieht jemand in eine Stadt und will Grund und Boden kaufen, um ein Haus zu bauen, so steht er vor einer doppelten Entscheidung: Wie groß soll das Grundstück sein, das er kaufen will und in welcher Entfernung vom Stadtzentrum soll er sich niederlassen? Er wird überdies noch die äußeren Merkmale und die ethnische Zusammensetzung der Nachbarschaft, die Qualität der Schulen in der Nachbarschaft, die Entfernung zu den in der gleichen Stadt wohnenden Verwandten berücksichtigen und tausend andere Überlegungen anstellen. Die in Frage kommende Person jedoch ist ein „homo oeconomicus", von der konkreten Wirklichkeit also so abstrahiert, daß die Analyse seines Entscheidungsprozesses leicht durchgeführt werden kann.[1] Er hat ausschließlich vor, seine Bedürfnisse durch Inbesitznahme und Konsum der von ihm bevorzugten Güter zu maximieren und die von ihm nicht gewünschten Güter zu vermeiden. Ferner ist dieses vorgestellte Individuum in Wirklichkeit eine Familie, die aus verschiedenen (mitentscheidenden) Familienmitgliedern besteht. Die einzelnen Entscheidungen einer solchen Familie können durch einen Familienrat oder durch eine einzelne verantwortliche Person herbeigeführt werden. Wir beschäftigen uns hier nicht damit, wie die einzelnen Präferenzen entstehen, sondern einfach damit, wie sie sich darstellen. Sind diese Präferenzen gegeben, so wird unsere vereinfachte Familie die gesamte ihr zur Verfügung stehende Geldsumme für die optimale Befriedigung ihrer Bedürfnisse verwenden.

Auch die Stadt, in die unser homo oeconomicus zieht, ist einfach in ihrer Struktur. Sie befindet sich auf einer gleichförmigen Ebene, und es bestehen Transportmöglichkeiten in alle Richtungen. Alle benötigten Arbeitsplätze, Waren und Dienstleistungen sind nur im Zentrum der Stadt erhältlich. Boden wird unter freien Vertragsbedingungen ge- und verkauft, die ohne irgendwelche institutionellen Einschränkungen zustandekommen und die in ihrer Form in keiner Weise von irgendwelchen auf dem Grundstück vorhandenen Gebäuden beeinflußt werden. Öffentliche Dienstleistungen und Steuersätze sind in der Stadt überall gleich. Der Entscheidungsträger kennt von jedem Standort die Bodenpreise; von seinem Standpunkt aus gesehen, sind diese Bodenpreise vorgegebene Daten, auf die seine Entscheidungen keinen Einfluß haben.

In diesem Kapitel werden wir feststellen, wo ein Entscheidungsträger in einer solchen Stadt Land kaufen wird, und wieviel. Die Antwort auf diese offenen Fragen kann durch die Lösung des Gleichgewichtszustandes für das entscheidende Individuum gefunden werden. Wir erhalten sie mit Hilfe der klassischen Theorie vom Gleichgewicht des Haushaltes, obwohl die ungewöhnliche Natur des Problems unerwartete Abweichungen von der Theorie notwendig macht. Die klassische Theorie reicht zur Beschreibung der Gleichgewichtsbedingungen für einen einzelnen Haushalt aus, sie ermöglicht es uns in diesem Fall jedoch nicht, ohne radikale Neuformulierung der Voraussetzungen die Präferenzen und Entscheidungen einzelner Personen zu aggregieren, um so zu einem Marktgleichgewicht zu kommen. Um diese Neuformulierung zu verstehen, müssen wir die klassische Lösung genau kennen. Im folgenden wird sie genau beschrieben, zunächst in einer graphischen Darstellung, dann mathematisch.

2. Graphische Lösung des Gleichgewichts für den Entscheidungsträger

Um das Gleichgewicht des Entscheidungsträgers graphisch darzustellen, müssen alle dem Individuum zur Verfügung stehenden Alternativen und die Struktur seiner Präferenzen bildlich wiedergegeben werden. Die Zusammenfügung beider Abbildungen erklärt, welche der zur Verfügung stehenden Alternativen vom Entscheidungsträger gewählt wird.

2.1 Die zur Verfügung stehenden Alternativen

Der Entscheidungsträger hat ein gewisses Einkommen zu seiner Verfügung, das er so ausgeben kann, wie er es für richtig hält. Von diesem Einkommen muß er die Grundstückskosten, seine Ausgaben für die Benutzung der Nahverkehrsmittel und die Ausgaben für den Kauf aller anderen Güter und Dienstleistungen (einschließlich der Spareinlagen) bestreiten. Alle für den Entscheidungsträger vorhandenen Alternativen, die durch die Höhe des zur Verfügung stehenden Einkommens beschränkt werden, sollen graphisch dargestellt werden. Diese Bedingung kann folgendermaßen beschrieben werden:

Einkommen des Entscheidungsträgers = Grund- und Bodenkosten + Ausgaben für Nahverkehrsmittel + alle anderen Ausgaben.

Untersuchen wir zuerst die Ausgaben für alle Güter und Dienstleistungen, abgesehen von den Bodenkosten und Ausgaben für Nahverkehrsmittel. Der Entscheidungsträger wird größere oder kleinere Mengen einer Vielzahl von Gütern erwerben. Wir bezeichnen die Menge jedes von ihm gekauften Gutes mit $z_1, z_2, \ldots, z_n$, wobei n die Zahl der verschiedenen Güter darstellt. Sind die Preise dieser n Güter gleich $p_1, p_2, \ldots, p_n$, dann werden die Ausgaben des Entscheidungsträgers für irgendein Gut z_i dem Preis dieses Gutes, multipliziert mit der Menge des gekauften Gutes, nämlich $p_i z_i$, entsprechen. Seine Gesamtausgaben für Güter und Dienstleistungen dieser Kategorie betragen:

$$p_1 z_1 + p_2 z_2 + \ldots + p_n z_n.$$

Zur Vereinfachung werden wir alle diese verschiedenen Güter und Dienstleistungen in ein einziges „zusammengesetztes" Gut z gruppieren. Der Preis dieses „zusammengesetzten" Gutes sei ein Preisindex p_z. Die Ausgaben für alle Güter und Dienstleistungen — ausgenommen für Grund und Boden und für Nahverkehrsmittel — sind dann $p_z z$.

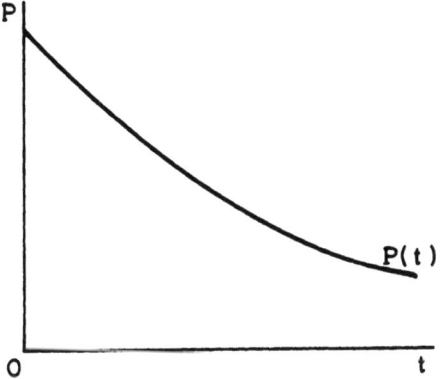

1 Graphische Struktur der Grund- und Bodenpreise

Diese Vereinfachung wird die Logik der folgenden Analyse nicht beeinträchtigen. Genauso kann z als Geldmenge und p_z als Mengeneinheit aufgefaßt werden.

Als zweiten Schritt werden die Ausgaben des Entscheidungsträgers für Grund und Boden untersucht. Dem Entscheidenden ist eine Preisstruktur vorgegeben, die für jeden Standort einen Preis für Grund und Boden spezifiziert. Diese Preisstruktur wird durch die Kurve P(t) in Abbildung 1 dargestellt. P, der Preis von Grund und Boden, verändert sich mit zunehmender Entfernung vom Stadtzentrum.[2] Diese Darstellungsform der Preisstruktur zeigt, daß mit der Standortentscheidung gleichzeitig auch ein bestimmter Bodenpreis verbunden ist.

Beim Kauf von Grund und Boden bestimmt der Konsument nicht nur den Standort, er muß auch über die zu kaufende Menge an Grund und Boden entscheiden. Die Menge an Grund und Boden soll mit q bezeichnet werden. Die Ausgaben für Grund und Boden entsprechen dem Bodenpreis multipliziert mit der gekauften Menge, $P(t) q$.

Drittens schließlich sollen die Kosten der Benutzung der Nahverkehrsmittel berücksichtigt werden. Sie steigen mit zunehmender Entfernung vom Stadtzentrum. Diese Kosten werden durch die Funktion $k(t)$ beschrieben, wobei t dem Standort wie in $P(t)$ entspricht.

Wir sind nun in der Lage, die Bilanzgleichung aufzustellen; sie enthält alle Alternativen, die einem Entscheidungsträger mit einem Einkommen y zur Verfügung stehen:

$$y = p_z z + P(t)q + k(t) \qquad (2:1)$$

Hierbei sind:

y = Einkommen;
p_z = Preis des „zusammengesetzten" Gutes;
z = Menge des „zusammengesetzten" Gutes;
$P(t)$ = Preis von Grund und Boden in einer Entfernung t vom Stadtzentrum;
q = Menge des Grund und Bodens;
$k(t)$ = Kosten des Nahverkehrs bei einer Entfernung von t;
t = Entfernung vom Stadtzentrum.

Die Gleichung (2:1) enthält alle für den Entscheidungsträger möglichen Alternativen, Geld auszugeben. Diese Funktion soll nun graphisch dargestellt werden, und zwar in einem dreidimensionalem Koordinatensystem mit den Variablen z, q und t. Sie sind die bestimmenden Variablen, da das Einkommen (y) und der Preis des „zusammengesetzten" Gutes (p_z) gegeben sind und der Preis von Grund und Boden $P(t)$ und die Ausgaben für Nahverkehrsmittel $k(t)$ Funktionen von t sind. Wir erhalten eine dreidimensionale Fläche, in der alle dem Konsumenten zur Verfügung stehenden Alternativen enthalten sind; diese Fläche nennen wir den *geometrischen Ort aller Alternativen*. Jeder Punkt auf dieser Fläche entspricht einer dem Konsumenten zur Verfügung stehenden, möglichen Alternative; jeder nicht auf der Fläche liegende Punkt entspricht einer Alternative, die der Konsument für seine Entscheidung nicht berücksichtigen kann.[3] Um die Fläche der geometrischen Orte aller Alternativen zu beschreiben, werden vertikale Schnitte untersucht, indem nacheinander jede der drei Variablen konstant gehalten und dabei die Veränderungen der jeweils zwei anderen Variablen beobachtet wird.

Zunächst halten wir t mit der Entfernung $t = t_0$ konstant. Der Entscheidungsträger kann nun zwischen verschiedenen Quantitäten von Boden, q, und dem „zusammengesetzten" Gut, z, wählen, während die Entfernung vorübergehend mit einem Abstand t_0 (vom Stadtzentrum) konstant gehalten wird. Die Entfernung ist also eine Konstante ebenso wie der Preis von Grund und Boden, bei $P(t_0)$, und wie die Ausgaben für Nahverkehrsmittel, bei $k(t_0)$, fixiert sind.

Die Gleichung (2:1) erhält dadurch folgende Form:

$$y = p_z z + P(t_0) q + k(t_0),$$

die folgendermaßen umformuliert werden kann:

$$q = \frac{y - k(t_0)}{P(t_0)} - \frac{p_z}{P(t_0)} z.$$

Es handelt sich hier um eine lineare Gleichung, deren Steigung dem negativen Verhältnis der Preise zweier Güter entspricht. Die Schnittpunkte mit den Koordinatenachsen sind $q = 0$, $z = [y - k(t_0)]/p_z$, und $z = 0$, $q = [y - k(t_0)]/P(t_0)$. In Abbildung 2 ist dies graphisch dargestellt.

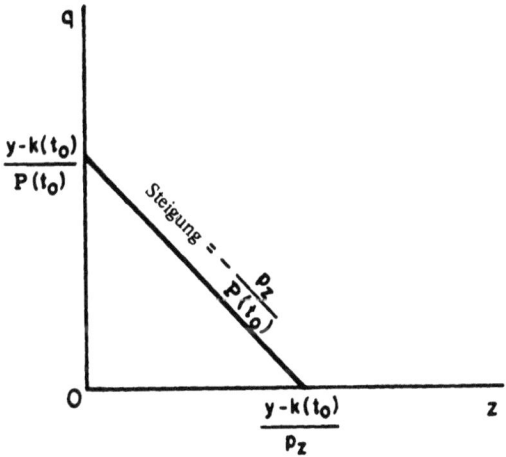

2 Geometrischer Ort aller Alternativen zwischen q und z, wenn t der Konstanten t_0 entspricht

Nun soll das „zusammengesetzte" Gut bei $z = z_0$ konstant gehalten werden, q und t sollen variieren. Die Gleichung (2:1) kann dann folgendermaßen geschrieben werden:

$$y = p_z z_0 + P(t) q + k(t);$$

und sie kann so umformuliert werden:

$$q = \frac{y - p_z z_0 - k(t)}{P(t)}.$$

Das ist keine einfache lineare Gleichung. Der Preis für Grund und Boden, $P(t)$ — im Nenner — fällt mit zunehmender Entfernung vom Stadtzentrum. Die Menge des gekauften Grund und Bodens, q, nimmt mit der Entfernung zu, weil Land mit zunehmender Entfernung vom Stadtzentrum immer billiger wird. Andererseits ist die Entfernung in Form der Ausgaben für die Benutzung der Nahverkehrsmittel, $k(t)$, auch im Zähler enthalten. Mit zunehmender Entfernung steigen auch die Ausgaben für die Benutzung der Nahverkehrsmittel; folglich wird die Menge des zu kaufenden Landes abnehmen. Die Entfernung nimmt daher mit zwei im Gegensatz stehenden Faktoren Einfluß auf die Menge des zu kaufenden Bodens. Die daraus resultierende Kurve die q in Abhängigkeit von t darstellt, steigt bis zu dem Punkt, in dem die Grenzkosten des Nahverkehrs den Einsparungen aus fallenden Grund- und Bodenpreisen entsprechen (Abb. 3). Verfolgt man die Kurve, über diesen Punkt hinaus, so fällt mit zunehmender Entfernung die Menge des gekauften Bodens.

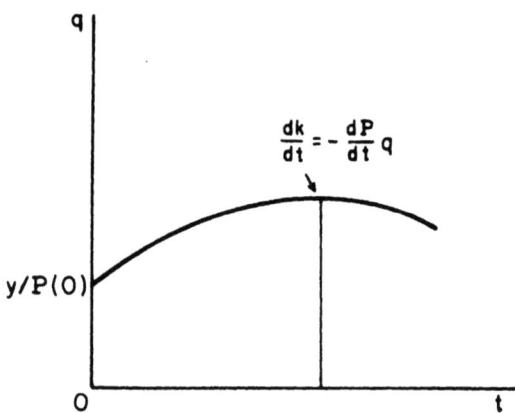

3 Geometrischer Ort aller Alternativen zwischen q und t, wenn z der Konstanten z_0 entspricht

Und schließlich wird q bei q_0 konstant gehalten; t und z werden als variabel angenommen. Die Gleichung (2:1) erhält damit die Form:

$y = p_z z + P(t) q_0 + k(t)$;

umformuliert:

$$z = \frac{y - P(t)q_0 - k(t)}{p_z}.$$

Der Nenner dieses Bruches ist die Konstante p_z. Der Zähler andererseits enthält zwei Variable als Funktionen von t. Die erste, $P(t)q_0$, bewirkt, daß z gleichzeitig mit t wächst, da $P(t)$ abnimmt und der Ausdruck ein negatives Vorzeichen hat. Die zweite Variable, $k(t)$, die ebenfalls ein negatives Vorzeichen hat, wächst mit t und verursacht damit, daß z abnimmt. Die sich so ergebende Kurve zeigt Abbildung 4. Diese beiden gegensätzlichen Entfernungsfaktoren bewirken, daß die Menge des „zusammengesetzten" Gutes solange zunimmt, wie die Einsparungen beim Kauf billigeren Grund und Bodens größer sind als die Ausgaben für die Benutzung der Nahverkehrsmittel; die Menge des „zusammengesetzten" Gutes wird zurückgehen, wenn die wachsenden Kosten die Einsparungen durch Kauf billigeren Bodens übersteigen.

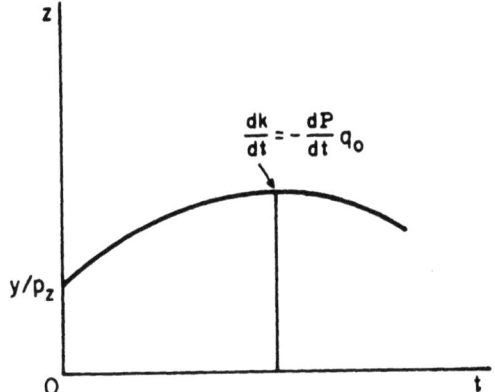

4 Geometrischer Ort aller Alternativen zwischen z und t, wenn q der Konstanten q_0 entspricht

Wir haben nun drei Schnitte durch die Fläche der geometrischen Orte der Alternativen gelegt; folglich können wir sie in einer dreidimensionalen Abbildung (5) darstellen. Ein Schnitt parallel zur q–z Ebene ergibt eine Kurve, die der in Abbildung 2 entspricht. Ein Schnitt parallel zur q–t Ebene ergibt eine Kurve, die der in Abbildung 3 entspricht. Und ein Schnitt parallel zur z–t Ebene ergibt eine Kurve, die der in Abbildung 4 entspricht.[4] Die muschelförmige Fläche enthält alle Kombinationen von Boden (q), „zusammengesetztem" Gut (z) und Entfernung (t), die dem Konsumenten zur Verfügung stehen; sein Gleichgewichtspunkt muß ein

Punkt auf dieser Fläche sein.[5] Es muß hinzugefügt werden, daß ein höheres Einkommen eine Fläche geometrischer Orte der gleichen Gestalt – jedoch über der in Abbildung 5 liegend – ergibt, während ein niedrigeres Einkommen eine darunter liegende Fläche zur Folge hat.

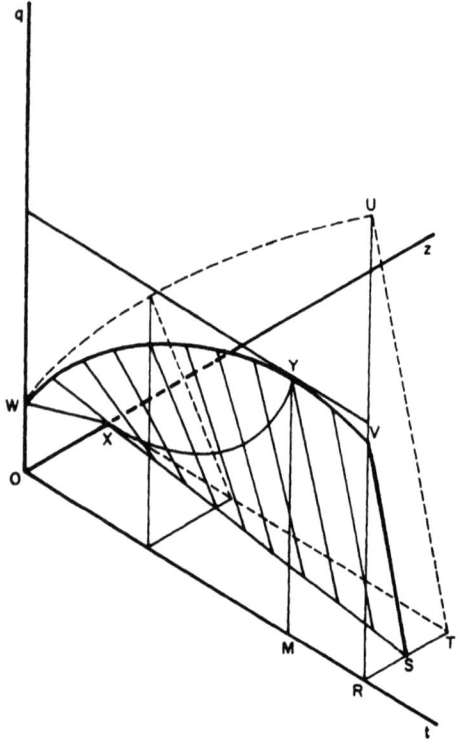

5 Fläche der geometrischen Orte aller Alternativen

2.2 Die Präferenzen des Entscheidungsträgers

Wir wenden uns nun den Präferenzen des Entscheidungsträgers zu. Fügt man der graphischen Darstellung der Präferenzen die Abbildung der Alternativen hinzu, so wird das Gleichgewicht des Entscheidenden derjenigen Alternative entsprechen, die dem Entscheidenden den größten Nutzen bringt.

Präferenzen werden durch *Indifferenzflächen* dargestellt. Hier besteht die Indifferenzfläche aus einer Menge von Kombinationen aus Quantitäten an Grund und Boden, dem „zusammengesetzten" Gut und der Entfernung, so daß der Entscheidungsträger aus jeder dieser Kombinationen den gleichen Nutzen zieht. Es kann daher von ihm gesagt werden, daß er sich gegenüber diesen durch die Indifferenzfläche dargestellten Kombinationen indifferent verhält. Die übliche Gestalt der Indifferenzfläche ähnelt der einer gegen die Ecke einer Kiste gelehnten Schüssel. In diesem Fall jedoch bewirkt die besondere Eigenart des Gutes „Entfernung" eine ungewöhnlich geformte Indifferenzfläche. Die Gestalt der Fläche erhalten wir durch die Untersuchung der durch sie gelegten Schnitte.

Wir beginnen, indem wir das „zusammengesetzte" Gut, z, konstant halten, die Menge des Grund und Bodens, q, und die Entfernung, t, aber variieren lassen. Grund und Boden, q, ist ein Gut der gewöhnlichen Art. Sind alle anderen Umstände gleich, so wird es der Entscheidungsträger vorziehen, mehr davon zu besitzen als weniger, mit anderen Worten: ein großzügig dimensioniertes Grundstück zu besitzen, um nicht in einem übervölkerten Wohngebiet wohnen zu müssen. Andererseits stellt sich die Entfernung, t, ungewöhnlich dar. Nehmen wir an, daß alle sonstigen Umstände gleich blieben, dann wird eine vernünftig getroffene Entscheidung einen zugänglicheren Standort dem weniger zugänglichen vorziehen. Der Entscheidende muß zu den Haupteinkaufszentren, zu Zentren des Nachtlebens und sonstigen Vergnügungsstätten, zu den wichtigsten Arbeitsplätzen Wege zurücklegen: festgehalten werden kann, daß die Zugänglichkeit mit wachsendem t abnimmt. Anders ausgedrückt: Der Entscheidungsträger wird eher ein kleineres als ein größeres t vorziehen; t kann daher auch als ein Gut mit negativem Nutzen (im Sinne von Befriedigung) angesehen werden. Wachsendes t produziert Unzufriedenheit.

Wenn diese beiden Güter gegeben sind, wie können sie dann variieren und dabei ein konstantes Niveau der Bedürfnisbefriedigung halten? Bei irgendeiner Kombination von Grund und Boden und Entfernung wird eine kleine Vergrößerung der Entfernung Unzufriedenheit hervorrufen, die durch eine kleine Vermehrung der Menge des Grund und Bodens kompensiert werden muß; damit das Niveau der Bedürfnisbefriedigung konstant bleibt. Die Kurve, die die Indifferenz zwischen Grund und Boden und Entfernung zeigt, wird deshalb ansteigen; q wächst mit zunehmendem t (Abb. 6). Hätten wir statt der Entfernung t die Zugänglichkeit auf der Abszisse eingezeichnet, so erhielten wir eine negativ geneigte Indifferenzkurve der üblichen Gestalt. Da die Entfernung direkt gemessen werden kann, die Zugänglichkeit jedoch nur über subjektive Präferenzen (oder unsichere Entfernungswerte), die von Person zu Person unterschiedlich sind, ist es für unsere Zwecke besser, die Entfernung als Variable zu verwenden und es der Gestalt der Indifferenzkurven zu überlassen, das Verhältnis von Entfernung und Zugänglichkeit aufzuzeigen.

Trotz der Steigungsrichtung dieser Indifferenzkurve gilt wie üblich, daß die niedrigeren Kurven einem niedrigerem Befriedigungsniveau (weniger Bodenfläche bei gleichbleibender Entfernung oder gleichbleibende Bodenfläche in größerer Entfernung), höhere Kurven einem höherem Befriedigungsniveau entsprechen. Es bleibt ferner dabei, daß die Kurven dieses Indifferenzsystems sich nicht überschneiden.

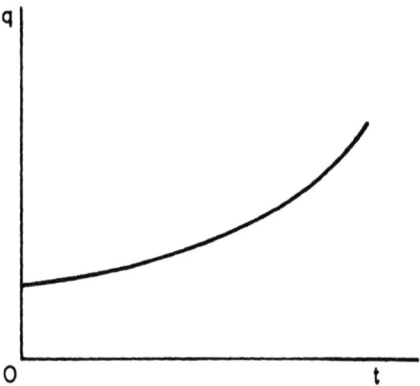

6 Indifferenzkurve zwischen q und t, wenn z der Konstanten z_0 entspricht

Wir halten nun die Entfernung konstant, $t = t_0$, und beobachten die Veränderungen zwischen Grund und Boden und dem „zusammengesetzten" Gut. Sind irgendwelche Kombinationen von q und z gegeben, so wird eine geringfügige Verminderung des einen Faktors durch einen entsprechenden Zuwachs des anderen kompensiert, um das Niveau der Befriedigung kon-

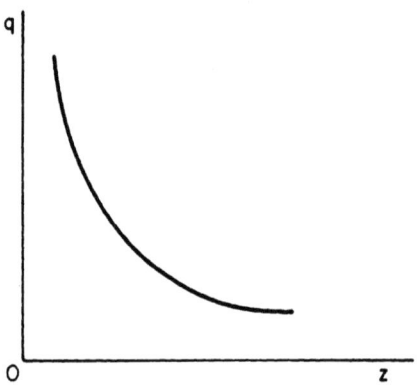

7 Indifferenzkurve zwischen q und z, wenn t der Konstanten t_0 entspricht

stant zu halten. Dies ist — wie in Abbildung 7 dargestellt — der gewöhnliche Verlauf der Indifferenzkurve. Er nimmt nicht nur nach rechts hin ab, er wird auch in bezug auf den Ursprung des Koordinatensystems, bedingt durch den abnehmenden Grenznutzen der Güter, konvex sein. Schließlich halten wir die Menge des Grund und Bodens konstant, $q = q_0$, die Entfernung und das „zusammengesetzte" Gut jedoch variieren. Eine geringfügige Vergrößerung der Entfernung vergrößert die Beschwernisse des Pendelverkehrs und erfordert damit eine entsprechende Vermehrung der Menge des „zusammengesetzten" Gutes, damit das Niveau der Befriedigung konstant gehalten werden kann. Die in Abbildung 8 dargestellte Kurve steigt nach rechts oben an.

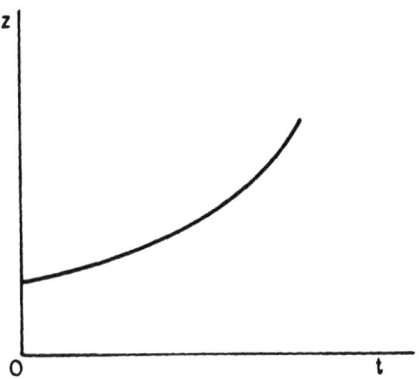

8 Indifferenzkurve zwischen z und t, wenn q der Konstanten q_0 entspricht

Durch Verbindung der drei Schnitte können wir mit den Dimensionen z, q und t eine Indifferenzfläche graphisch konstruieren. Abbildung 9 zeigt eine solche Fläche. Die gleiche Fläche zeigt Abbildung 10; die Linie XY auf Ebene A entspricht der Abbildung 6, in der q und t variieren und z konstant gehalten wird; die Linie QRST auf Ebene B entspricht Abbildung 7, in der q und z variieren und z konstant gehalten wird; und die Linie MN auf Ebene C schließlich entspricht Abbildung 8, in der z und t variieren und q konstant gehalten wird.
Die in Abbildung 9 dargestellte Indifferenzfläche erfüllt alle diejenigen Kombinationen der drei Güter z, q und t, die das gleiche Befriedigungsniveau für den Entscheidungsträger ergeben. Kombinationen dieser Güter, die unterschiedliche Befriedigungsniveaus ergeben, würden durch ähnlich

aussehende Flächen dargestellt werden; höhere Flächen für Kombinationen mit größerem Befriedigungsniveau und niedrigere für Kombinationen mit geringerem Befriedigungsniveau.

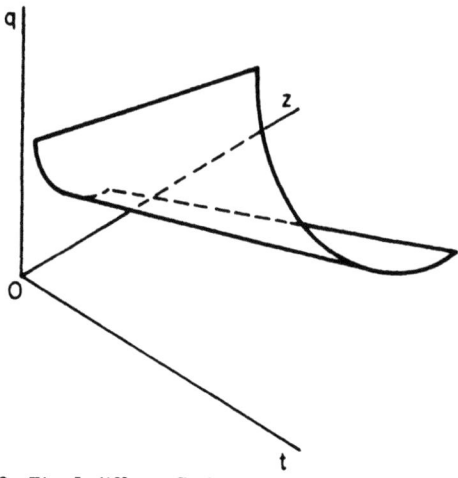

9 Eine Indifferenzfläche

2.3 Das Gleichgewicht des Entscheidungsträgers

Durch die graphische Erfassung der Indifferenzflächen haben wir nun eine Beschreibung der Präferenzen des Entscheidungsträgers sowie eine Beschreibung der diesem zur Verfügung stehenden Alternativen durch die Fläche der geometrischen Orte aller Alternativen. Verbinden wir diese beiden graphischen Darstellungen, so stellen wir fest, welcher der zur Verfügung stehenden Alternativen der Entscheidungsträger den Vorzug geben wird. Es wird sich um jene Kombination von Gütern handeln, die dem Punkt entspricht, in welchem sich die Fläche der geometrischen Orte aller Alternativen und die höchste Indifferenzfläche (die Fläche mit dem maximalen Befriedigungsniveau) einander berühren. Ist dieser Punkt z_i, q_i, t_i, dann kauft der Entscheidungsträger die Menge z_i des „zusammengesetzten" Gutes zum Preis von p_z; er wird die Menge q_i des Grund und Bodens in einer Entfernung t_i vom Stadtzentrum für sich in Anspruch nehmen, dafür einen Preis von $P(t_i)$ bezahlen und $k(t_i)$ für die Benutzung der Nahverkehrsmittel ausgeben.

Bei sorgfältiger Untersuchung des Verlaufs der Indifferenzfläche und der Fläche der geometrischen Orte aller Alternativen beobachten wir, daß der Gleichgewichtspunkt innerhalb desjenigen Teils der Fläche des geometrischen Ortes aller Alternativen (Abb. 5) liegen muß, der durch die Kurven WX, XY und YW begrenzt wird. Im Gleichgewichtspunkt berühren sich die Fläche der geometrischen Orte aller Alternativen und die Indifferenzfläche tangential, und da beide Flächen gewölbt sind, müssen sie sich nur in einem Punkt berühren. Die beiden Flächen müssen deshalb in diesem Punkt parallel sein. Die Indifferenzfläche (Abb. 9) hat die Form einer Mulde, sie strebt in die Höhe und weg von der t-Achse. Der geometrische Ort aller Alternativen steigt nur über dem Abschnitt WXY in die Höhe und weg von der t-Achse. Deshalb können sich die Kurven nur in diesem Abschnitt tangential berühren, und deshalb ist nur dort das Gleichgewicht des Entscheidungsträgers zu finden.

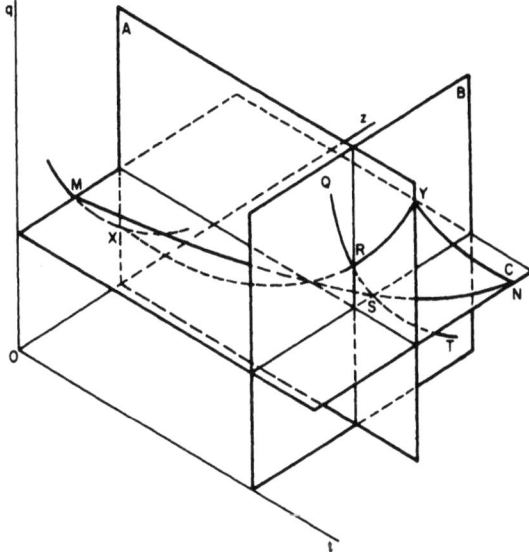

10 Schnitte durch eine Indifferenzfläche

3. Mathematische Lösung des Gleichgewichts

Die mathematische Lösung des Gleichgewichts des Entscheidungsträgers entspricht der graphischen Lösung, liefert aber unmittelbar allgemeinere und knappere Ergebnisse. Es wird mit der Annahme begonnen, daß der Entscheidungsträger ein bestimmtes Einkommen y hat, das er nach Belieben nur für die beiden Güter z und q ausgibt, nachdem er im vorhinein die seinem Standort entsprechenden Kosten des Nahverkehrs, k(t), bezahlt hat. Diese Annahme wird durch eine Bilanzgleichung ausgedrückt:

151

$y = p_z z + P(t)q + k(t).$ (2:1)

Wie zuvor nehmen wir an, daß der Preis des „zusammengesetzten" Gutes, p_z, sowie die Funktionen der Kosten des Grund und Bodens in Abhängigkeit zur Entfernung, $P(t)$, und die der Nahverkehrskosten in Abhängigkeit zur Entfernung, $k(t)$, gegeben sind. Das Problem besteht nun darin, die mögliche Menge mit den Elementen z, q und t zu finden, die sowohl die Bilanzgleichung (die der Fläche der geometrischen Orte aller Alternativen entspricht) erfüllt, als auch die Bedürfnisse des Entscheidungsträgers optimal befriedigt. Die Befriedigung des Entscheidungsträgers läßt sich durch die Funktion

$u = u(z, q, t).$ (2:2)

ausdrücken, seine Nutzenfunktion. Ist eine Menge von Werten z_0, q_0, t_0 gegeben, so wird u_0 mit Hilfe dieser Funktion gefunden. Für eine andere Menge von Elementen, z_i, q_i, t_i, würden wir so u_i finden. Ist u_i nun größer als u_0, so sagen wir, daß die Menge z_i, q_i, t_i der Menge z_0, q_0, t_0 vorgezogen wird.[6]

Der Entscheidungsträger wird versuchen, seinen Nutzen innerhalb der Grenzen seines Einkommens zu maximieren. Mit anderen Worten: Das Problem liegt darin, festzustellen, welche Kombination z_i, q_i, t_i die Bilanzgleichung (2:1) erfüllt und zugleich den höchsten Wert für u in der Gleichung (2:2) erbringt. Die Lösung erfolgt mit Hilfe der Differentialrechnung. Durch Differenzieren der Nutzenfunktion (2:2) ergibt sich:

$du = u_z \, dz + u_q \, dq + u_t \, dt.$[7] (2:3)

du ist = 0 in dem Punkt, in dem der Nutzen u maximiert wird; entsprechend gilt:

$du = 0 = u_z \, dz + u_q \, dq + u_t \, dt.$ (2:4)

Den Bedingungen der Maximierung von Funktionen mit mehreren Variablen entsprechend werden alle Variablen (ausgenommen zwei) konstant gehalten; die Summe der partiellen Ableitungen, multipliziert mit den Ableitungen der übriggebliebenen zwei Variablen, ist dann gleich Null. Wird nun t konstant gehalten, so daß $dt = 0$, dann wird die Gleichung (2:4) zu

$du = 0 = u_z \, dz + u_q \, dq + 0.$ (2:5)

Die Gleichung (2:5) kann neu geschrieben werden:

$-dz/dq = u_q/u_z.$ (2:6)

Wird q konstant gehalten, so daß $dq = 0$, dann wird die Gleichung (2:4) zu

$du = 0 = u_z \, dz + 0 + u_t \, dt$. (2:7)

Neu geschrieben:

$- dz/dt = u_t/u_z$. (2:8)

Wir kehren nun zur Bilanzgleichung (2:1) zurück. Durch differenzieren erhalten wir:

$dy = y_z \, dz + y_q \, dq + y_P \, dP + y_k \, dk$. (2:9)

y ist aber eine gegebene Konstante, so daß $dy = 0$. Da uns die explizite Form der Gleichung (2:1) bekannt ist, können die partiellen Ableitungen berechnet werden. Es sind dies:

$y_z = p_z$; $y_q = P(t)$; $y_P = q$; $y_k = 1$.

Durch Substitution in Gleichung (2:9) ergibt sich:

$0 = p_z \, dz + P(t) dq + q \, dP + dk$. (2:10)

Wir lösen nach dP und dk in Ausdrücken von dt durch die Differentiale von P(t) und k(t) auf, so daß wir erhalten:

$dP = (dP/dt) \, dt$ und $dk = (dk/dt) \, dt$.

Durch Einsetzen dieser Ausdrücke in (2:10) erhält man:

$0 = p_z \, dz + P(t) dq + q(dP/dt) dt + (dk/dt) dt$;

umgeformt erhält man:

$0 = p_z \, dz + P(t) dq + dt(q \, dP/dt + dk/dt)$. (2:11)

Die Gleichung (2:11) ist natürlich nur eine Umformung von Gleichung (2:9).

Die Regel, daß man alle Variablen (ausgenommen zwei) konstant hält, gilt sowohl für Konstante als auch für Maxima. Da y eine Konstante — siehe Gleichung (2:11) — ist, läßt sich — indem zunächst t und dann q konstant gehalten wird — feststellen, daß:

$0 = p_z \, dz + P(t) q + 0$ und
$0 = p_z \, dz + 0 + dt(q \, dP/dt + dk/dt)$.

Dieser Ausdruck kann so umgeschrieben werden:

$- dz/dt = P(t) p_z$, (2:12)
$- dz/dt = (q \, dP/dt + dk/dt)/p_z$. (2:13)

Durch Kombination der Gleichungen (2:6) und (2:8) mit den Gleichungen (2:12) und (2:13) erhalten wir:

$u_q/u_z = P(t)/p_z$, und (2:14)

$u_t/u_z = (qdP/dt + dk/dt)/p_z$. (2:15)

Die Gleichungen (2:14) und (2:15), zusammen mit der Budget-Bilanzgleichung (2:1) sind die drei Gleichungen, die, bei simultaner Lösung, die für den Entscheidungsträger optimale Kombination der drei Unbekannten z, q und t bewirken.[8] Die Berechnung dieser Unbekannten ergibt die Lösung für das räumliche Gleichgewicht für den Entscheidungsträger.

Interpretation der mathematischen Lösung

Die Interpretation der mathematischen Lösung ist die gleiche wie die des graphischen Ergebnisses, obwohl sie größere Präzision gestattet. Die Bilanzgleichung (2:1) bedarf keiner Erklärung, da wir sie durch Definitionen abgeleitet haben. Sie entspricht dem geometrischen Ort aller Alternativen in der graphischen Lösung. Die Gleichungen (2:14) und (2:15) sollten jedoch näher untersucht werden.

Zunächst betrachten wir die Verbindung zwischen Nutzenfunktion und Indifferenzfläche. Die Indifferenzfläche ist der geometrische Ort aller Kombinationen von Gütern, z, q und t; sie ermöglicht dem Entscheidungsträger die gleiche Befriedigung seiner Bedürfnisse. In Begriffen der Nutzentheorie bedeutet dies, daß alle Kombinationen von z, q und t für u den gleichen Wert ergeben. Die Grenzraten der Substitution zwischen Gütern (das ist das Ausmaß, in welchem der Entscheidungsträger gewillt ist, kleine Mengen des einen Gutes gegen kleine Mengen des anderen Gutes zu tauschen) sind in der graphischen Lösung durch die Steigung der Indifferenzfläche wiedergegeben. Die Steigung wird parallel zu der Ebene gemessen, die durch die Koordinatenachsen der zwei Güter definiert ist. In der mathematischen Lösung wird diese Steigung (das ist die Grenzrate der Substitution) durch die ins Verhältnis gesetzten Grenznutzen der beiden Güter wiedergegeben. Der Grenznutzen eines Gutes ist die partielle Ableitung der Nutzenfunktion u in bezug auf dieses Gut.

Wir wenden uns nun wieder den Gleichungen (2:14) und (2:15) zu und bemerken, daß die linken Seiten der Gleichungen Grenzraten der Substitution darstellen. Die rechten Seiten der Gleichungen machen Aussagen über die Kosten. Wie es in der Regel in solchen Analysen der Fall ist, sagen diese Gleichungen aus, daß im Gleichgewicht die Grenzrate der Substitution von zwei Gütern dem Verhältnis der Grenzkosten der beiden Güter entspricht. Wäre dieses Verhältnis nicht gleich, so würde der Entscheidungsträger sich nicht im Gleichgewicht befinden, da er die Befriedigung seiner Bedürfnisse durch Erwerb des relativ billigeren Gutes erhöhen könnte.

Die Gleichung (2:14) ist sehr einfach. Sie besagt, daß im Gleichgewicht die Grenzrate der Substitution (u_q/u_z) zwischen Grund und Boden (q) und allen anderen Gütern (z) gleich dem Verhältnis ihrer Preise ist, das heißt ihren Grenzkosten entspricht.

Die Gleichung (2:15) ist etwas komplizierter. Sie besagt, daß im Gleichgewicht die Grenzrate der Substitution (u_t/u_z) zwischen Entfernung (t) und dem „zusammengesetzten" Gut (z) dem Ausdruck $(qdP/dt + dk/dt)/p_z$ entspricht. Im Nenner stehen p_z, der Preis und die Grenzkosten von z. Der Zähler spiegelt die Grenzkosten der Bewegung im Raum wider. Er beinhaltet die Preisänderungen von Grund und Boden dP/dt (die Preisänderungen, die mit Änderungen der Entfernung verbunden sind) multipliziert mit der Menge des Grund und Bodens, q, plus den Änderungen der Ausgaben für Nahverkehrsmittel, dk/dt. Daher ist in diesem Fall auch die Grenzrate der Substitution dem Verhältnis der Grenzkosten gleich.

Wir hatten angenommen, daß ein näher liegender Standort einem entfernteren vorgezogen wird, da der Nahverkehr im allgemeinen als ein lästiges Übel angesehen wird. Das bedeutet, daß u_t „disutility" ist und einen negativen Grenznutzen aufweist; kurz, daß $u_t < 0$ ist. Wir hatten aber auch angenommen, daß die Zunahme von Gut z einen positiven Nutzen aufweist ($u_z > 0$) und auch damit implizirt, daß $p_z > 0$ ist. Es folgt daraus, daß der Ausdruck $qdP/dt + dk/dt < 0$ sein muß, damit die Gleichung (2:15) stimmt.

Untersuchen wir diesen Ausdruck. Es ist zu erwarten, daß $dk/dt > 0$ ist, da die Nahverkehrskosten mit der zurückgelegten Entfernung anwachsen. Der Wert q — die Größe der Bodenfläche — kann sicherlich nicht kleiner als Null sein. Daraus läßt sich schließen, daß dP/dt negativ ist, andernfalls müßte der Ausdruck positiv sein. Das heißt, daß der Entscheidungsträger nur dann eine Gleichgewichtsposition erreichen kann, wenn der Anstieg der Kurve P(t) negativ ist. Wäre P(t) positiv geneigt — der Preis von Grund und Boden nimmt mit zunehmender Entfernung vom Stadtzentrum ebenfalls zu — so würde der Entscheidungsträger seinen Standort in Richtung auf das Stadtzentrum verlegen, wo er billigeres Land bekäme, und er würde die Nahverkehrsmittel in geringerem Ausmaß benutzen.

Daraus läßt sich ein weiterer Schluß ziehen. Da es zur Erreichung des Gleichgewichts notwendig ist, daß $(qdP/dt + dk/dt) < 0$ ist, wird der Entscheidungsträger sich dort nicht niederlassen, wo $-(qdP/dt) < dk/dt$ ist, die gleiche Schlußfolgerung also, wie wir sie bereits graphisch ermittelten. Wir hatten festgestellt, daß der Entscheidungsträger sich nur dort niederlassen würde, wo die Einsparungen aus dem Kauf von billigerem Land die zusätzlich erforderlichen Ausgaben für die Benutzung der Nahverkehrsmittel übersteigen. Das ist der Abschnitt WXY auf der Fläche der geometrischen Orte in Abbildung 5.

Anmerkungen

1 Die beabsichtigte Vereinfachung für Analysezwecke ist so allgemein in Gebrauch und ihre Vorteile und Nachteile sind so gründlich diskutiert worden, daß eine weitere Diskussion hierüber an diesem Ort nicht notwendig ist. Über das besondere Thema des Standorts der Wohngegend und der städtischen Struktur ist von *Walter Firey:* Land Uses in Central Boston, Kapitel 1, Cambridge 1947, eine interessante Polemik entfacht worden; *Firey* attackierte die Vereinfachungen der Humanökologen. Eine Entgegnung dieser Gruppe findet sich in: *Amos Hawley:* Human Ecology, New York 1950, S. 179–180 und S. 286.

2 Hier wird angenommen, daß der Preis des Grund und Bodens mit zunehmender Entfernung vom Stadtzentrum sinkt. Weiter unten werden wir sehen, daß dies ein Erfordernis für die Existenz eines Gleichgewichts ist, sowohl für den Entscheidungsträger als auch für einen Markt. Dies trifft ebenso für die meisten Städte zu.

3 Der geometrische Ort aller Alternativen ist eine Verallgemeinerung der Theorie der Bilanz- oder Preisgeraden. Beide beschreiben die bei einem bestimmten Einkommen dem Entscheidungsträger zur Verfügung stehenden Wahlhandlungen. Während jedoch die Bilanzgerade Wahlhandlungen unter Gütern mit festgelegten Preisen untersucht, muß in diesem Fall ein Gut mit variierenden Preisen P(t) und ein Gut t angenommen werden, das keinen Preis hat, aber den Preis des Gutes q und die Nahverkehrskosten k(t) durch den geometrischen Ort aller Alternativen festlegt. Obwohl die Bilanzgerade ein spezieller Fall des geometrischen Ortes aller Alternativen ist, dienen sie doch beide der gleichen analytischen Funktion.

4 Ein Schnitt bei q = 0 würde ein gleichbleibend fallendes z mit zunehmendem t zeigen. Hier liegt natürlich ein spezieller Fall der typischen „maximum" Kurve vor, bei der das Maximum der Kurve bei t = 0 zu finden ist.

5 Die durch die gestrichelte Linie begrenzte Fläche entspricht dem geometrischen Ort aller Alternativen, die möglich wären, wenn es keine Nahverkehrskosten gäbe. Sie liegt natürlich höher als die Fläche, bei deren Zustandekommen die Kosten für Nahverkehrsmittel berücksichtigt wurden, da diese Kosten den Einkommensminderungen oder der Minderung der Kaufkraft entsprechen. Zum Beispiel ist die Menge des gekauften Grund und Bodens (q = RV), bei dem Kosten für Nahverkehrsmittel zu berücksichtigen sind (und kein z gekauft wird), gleich (y−k(R))/P(R), während die Menge des Grund und Bodens q = RV, die gekauft werden würde, wenn keine Kosten für Nahverkehrsmittel anfielen, gleich y/P(R) wäre. Die Menge des Grund und Bodens, die durch Ausgaben für Nahverkehrsmittel verloren geht, beträgt k(R)/P(R).

6 Der Leser sei daran erinnert, daß die Werte von u ordinale Eigenschaften haben und den Indices der Indifferenzflächen (in bestimmten Sequenzen) äquivalent sind.

7 Zur einfacheren Notation werden wir, wie es häufig getan wird, die partiellen Ableitungen einer Funktion in bezug auf eine Variable durch den Namen (Buchstaben) dieser Funktion und der Variablen als Subskript kennzeichnen. So gilt:

$u_z = \partial u/\partial z$; $u_q = \partial u/\partial q$, $u_t = \partial u/\partial t$.

8 Genau genommen haben wir nicht nur drei Gleichungen und drei Unbekannte. Wir haben bei unserem Problem sieben Unbekannte: z, q, t, P(t), dP/dt, k(t) und dk/dt. Die vier zusätzlichen Gleichungen sind durch die vorgegebenen Funktionen

P(t) und k(t) und ihre Ableitungen bestimmt. Diese Vielzahl von Unbekannten und Gleichungen erhält man, wenn man davon ausgeht, daß es für die vier zusätzlichen Unbekannten ebenfalls numerische Lösungen gibt. Sehen wir P, k, dP/dt und dk/dt als Funktionen in Abhängigkeit von t an, dann genügen die drei ursprünglichen Gleichungen, da wir dann nur drei Unbekannte in der Lösung berücksichtigen müssen. Ob drei oder sieben Unbekannte und Gleichungen vorhanden sind, hängt davon ab, ob wir die Unbekannten und Gleichungen vorher zählen, oder nachdem wir für P(t), k(t), dP/dt und dk/dt substituiert haben.

3.2 Der Wert städtischen Bodens*

Edwin S. Mills

Städtischer Grund und Boden ist ein bedeutender Faktor für die moderne Produktion, das Transportwesen, Wertübertragungen und den Konsum. Deshalb ist die Bestimmung des Bodenwertes eine Angelegenheit von vorrangiger Bedeutung. So ist es nicht verwunderlich, daß der Wert von Grund und Boden die Ökonomen über eine lange Zeitperiode hinweg beschäftigt hat.

1. Klassische und neoklassische Lehrmeinungen zur Grundrente

Solange Ökonomie als Wissenschaft betrieben wird, hat die Grundrente bedeutende analytische Probleme aufgeworfen. Die älteren Theoretiker, die annahmen, der Preis würde hauptsächlich durch die Produktionskosten bestimmt, fanden es besonders schwierig zu erklären, wie ein Produkt – Grund und Boden – zu dessen Produktion keine Produktionsfaktoren eingesetzt wurden, einen Preis haben könne. Und ferner: Wie konnte die Tatsache erklärt werden, daß ein Grundstück einen höheren Preis als ein anderes hat? Trägt der Bodenwert dazu bei, die Warenpreise zu bestimmen oder verläuft die Kausalbeziehung gerade umgekehrt? Welche Auswirkungen hat der technische Fortschritt auf die Verteilung des Einkommens zwischen der Grundrente und den Erträgen anderer Produktionsfaktoren?

Nahe verwandt mit diesen analytischen Problemen waren viele gesellschaftliche Fragen, über die Ökonomen und andere Theoretiker der damaligen Zeit manchmal eigenartige Ansichten hatten. Welche moralische Rechtfertigung – wenn überhaupt – gibt es für die Zahlung von Entgelten für die Benutzung eines nicht-produzierten Faktors? Und wie könnte die Gesellschaft einen Teil der Einnahmen des Bodenbesitzes sich ohne moralische Rechtfertigung aneignen, ohne die Effizienz der Produktionsfaktoren zu beeinträchtigen?

---

* Die in diesem Beitrag wiedergegebenen Forschungsergebnisse wurden durch die Stiftung „Resources for the Future" gefördert. Der Verfasser dankt besonders *Mason Gaffney* und *Irving Hoch* für ihren Kommentar zu einer früheren Fassung dieser Arbeit, *d. Verf.*

Es ist hier nicht möglich, einen Überblick über den interessanten Verlauf der Dogmengeschichte der Grundrente zu geben, das wurde bereits von anderen besorgt.[1] Sie soll hier lediglich kurz zusammengefaßt werden; wir werden bei dieser Gelegenheit auf die wichtigsten Theorien hinweisen. Die Geschichte der volkswirtschaftlichen Lehrmeinungen schreibt *Ricardo* zu Recht die fundamentalste Einsicht in das Wesen der Grundrente zu. Allerdings hat in den 150 Jahren seit der Veröffentlichung der *Principles*[2] der wissenschaftliche Fortschritt auf diesem Gebiet in einer allmählichen Verbesserung und Erweiterung des analytischen Instrumentariums und einer fortschreitenden Abtrennung des Untersuchungsgegenstandes von der verwandten gesellschaftlichen Fragenstellung bestanden. Die Aussage, daß der wissenschaftliche Fortschritt seit *Ricardo* evolutionär und geradlinig gewesen ist und nicht durch fundamentale Änderungen beeinflußt wurde, bedeutet allerdings nicht, daß dieser Fortschritt unbedeutend gewesen sei. Der Vergleich zwischen einer sorgfältig ausgearbeiteten modernen Theorie der Grundrente mit der *Ricardos* bestätigt nur, daß die Ökonomie eine Wissenschaft ist, die nur auf bereits vorhandenem Wissen aufbauen kann.

Ricardo ist natürlich für die Auffassung bekannt, daß sich die Grundrente aus der unterschiedlichen Fruchtbarkeit des Bodens ableitet; der unfruchtbarste noch genutzte Boden trägt keine Rente. *Ricardo* setzte sich mit der Grundrente nur im landwirtschaftlichen Kontext auseinander, was insofern verständlich ist, wenn man das Publikationsjahr seiner Arbeit (1817) berücksichtigt. Die beherrschende Stellung des landwirtschaftlich genutzten Bodens in den Arbeiten sehr viel später auftretender Autoren ist weniger leicht zu verstehen. *Alfred Marshall* war einer der ersten bedeutenden Autoren, die dem Wert städtischen Bodens und der Grundrente besondere Aufmerksamkeit schenkten. *John Stuart Mill* zum Beispiel folgte bei der Bestimmung der Grundrente landwirtschaftlich genutzten Grund und Bodens in der Hauptsache der theoretischen Auffassung *Ricardos*, glaubte aber offensichtlich, daß die städtischen Grundrenten nur das Ergebnis der Monopolisierung seien. Was auch immer den Grund und Boden des zentralen Geschäftsbezirks (ZGB) eines Großstadtgebietes um ein Vielfaches wertvoller macht als Grund und Boden am Stadtrand, mehrere Kilometer von Stadtzentrum entfernt, ist offenkundig nicht die unterschiedliche Fruchtbarkeit des Bodens. Was hier den Unterschied hervorruft, ist der unterschiedliche Grenzertrag der Produktivität (GEP), und die unterschiedliche Fruchtbarkeit des Bodens ist nichts als ein Beispiel für den Tatbestand, der auf unterschiedliche Grenzproduktivitäten zurückgeführt werden kann. Unterschiedliche Transportkosten zum Markt für die produzierten Güter sind ein weiteres Beispiel. *Ricardo* erkannte dies sehr wohl, seine am Buchstaben klebenden Epigonen allerdings nicht. Es ist tatsächlich nicht einmal notwendig, daß die Fruchtbarkeit des Bodens auf verschiedenen Grundstücken unterschiedlich sein muß, um Grundrenten entstehen zu lassen. Notwendig ist nur, daß die Nachfrage bei einer Grundrente von Null das erhältliche Angebot übertrifft. Wenn wir zum Beispiel annehmen, daß das in England seinerzeit der Landwirtschaft zur Verfügung stehende Land von gleicher Fruchtbarkeit und daß die Entfernung zum Markt unbedeutend war, dann wäre dennoch dieser Bodenanteil landwirtschaftlich genutzt worden und hätte eine Grundrente getragen.

Die oben gegebene überaus knappe Darstellung der grundlegenden Ideen *Ricardos* gibt eine Auffassung wieder, die fast ein Jahrhundert lang die wichtigsten Artikel über die Grundrente beherrscht hat. Meiner Kenntnis nach gibt es bei *Ricardo* tatsächlich zwei Auffassungen der Grundrente. Die eine besagt, daß die Grundrente ein Residuum ist, das durch den Überschuß der Einnahmen über die Erträge anderer Produktionsfaktoren entsteht, deren Preise sich auf angenommenen Wettbewerbsmärkten bilden. Die andere Auffassung läuft darauf hinaus, daß Grundrenten — wie alle anderen Produktionsfaktoren — durch das Faktorangebot und die Produktivitätsbedingungen bestimmt werden. Ein sorgfältiger Leser *Ricardos* könnte jedoch die Annahme, beide Ansichten seien in den „Principles" zu finden, in Zweifel ziehen. Offensichtlich ist jedoch, daß spätere Autoren dazu tendieren, sich jeweils eine der beiden Auffassungen zu eigen zu machen. In der zweiten Hälfte des neunzehnten Jahrhunderts, nachdem die Theorie der Grenzproduktivität besser verstanden und die Symmetrie zwischen Grund und Boden und den anderen Inputs erkannt wurde, entwickelte sich die Tendenz, dem Produktivitätsaspekt den Vorzug zu geben. *Wicksteed*[3] zeigte 1894, daß bei vollkommenem Wettbewerb und unter der Bedingung konstanter Skalenerträge beide Aspekte auf das Gleiche hinauslaufen. Mit anderen Worten: Sind alle Input- und Outputmärkte Wettbewerbsmärkte und liefert die Produktionsfunktion konstante Skalenerträge, so wird eine Zahlung für jeden Input in Höhe des Wertes seines Grenzproduktes gerade das Gesamteinkommen der Unternehmung abschöpfen. *Wicksteed* bereinigte damit ein halbes Jahrhundert wirrer Kontroversen. Der Streit darüber, ob Faktorzahlungen die Umsatzerträge abschöpfen, ist als das Summenproblem bekannt geworden, und *Wicksteeds* Ergebnis ist eine leicht verständliche Schlußfolgerung aus *Eulers* Theorem.

Obwohl *Wicksteed* die fundamentale Erkenntnis erarbeitet hatte, war seine Beweisführung ungenügend. Es war *Wicksell*[4], der kurz darauf eine sorgfältige Beweisführung des Theorems der Produkterschöpfung vorlegte. Er bewies auch den folgenden Zusammenhang: Solange der vollkommene Wettbewerb die Unternehmungen zwingt, am Punkt des Minimums ihrer langfristigen durchschnittlichen Kostenfunktion zu produzieren, werden die unter Wettbewerb zustandekommenden Preise der Faktoren die Einnahmen, unabhängig vom Bestehen konstanter Skalenerträge, abschöpfen (und zwar nur unter der Voraussetzung, daß die Produktionsfunktion dergestalt ist, daß ein Minimum eines positiven Outputs existiert). Die Arbeiten von *Wicksteed* und *Wicksell* schufen das Instrumentarium zur Lösung des Grundrentenproblems, das das neunzehnte Jahrhundert so beschäftigt hatte. So kann zum Beispiel *Henry Georges* Befürchtung, daß die Grundrenten die Ergebnisse des technischen Fortschritts aufzehren würden, heute hauptsächlich als die Vermutung gesehen werden, daß der technische Fortschritt in einer besonderen Weise nicht neutral ist, das heißt, daß er ausschließlich das Grenzprodukt des Grund und Bodens ansteigen läßt. Niemand glaubt mehr, daß dies der Fall sein könnte.

Wicksteed und *Wicksell* entwickelten auch das Instrumentarium für eine Gleichbehandlung der Grundrente städtischen und landwirtschaftlich genutzten Bodens. Der Schlüssel zur Behandlung der Grundrente ist der Wert des Grenzproduktes von Grund und Boden (unter der Bedingung eines dem Wettbewerb unterworfenen Produktmarktes). In der Landwirtschaft beeinflussen aller Wahrscheinlichkeit nach in erster Linie Fruchtbarkeit und Entfernung zum Markt die Produktivität des Grund und Bodens. Für weiter vom Markt entfernte landwirtschaftliche Betriebe kann kein höherer Lieferpreis verlangt werden als für Produkte, die näher am Markt erzeugt werden. Da der Transport nicht kostenlos ist, wird der f.o.b.-Preis* für Produkte der weiter vom Markt entfernt liegenden landwirtschaftlichen Betriebe niedriger sein müssen. Sind andere Inputs für weiter entfernt liegende landwirtschaftliche Betriebe nicht billiger, so muß die Grundrente niedriger sein, um es dem weiter entfernt liegenden Betrieb zu ermöglichen, den break-even-Punkt** zu erreichen bzw. zu überschreiten.

Die gleichen Prinzipien gelten auch für städtische Grundrenten. Diese werden ebenso durch den Wert der Grenzproduktivität des Bodens bestimmt. Genauso wie in der Landwirtschaft wird die Produktivität des Bodens durch die Eigenschaften des Bodens selbst und durch die Kosten des Transports zu den entsprechenden Märkten bestimmt. Die für die Produktivität städtischen Grund und Bodens wesentliche Eigenschaft ist natürlich nicht die Produktivität des Bodens. In der Regel sind es topographische Merkmale. Die Aussicht von den Santa Monica Bergen in Los Angeles oder die Lage eines Seegrundstücks in Chicago wird für die Bodenwerte dieser Wohngegenden bestimmend sein. Für Industriegelände werden Bodenqualität und Abwässeranschlüsse von Bedeutung sein. Die Anzahl der Märkte, zu

---

* für *free on board*, frei Schiff, *Anm. d. Verl.*
** Abschluß ohne Gewinn und Verlust, *Anm. d. Verl.*

denen Transportkosten berücksichtigt werden müssen, ist für städtischen Grund und Boden größer und komplexer als bei landwirtschaftlich genutztem Boden. Das Prinzip ist jedoch das gleiche. Güter und Dienstleistungen, die auf einem bestimmbaren Teil der städtischen Bodenfläche geschaffen werden, müssen mit ähnlichen in einem anderen Teil der Stadt produzierten Waren konkurrieren, und ein Teil des städtischen Grund und Bodens wird weniger Grundrente erzielen, wenn er weiter vom Markt entfernt ist als konkurrierende Bodenflächen.

Diese grundlegenden Zusammenhänge werden heute von Ökonomen sehr gut verstanden. Der Prozeß der theoretischen Eingrenzung war ein beachtenswertes Resultat in der Entwicklung der ökonomischen Dogmengeschichte. Die so entstandenen Theorien laufen selbst nicht auf ein Modell des Wertes städtischen Grund und Bodens hinaus. Für einen solchen Zweck wird es notwendig sein, die Grundrententheorie in ein Modell einzufügen, das Angebot und Nachfrage für alle Nutzungsarten beschreibt. Die Problematik der Eigenschaften des städtischen Grund und Bodens liegt in ihrer großen Komplexität, dies, weil Angebot und Nachfrage bei unterschiedlichen Parzellen des städtischen Bodens signifikant, bislang jedoch kaum verstanden, voneinander abhängen. Mit anderen Worten: Die städtische Wirtschaft ist ein kompliziert organisiertes, allgemeines Gleichgewichtssystem. Die Kenntnis ihrer zwischen den verschiedenen Sektoren bestehenden Beziehungen ist der Schlüssel zum besseren Verständnis und für richtigere Entscheidungen der Kommunalpolitik. Eine Erhöhung der Grundsteuern im zentralen Stadtgebiet, nicht jedoch in den Vorstädten, wird aller Wahrscheinlichkeit nach die lokalen Vorteile und die Grundrenten in den beiden Gebieten beeinflussen. Verbesserte radiale Transportmöglichkeiten werden die relativen Vorteile für die in verschiedener Entfernung zum Stadtzentrum liegenden Standorte ändern und aller Wahrscheinlichkeit nach die Werte von Grund und Boden beeinflussen. In beiden Fällen werden durch die Auswirkungen öffentlicher Maßnahmen auf die Art der Flächennutzung und auf die Bodenwerte wichtige Fragen von öffentlichem Interesse angeschnitten. Solche Auswirkungen können nur mit Hilfe eines Modells allgemeinen Gleichgewichts beurteilt werden. Die in diesem Beitrag weiter unten analysierten Modelle sind nur ein Anfang, städtische Probleme im Rahmen eines allgemeinen Gleichgewichts zu untersuchen. Obwohl keines dieser Modelle detailliert genug dargestellt wird, um einzelne, hier untersuchte Theorien zu bewerten, zeigen sie doch einen vielversprechenden Ansatzpunkt für künftige Untersuchungen.

2. Grundrenten in neueren Modellen der städtischen Wirtschaft

Weiter oben haben wir gesehen, daß zwei grundlegende Vorstellungen die historische Entwicklung der Theorie der Grundrente beherrschten. Zunächst handelt es sich um die Idee, daß die Gleichgewichtsrente eines Grundstücks gerade noch jenen Restbetrag ausmacht, der übrigbleibt, nachdem alle anderen Inputs zu den vom Markt vorgegebenen Preisen bezahlt worden sind. Nach der anderen Vorstellung steuert die Grundrente die Verteilung von Grund und Boden: Auf Wettbewerbsmärkten sollte der Wert des Grenzproduktes für jede Art der Flächennutzung der Grundrente entsprechen. Wir haben auch gesehen, daß auf dem Höhepunkt in der langen Entwicklungsperiode der Produktionstheorie der Beweis geführt wurde, daß diese beiden grundlegenden Auffassungen gleich sind, wenn alle Input- und Output-Märkte dem Wettbewerb unterliegen und die Produktionsfunktionen konstante Skalenerträge aufweisen (oder, um *Wicksells* Verallgemeinerung zu verwenden, wenn die Märkte dem Wettbewerb unterliegen und die Produktionsfunktion ein wohldefiniertes Minimum der Durchschnittskostenkurve der Gesamtkosten aufweist). Obwohl diese Bedingungen sowohl theoretisch als auch empirisch relevant sind, handelt es sich bei ihnen ganz offensichtlich nicht um die einzigen, die die Aufmerksamkeit der Ökonomen erwecken sollten. Ob irgendwelche andere Bedingungen existieren, unter welchen die Grundrente beiden Auffassungen entsprechen kann, ist eine noch unbeantwortete Frage.

Innerhalb des letzten Jahrzehnts wurden verschiedene Versuche unternommen, diese beiden Grundansichten in formalisierten mathematischen Modellen von Bodenwerten und Methoden der städtischen Flächennutzung zu integrieren.[5] Obwohl diese Modelle sich in wichtigen Aspekten voneinander unterscheiden, sind ihnen doch einige grundlegende Voraussetzungen gemeinsam.

Alle diese Modelle setzen sich mit derjenigen kritischen Annahme auseinander, die die Begründung für die Veränderung des Wertes des Grenzproduktes von Grund und Boden von einem Standort zum anderen innerhalb des Stadtgebietes liefert. Wie oben dargelegt, können physische Unterschiede zwischen den einzelnen Grundstücken auch Unterschiede in der Produktivität bedingen. Einige weiter unten beschriebene empirische Untersuchungen berücksichtigen dies; und trotzdem hat nach meiner Kenntnis bisher noch niemand diesen Faktor in ein mathematisches Modell miteinbezogen.

Stattdessen gehen viele Autoren von der Annahme aus, daß die Entfernung vom Stadtzentrum in Form von Transport- oder Kommunikationskosten eine Art „Benachteiligung" darstellt. Formal kann diese Benachteiligung in die Annahme einbezogen werden, daß jeder Bewohner im ZGB arbeitet und daß diejenigen, die längere Anreisewege haben, größere Transportkosten zu tragen haben. Man kann auch annehmen, daß alle innerhalb des Stadtgebietes produzierten Güter zum Stadtzentrum versandt werden müssen, um dort entweder innerhalb oder außerhalb des Stadtgebietes verteilt zu werden.

Nun sind dies extrem einfache und nützliche Annahmen. In Verbindung mit weiteren Annahmen in bezug auf Technologie, Kosten, Nachfrage und Erhältlichkeit von Grund und Boden ermöglichen sie die Ableitung überprüfbarer Schlußfolgerungen über das funktionale Verhältnis von Grundrente und Entfernung vom Stadtzentrum und über die Arten der Flächennutzung in den verschiedenen Bezirken des Stadtgebietes. Alle zusätzlichen alternativen Annahmen, die ich bisher gesehen oder erwogen habe, scheinen zu Modellen zu führen, die ebenso kompliziert wie von zweifelhaftem Wert sind. Meine Auffassung ist, daß man einfachen Modellen, solange sie nützlich sind, den Vorzug geben sollte. Eine Hauptfrage ist es daher, wieviel von den Änderungen in den Bodenwerten und den Arten der Flächennutzung durch Modelle erklärt werden kann, deren entscheidende Annahme auf einer durch die Entfernung vom Stadtzentrum verursachten Benachteiligung beruht. Auf diese Frage werde ich im nächsten Abschnitt zurückkommen.

Hier soll zunächst untersucht werden, in welchem Umfang Zentralität eine nützliche Annahme darstellt. Ich glaube, daß es zwei stark voneinander abweichende Formen von Annahmen gibt, die Zentralität zur Folge haben. Nehmen wir zuerst an, daß sich die Welt durch eine gleichförmige Ebene darstellen läßt, zumindest einige Wirtschaftszweige aber wachsende Skalenerträge bei genügend kleinem Output-Niveau aufweisen.[6] Ein solcher Wirtschaftszweig wird einen ausreichenden Output an einem bestimmten Standort haben und einen Teil seines Outputs in andere Gebiete „exportieren". Mit diesem Wirtschaftszweig vertikal verbundene Sektoren werden dadurch indirekt gezwungen, ihren Standort in dessen Nähe zu suchen. („Vertikal verbunden" schließt den Verkauf an diese Unternehmung und die in ihr Beschäftigten ebenso ein wie die Abnahme ihrer Produkte.) Die Unternehmung mit Kostendegressionen kann Zentrum einer Agglomeration von Produktion und Bevölkerung werden. Ich glaube, daß es sich hier um wichtige Voraussetzungen handelt; diese sollten Grundlage des Modells sein. Ein technisches Problem besteht in diesem Fall jedoch darin, daß zunehmende Erträge die Verwendung eines der *Wicksteed-Wicksell*-Theoreme nicht mehr ermöglichen; darum müssen besondere Techniken eingesetzt werden, um eine konsistente Theorie der Grundrente im Zentrum des Stadtgebietes zu entwickeln. Noch wichtiger ist es, daß moderne städtische Gebiete nicht — wie das Modell unterstellt — von Wirtschaftszweigen mit bedeutenden internen Kostendegressionen abhängig sind. Wenigstens die großen Produktionsbetriebe, deren Kostendegressionen wahrscheinlich von allergrößter Bedeutung sind, haben in zunehmendem Maße ihren Standort in den Vorstädten, manchmal sogar überhaupt außerhalb eines Großstadtgebietes. Nehmen wir zweitens an, daß die Heterogenität des Grund und Bodens für einzelne Standorte Vorteile bietet. Es gibt hier zwei weitere Möglichkeiten. Im Fall A unterscheiden sich die Produktionsfunktionen von Standort zu Standort. Die Produktionsfunktion für den Kohlebergbau unterscheidet sich von Zeche zu Zeche, je nachdem ob die Kohle nahe der Erdoberfläche abgebaut werden kann oder nicht usw. In kälteren Klimazonen wird zum Beispiel zur Produktion einer bestimmten Menge von Gütern ein größerer Input benötigt als in wärmeren Gegenden. Selbstverständlich werden vorzugsweise Unternehmungen ihren Standort haben, wo die Produktionsfunktion für die von ihnen erzeugten Güter besonders günstig ist. Die mit ihnen vertikal verbundenen Unternehmungen werden dann einen in der Nähe liegenden Standort bevorzugen. Bei der Möglichkeit B besteht die Heterogenität im Vorhandensein von Flüssen, Häfen und anderen topographischen Merkmalen, die die Transportkosten in andere Gebiete erheblich senken. Zweifellos wird eine Unternehmung, die einen Teil ihres Outputs über ihre unmittelbare Umgebung hinaus versenden will, ihren Standort dort auswählen, wo die Gesamttransportkosten am niedrigsten liegen. Um Agglomerationen erklären zu können, müssen im Fall B Annahmen gemacht werden, die die Abhängigkeit von innerstädtischen Transportmitteln hervorheben. Bei einer solchen Prämisse gibt es für die in Frage kommende Unternehmung und andere mit dieser vertikal verbundene Firmen einen Grund, an ein und demselben Standort zu agglomerieren.[7] Die Schwierigkeit bei der zweiten Gruppe von Annahmen liegt darin, daß viel von dem, was gegenwärtig aus den städtischen Gebieten exportiert wird, nicht auf dem Schienenweg oder durch einen Hafen versandt wird. Güter verlassen das Stadtgebiet zunehmend auf dem Straßenweg, ohne überhaupt ins Stadtzentrum zu gelangen.

Die in den letzten beiden Absätzen vorgenommene Analyse weist darauf hin, daß einfache Modelle der Zentralität nicht ausreichen. Ihre Unzulänglichkeit wird mit zunehmender Dezentralisation städtischer Gebiete größer. Einige Autoren haben sogar die Meinung vertreten, daß die Entwicklung des LKW-Verkehrs zwischen Städten (und anderen Gebieten) in der Nachkriegszeit die Grundlage für eine Agglomeration wirtschaftlicher Aktivitäten vollständig zerstört hat. Diese Annahme entspricht nicht ganz der Realität. Ein zunehmender Teil der Bevölkerung und wirtschaftlichen Aktivitäten streben in die Stadtgebiete.[8] Hier sind Modelle erforderlich, die die Abwanderung der Bevölkerung und wirtschaftlicher Aktivitäten in die Stadtgebiete erklärt, selbst aber nicht von Prämissen vollkommener

Zentralität ausgehen. Die Entwicklung eines solchen ersten Modells, das beide Merkmale enthält, steht immer noch aus.

Die vorangegangenen Bemerkungen gelten für alle oben genannten Modelle. Sie alle unterstellen oder implizieren ein städtisches Gebiet mit einem einzigen Zentrum für alle ökonomischen Aktivitäten. Nichtsdestoweniger unterscheiden sich diese Modelle in vielen wichtigen Aspekten. Ich beschließe diesen Abschnitt meiner Ausführungen mit einigen Bemerkungen über spezifische Modelle.

Der große Vorteil des Modells von *Muth*[9] besteht darin, daß es von einer genau spezifizierten *(Cobb-Douglas)* Produktionsfunktion für die im Stadtgebiet produzierten Güter ausgeht. Sein Nachteil: Es unterstellt mit wachsender Entfernung vom Stadtgebiet exponentiell fallende f.o.b.-Preise. Eine gesonderte Einführung des innerstädtischen Verkehrs mit entsprechenden Produktions- und Nachfragegleichungen wäre vorzuziehen. Dann könnten die Fälle untersucht werden, in denen sich die f.o.b.-Preise der Güter in der angenommenen Art und Weise verhalten.

Wingo[10] führt explizit die Annahme ein, daß die Grundrenten die Unterschiede zwischen den einzelnen Transportkosten aus verschiedenen Stadtteilen zum Stadtzentrum ausgleichen müssen. Zusätzlich nimmt er an, daß die Nachfrage eines Haushalts nach Grund und Boden eine Funktion der Grundrente ist. Diese Voraussetzungen und die Annahme, daß das Stadtgebiet gerade groß genug ist, um die extern bestimmte Bevölkerung aufzunehmen, reichen aus, um die Grundrentenfunktion und die Funktion der Bevölkerungsdichte in Abhängigkeit von der Entfernung abzuleiten. Einiges wird über das Wesen der innerstädtischen Transportkosten ausgeführt; die Auswirkungen der unterschiedlichen Formen der Transportfunktionen auf die Grundrentenfunktion sowie auf die Funktion der Bevölkerungsdichte in Abhängigkeit von der Entfernung werden jedoch nicht untersucht. Ebenso werden Stadtverkehr, Wohnungsbau und andere ökonomische Aktivitäten vernachlässigt, die im Stadtgebiet um die begrenzte Menge von Grund und Boden konkurrieren. Abschließend sollte gesagt werden, daß *Wingo* zwar die Auswirkung der Grundrente auf die Nachfrage nach Bauland berücksichtigt, nicht aber die Möglichkeit einer Substitution von Kapital (d.h. in Form von gebauten Strukturen) für Grund und Boden in sein Modell einführt.

Alonso[11] berücksichtigt nicht nur die Möglichkeit der Substitution von Grund und Boden durch die Benutzung von Nahverkehrsmitteln, sondern auch die Möglichkeit der Substitution von einem dieser beiden durch „andere" Güter. Natürlich muß man von den grundlegenden Bedingungen der Nutzenmaximierung ausgehen; der Widerstand der Ökonomen, sich auf spezifische Formen von Funktionen festzulegen, hält sie aber davon ab, viele überprüfbare Folgerungen über die Grundrentenfunktion und die Funktion der Bevölkerungsdichte in Abhängigkeit von der Entfernung abzuleiten. Die meisten Autoren neigen daher dazu, direkt mit einer Nachfragefunktion zu arbeiten. Zusätzlich stellt sich aus meiner Sicht der Sachverhalt so dar, daß bei der Produktion von Wohnraum die Substitution von Boden durch Kapital wichtiger ist als die Substitution durch „andere Güter". Mit anderen Worten: Ich glaube, daß die Elastizität der Substitution von Boden durch *structures* viel größer ist als die von Boden durch irgendeine andere Gruppe von Waren. *Alonso* konzentriert sich in seiner Arbeit ausführlich auf den Wettbewerb zwischen Produzenten um den Erwerb von Grundstücken, die in unterschiedlicher Entfernung in Ringen ums Stadtzentrum herum liegen. Er bedient sich bei seiner Untersuchung besonders einer Rentenangebotsfunktion. Obwohl er bei der Analyse des Konsumentenverhaltens von einer Nutzenfunktion ausgeht, legt er der Untersuchung des Produzentenverhaltens eher eine Kosten- als eine Produktionsfunktion zugrunde. Das aber schließt die Berücksichtigung der Substitutionsmöglichkeit von Boden durch andere Inputs im Produktionsprozeß aus. *Alonso* vervollständigt sein Modell nicht mit Gleichungen, mit deren Hilfe sich die Gesamtgröße der Stadt bestimmen ließe.

Da meine Untersuchung zeitlich nach den Veröffentlichungen der oben angeführten Autoren erfolgte, konnte ich auf deren Arbeiten aufbauen. „An Aggregative Model of Resource Allocation in a Metropolitan Area"[12] geht von spezifizierten Produktionsfunktionen für drei Wirtschaftssektoren aus: ZGB-Güter, Wohnungsbau und innerstädtischer Verkehr. Die wechselseitige Substitution zwischen Grund und Boden, Arbeit und Kapital wird ebenso berücksichtigt wie der zwischen den einzelnen der drei Wirtschaftssektoren bestehende Wettbewerb um das begrenzte Angebot an städtischem Grund und Boden. Die Nachfrageseite wird hier weniger ausführlich als bei *Alonso* untersucht; nur die Substitutionsmöglichkeit von Boden und Kapital beim Wohnungsbau wird in das Modell explizit aufgenommen. Die genaue Form der durch die Entfernung bestimmten Grundrentenfunktion und die Funktion der Bevölkerungsdichte in Abhängigkeit von der Entfernung werden zusätzlich abgeleitet.

3. Empirische Studien über den Wert städtischen Grund und Bodens

In diesem Abschnitt wende ich mich wieder der oben gestellten Frage zu: In welchem Ausmaß können die von Stadtteil zu Stadtteil schwankenden Grundrenten und Bodenwerte durch einfache, die Zentralität betonenden Modelle erklärt werden? Und welche anderen Faktoren können dem Modell hinzugefügt werden, um seine Aussagekraft zu erhöhen? Natürlich gibt es Dutzende von empirischen Untersuchungen zum Wert städtischen Grund und Bodens. Hier soll nicht versucht werden, einen Überblick über sie zu geben. Ich werde meine Bemerkungen eher auf eine kleine Zahl kürzlich erschienener Untersuchungen beschränken, die neue Erkenntnisse zum Thema Zentralität beisteuern.

3.1 *E. F. Brigham* untersuchte eine Stichprobe von Bodenwerten im Großstadtgebiet von Los Angeles.[13] Durch das Stadtgebiet wurden, ausgehend vom zentralen Geschäftsgebiet, drei Geraden gelegt. Jeder Block, durch den eine der Gerade verlief, wurde als ein Punkt der Untersuchung behandelt. Die Daten für die Bodenwerte basierten auf den Einheitswerten der Grundsteuerschätzung. Drei Zugänglichkeitsvariablen wurden zur Erklärung der Bodenwerte verwendet: die Luftlinienentfernung vom ZGB, die Entfernung in Kilometern von der nächsten Autobahnauffahrt und ein gewichteter Durchschnitt des Beschäftigungsniveaus in den verschiedenen innerhalb des Stadtgebietes gelegenen Beschäftigungszentren (die Gewichte stehen in einem umgekehrten Verhältnis zur Entfernung vom Beschäftigungszentrum und werden durch Parameter beeinflußt, die nach der Datenerhebung geschätzt wurden). Andere unabhängige Variablen sind „städtische Vorzüge" (z.B. Einkommensniveaus, der Prozentsatz an nichtweißer Bevölkerung, Belegungsdichte der Wohnungen und die durchschnittlichen Gebäudewerte), Topographie (eine 0–1 Schlupfvariable, die zur Unterscheidung von Hanggrundstücken dient) und 0–1 Schlupfvariablen, die dazu dienen, die drei Geraden voneinander zu unterscheiden. Die Studie beruht ausschließlich auf linearen Regressionen.

Es ist interessant festzustellen, daß der kleinste Korrelationskoeffizient zwischen jedem Paar der Zugänglichkeitsvariablen einen Wert von 0,89 aufweist und daß die Luftlinienentfernung zum ZGB die Nützlichste der drei Variablen zur Erklärung des Bodenwertes bildet. Dies unterstützt die Auffassung, daß sich andere, komplexere Zugänglichkeitsvariablen unter Berücksichtigung der Erhebungskosten nicht lohnen. Außerdem erwies sich die Entfernung zum ZGB als eine durchgehend wichtige Variable zur Erklärung der Bodenwerte. Die partiellen Korrelationskoeffizienten zwischen Bodenwert und Entfernung zum ZGB variieren bei *Brighams* wichtigsten Regressionen zwischen $-0,49$ und $-0,89$. Die quadrierten multiplen Korrelationskoeffizienten schwanken zwischen 0,59 und 0,89. Die Tatsache, daß Zentralität in Los Angeles, der wahrscheinlich am meisten dezentralisierten Großstadt der USA, so wichtig ist, verweist darauf, daß diese Variable aus keinem Modell ausgeschlossen werden sollte.

Ein großer Teil der Variablen in der Studie *Brighams* machen die Erklärung der Höhe der Bodenwerte plausibel. Zumindest gegenüber einigen aber gibt es schwerwiegende Vorbehalte darüber, ob sie in das Modell aufgenommen werden sollten oder nicht. So überrascht es zum Beispiel kaum, daß Gebäude- und Bodenwert miteinander in einer engen Wechselbeziehung stehen. Hohe Gebäudewerte sind eine Folge als eine Ursache hoher Bodenwerte. Dort, wo die Bodenwerte hoch sind, ist Grund und Boden im Verhältnis zum Kapital (d.h. der Gebäudestruktur) teuer, und die Nutzer werden daher an Bodenfläche sparen, indem sie ein hohes Kapital/Boden-Verhältnis realisieren. Hohe Gebäudewerte können nicht als unabhängige und einzige Erklärung für hohe Bodenwerte herangezogen werden. In der Fachsprache heißt das, daß die Bodenwerte und das Kapital/Boden-Verhältnis endogene Variablen sind und daß jedes nur durch eine Regression auf die abhängige Variable des Systems erklärt werden kann.

Die gleiche Kritik läßt sich gegen einige andere berücksichtigte Variablen in den Regressionen *Brighams* vorbringen. Bei einigen jedoch — zum Beispiel dem Anteil an nicht-weißer Bevölkerung — wird die Entscheidung darüber schwerfallen, ob sie eher als endogene oder als exogene Variable anzusehen sind. Diese Kritik gilt gleichermaßen für alle anderen im folgenden dargestellten Untersuchungen; eine Entscheidung kann nur durch die explizite Anwendung simultaner Gleichungsmodelle getroffen werden.

3.2 *Rickert*[14] untersuchte Bodenwerte, die aus zwanzig von Washington D.C.* radial verlaufenden und in Meilenabschnitte geteilten Geraden ausgewählt wurden. Berichtigte Einheitswerte wurden zur Wertermittlung des Grund und Bodens verwendet. Leider blieb die Untersuchung auf Erhebungen außerhalb des Verwaltungsbezirks Columbia beschränkt.

Drei Entfernungsvariablen werden als unabhängige Variablen versuchsweise zur Erklärung herangezogen: die Luftlinienentfernung zum ZGB, die kürzeste Straßenentfernung zum ZGB und die kürzeste Straßenentfernung zur nächsten Kreuzung einer Hauptverkehrsachse. Die vom Verfasser bevorzugten Regressionen sind logarithmisch linear. Die Luftlinienentfernung ist der bevorzugte Entfernungsmaßstab; ihr Logarithmus erklärt 57 % der Varianz des Logarithmus der Bodenwerte. In der bevorzugten Regressionsgleichung beträgt der Wert der partiellen Korrelation mit dem Bodenwert $-0,41$.

Andere in der Regressionsanalyse enthaltenen Variablen sind Maße der physischen Eigenschaften (wie zum Beispiel Vorhandensein von öffentlichen Versorgungseinrichtungen), sozialen Annehmlichkeiten (z.B. nahegelegene Einkaufsmöglichkeiten usw.), Grundstücksgrößen und Schlupfvariablen, die den Regierungsbezirk bezeichnen, in welchem das Grundstück sich befindet. Der multiple quadrierte Korrelationskoeffizient (R^2) der bevorzugten logarithmischen Regression hat einen Wert von 0,84.

* District of Columbia, *Anm. d. Verl.*

Zwei abschließende Punkte aus *Rickerts* Studie sind erwähnenswert. Erstens schließt *Rickerts* Untersuchung zu versteuernden Grundbesitz unabhängig davon ein, ob dieser für Wohnungen oder andere Zwecke genutzt wird, während *Brighams* Analyse sich ausschließlich auf Wohnbauland beschränkte. *Rickerts* Regressionen enthalten Schlupfvariablen für die Art der Flächennutzung. Zweitens kann die Größe des einfachen, multiplen und der partiellen Korrelationskoeffizienten weitgehend dadurch beeinflußt werden, daß die abhängigen Variablen als Durchschnitte in das Modell eingehen. Die Werte einzelner Grundstücksparzellen zeigen die unregelmäßigsten Änderungen. Diese werden jedoch in *Rickerts* Modell benutzt. *Brigham* verwendete Blockdurchschnitte, in denen der Punkt der Erhebung fiel. Aus diesem Vorgehen kann geschlossen werden, daß ein großer Teil der unregelmäßigen Änderungen in den Grundstückswerten durch die Durchschnittsbildung nicht mehr zum Tragen kommt. Eine Bildung von Durchschnitten in noch größeren Gebieten würde wahrscheinlich den unregelmäßigen Charakter der Daten noch weiter vermindern.

3.3 *Alonso* beschreibt in seinem Buch „Location and Land Use" die Regressionsanalyse einer kleinen Untersuchung von Bodenwerten in Philadelphia. Er verwendet ausdrücklich keine Einheitswerte als Maß für die einzelnen Grundstückswerte, sondern Parzellen, für die während eines kurzen Zeitraumes Verkaufspreise greifbar waren. (Verkaufspreise sind allgemein keine brauchbare Grundlage für die Schätzung des tatsächlichen Bodenwertes. Wie von den Transfersteuern bekannt, können diese Preise überbewertet sein; aus einer Vielzahl von Gründen gibt es überdies Verkäufe durch Strohmänner.) *Alonso* beschränkt seine Untersuchung von Grundstückstransaktionen auf Gebiete, in denen viele Verkäufe stattgefunden haben; die Untersuchungsdaten wählt er offensichtlich zum Teil auf der Grundlage des Vorzeichen des Korrelationskoeffizienten für die Korrelation zwischen Bodenwerten und Einkommen aus. Da Einkommen in seiner Regression als unabhängige Variable erscheint, ist dieser Weg nicht als legitim zu betrachten.

Die abhängige Variable ist der für die Verkäufe in dieser Erhebung gezahlte durchschnittliche Grundstückspreis innerhalb eines bestimmten statistischen Zählbezirkes. Unabhängige Variablen sind das mittlere Familieneinkommen des Zählbezirkes und die Luftlinienentfernung zum ZGB. Ferner wurden nur Transaktionen von überwiegend dem Wohnungsbau vorbehaltenen Grundstücken berücksichtigt; nur eine lineare Regression ist angeführt. Die Einkommensvariable weist einen positiven, die Entfernungsvariable einen negativen Koeffizienten auf. R^2 ist 0,48.

Unklar ist, warum *Alonso* die Gesamtausgaben als abhängige Variablen verwendet und nicht die Menge des gekauften Grund und Bodens oder den

Preis von Grund und Boden bezogen auf die Grundstückseinheit. (Letztere ist offensichtlich besser geeignet für eine Regression, mit deren Hilfe der Wert des Grund und Bodens erklärt werden soll. Es überrascht aber, daß in empirischen Untersuchungen über Bodenwerte nicht sorgfältig zwischen Preis und Gesamtausgaben unterschieden wird.) *Alonsos* Erklärungen machen deutlich, daß der Autor Regression als Nachfragebeziehung begreift; eine richtig formulierte Nachfragegleichung müßte aber als abhängige Variable die Menge des Grund und Bodens und als unabhängige Variable den Preis, das Einkommen und die Entfernung enthalten.

3.4 *Wendt* und *Goldner* untersuchten Bodenwerte im Regierungsbezirk von Santa Clara, am südlichsten Zipfel der Bucht von San Francisco.[15] Von den vier in diesem Abschnitt dargestellten Untersuchungen ist sie die einzige, die von der Annahme ausgeht, Zentralität sei für die Erklärung von Bodenwerten unbedeutend.

Die abhängige Variable ist der Bodenpreis pro Quadratmeter, der auf Quellen der F.H.A.* beruht. Drei Entfernungsvariablen werden verwendet: die Luftlinienentfernung zum ZGB, die „tatsächlichen Straßenkilometer" zum ZGB und ein Index der Erreichbarkeit der Arbeitszentren. Die letztere Variable ist ein gewichteter Durchschnitt der bestehenden Beschäftigung in verschiedenen Zentren, wobei die Gewichte den verschiedenen Entfernungen der Grundstücksparzellen zum Beschäftigungszentrum entspricht. Es muß hinzugefügt werden, daß die beiden ersten Entfernungsvariablen sich eher auf das Stadtzentrum von San José als auf das von San Francisco beziehen. Andere unabhängige Variable sind Grundstücksgrößen, Bodenwertverbesserungen und ein Nachfrageindex für die Grundstücke, der sich auf F.H.A.-Schätzungen bezieht; schließlich das mittlere Familieneinkommen des statistischen Zählbezirkes. Die bevorzugte Regression enthält den Index der Erreichbarkeit der Arbeitszentren und alle anderen unabhängigen Variablen, außer denjenigen, die sich auf die Entfernung beziehen. R^2 ist 0,737. Nur lineare Regressionen werden angeführt.

Wendt und *Goldner* nehmen offensichtlich an, daß von allen drei Entfernungsvariablen nur der Index der Erreichbarkeit der Arbeitsplätze von Bedeutung ist. Aus den im folgenden dargestellten Gründen erscheint diese Schlußfolgerung als nicht überzeugend. Erstens wird nur die Entfernung nach San José gemessen; der Einfluß der Entfernung nach San Francisco wird nicht berücksichtigt. Zweitens lehnen die beiden Autoren Luftlinienentfernung und „tatsächliche Straßenkilometer" deswegen ab, weil die beiden Variablen nur einen niedrigen Korrelationskoeffizienten mit den Bodenwerten haben. Die Berücksichtigung der partiellen Korrelationskoef-

---

* Federal Housing Administration, *Anm. d. Verl.*

fizienten dieser Variablen in den bevorzugten Regressionsgleichungen wäre von größter Bedeutung. Drittens ist der Index der Erreichbarkeit der Arbeitsplatzzentren schwer theoretisch zu verteidigen. Während *Brigham* das Beschäftigungsniveau im umgekehrten Verhältnis zur Entfernung wichtet, verwenden *Wendt* und *Goldner* eine Wichtung, die der Entfernung direkt proportional ist. Ihr Index impliziert, daß ein bestimmtes Beschäftigungszentrum größere Auswirkungen auf die Bodenwerte hat, je weiter diese davon entfernt sind. Sicherlich werden aber die Entfernung zu einem Beschäftigungszentrum und das dort vorhandene Beschäftigungsniveau die Bodenwerte gerade in entgegengesetzter Richtung beeinflussen.

Die weiter oben erwähnte Kritik, die sich gegen die Berücksichtigung der durch Bodenverbesserungen erhöhten Bodenwerte (in *Brighams* Modell) richtet, gilt hier gleichermaßen. Ich finde es weiterhin unverständlich, auf welche Weise die Grundstücksgröße die umgekehrten Auswirkungen auf den Quadratmeterpreis haben soll, die in *Wendts* und *Goldners* Studie als ein Ergebnis ihrer Forschung erwähnt wird. Der Eigentümer eines großen Grundstücks hat immer die Möglichkeit, es in kleinere Parzellen aufzuteilen und wird dies aller Wahrscheinlichkeit auch tun, wenn er dadurch bessere Preise erzielen kann. Es gibt natürlich bei umfangreichen Grundstücksverkäufen einige Einsparungen an Transaktionskosten; es ist aber schwer zu glauben, daß dies ein wesentlicher Faktor sein soll. So zum Beispiel könnten Bebauungspläne die Aufteilung in kleinere Grundstücke verhindern; wenn dies aber eine Erklärung sein soll, so würde die Berücksichtigung einer „Bebauungsplanvariablen" in der Regressionsgleichung wichtiger sein als eine Variable der Grundstücksgröße. Ich vermute, daß in der erwähnten Regression die Grundstücksgröße stellvertretend für einige andere Einflußgrößen steht. Schließlich wird kaum jemanden die Feststellung überraschen, daß die F.H.A.-Bewertungen der Bodenwerte mit dem F.H.A.-Index der Grundstücksnachfrage in enger Beziehung stehen.

4. Ein Modell städtischer Bodenwerte

In diesem Abschnitt soll ein mathematisches Modell städtischer Bodenwerte entwickelt werden, dessen Annahmen von den Untersuchungen und Anmerkungen der vorangegangenen Anschnitte beeinflußt sind. Darauf folgt eine Untersuchung, die Folgerungen aus diesem Modell zu bewerten und zu testen. Obwohl das im folgenden dargestellte Modell einem Modell in meinem früheren Artikel[16] ähnelt, ist es einfacher und unterscheidet sich von diesem in wesentlichen Aspekten. Die in diesem Modell beschriebene Stadt hat ein einziges Stadtzentrum, im Gegensatz zu einigen der oben wiedergegebenen Modelle wird jedoch nicht angenommen, daß alle

Arbeiter im Zentrum beschäftigt sind oder daß dort der gesamte Output produziert wird.

Die diesem Modell zugrundegelegten Bedingungen besagen, daß viele Stadtgebiete ihre Bedeutung einem zentralen Anziehungspunkt oder einem kleinen Zentrum verdanken, das den Brennpunkt städtischer Aktivitäten bildet und von dem aus der innerstädtische (möglicherweise internationale) Verkehr besonders günstig ist. Der innerstädtische Handel von diesem Zentrum aus ist entweder dadurch begründet, daß die Produktionskosten hier niedriger sind als in einem anderen Standort (eventuell durch die geringere Entfernung) oder dadurch, daß von hier aus ausreichend viel verkauft werden kann, um Kostendegressionen voll auszunutzen. In letzterem Fall wird angenommen, daß die Stadt dadurch wächst, daß neue produktive Einrichtungen optimaler Größe geschaffen werden; die gesamten produktiven Aktivitäten der Stadt verhalten sich dann so, als wären sie konstanten Skalenerträgen unterworfen (siehe dazu weiter oben die Erörterung des *Wicksell*schen Theorems).

Es wird angenommen, daß sich Grund und Boden von homogener Qualität vom Stadtzentrum aus in alle Richtungen erstreckt, ausgenommen ein Kreisbogenausschnitt von $2\pi - \Theta$ Bogenlänge ($0 \leq \Theta \leq 2\pi$). Dies stellt zumindest eine Annäherung an die Verhältnisse der bedeutendsten amerikanischen Städte dar. Grund und Boden zur städtischen Nutzung ist soweit vom Stadtzentrum entfernt, wie es städtischen Bodennutzern möglich ist, die landwirtschaftlichen (oder andere nicht-städtische) Bodennutzer zu überbieten und damit zu verdrängen.

Der Einfachheit halber wird angenommen, daß im Stadtgebiet nur ein Produkt, Output genannt, produziert wird. Obwohl unsere Untersuchung dadurch natürlich in hohem Ausmaß verdichtet wird, ist diese Annahme doch für viele Zwecke außerordentlich nützlich. Wenn man die grundlegende Annahme der Zentralität beibehält, ist es tatsächlich nicht schwierig, eine willkürlich große Zahl von Produkten in das Modell einzuführen. Dies hat jedoch zur Folge, daß jeder einzelnen Produktion ausschließlich ein Ring – aus einer Vielzahl von konzentrisch um das Stadtzentrum herum angeordneten Ringen – zugewiesen wird. Eine solche Annahme läßt die wesentlichen Schlußfolgerungen über die Form der Grundrentenfunktion in Entfernung zum Stadtzentrum unverändert. Die Einführung einer beliebig großen Zahl von Produkten ist aber auch im Kontext der modernen Großstadt außerordentlich unrealistisch, so daß die Verallgemeinerung solcher Annahmen darum hier nicht genutzt wurde.

Die Produktionsfunktion des Outputs kann folgendermaßen geschrieben werden:

$$X_1(u) = A_1 L_1(u)^{\alpha_1} N_1(u)^{\beta_1} K_1(u)^{\gamma_1} \quad (\alpha_1 + \beta_1 + \gamma_1 = 1). \tag{1}$$

Hierbei sind: X_1 = Output, und L_1, N_1 und K_1 die Inputs des Grund und Bodens, bzw. Arbeit und Kapital. Das einer Variablen in Klammern folgende u zeigt den Wert der Variablen in einer Entfernung von u Kilometer vom Stadtzentrum an. $X_1(u)$ zum Beispiel bezeichnet den Output, der u Kilometer vom Stadtzentrum entfernt produziert wird. Die Gleichung (1) ist unter der Bezeichnung *Cobb-Douglas*-Produktionsfunktion allgemein bekannt. Ihre Eigenschaften sind: konstante Skalenerträge, abnehmende Grenzerträge der Substitution zwischen zwei Produktionsfaktoren und eine Produktionselastizität in bezug auf jeden Faktor, der dem Exponenten dieses Faktors entspricht. Wettbewerbliche Organisation unterstellt, sind die Exponenten den Anteilen der Faktorentlohnung an den Gesamteinnahmen gleich.

Die andere damit konkurrierende Form der Bodennutzung ist die für innerstädtischen Verkehr. Es wird angenommen, daß diese Produktionsfunktion die gleiche Form, nicht aber notwendigerweise die gleichen Parameterwerte der Gleichung (1) hat:

$$X_2(u) = A_2 L_2(u)^{\alpha_2} N_2(u)^{\beta_2} K_2(u)^{\gamma_2} \quad (\alpha_2 + \beta_2 + \gamma_2 = 1). \tag{2}$$

$X_2(u)$ bezeichnet die Anzahl an Personenkilometer (oder Tonnenkilometer) des innerstädtischen Verkehrsnetzes, die in u Kilometer Entfernung vom Stadtzentrum „produziert" werden. Gleichung (2) macht eine Anmerkung zu ihrer Rechtfertigung notwendig. Es gibt natürlich durch die Wahl alternativer Transportsysteme eine beträchtliche Zahl von Möglichkeiten zur Faktorsubstitution im innerstädtischen Transportwesen. Die meisten Formen des Massenverkehrs sparen am Faktor Boden und (in einem geringerem Maße) am Faktor Arbeit, benötigen jedoch sehr viel Kapital. Privat genutzte Autos sparen Kapital ein, sind aber boden- und arbeitsintensiv. In den meisten großen Städten werden daher die Massenverkehrsmittel am häufigsten in den Stadtzentren eingesetzt, in denen Grund und Boden am teuersten ist; umgekehrt ist das Automobil, das in den Vorstädten am häufigsten benutzte Verkehrsmittel, da dort Grund und Boden relativ billig ist. Es ist weniger bekannt, ob die gleiche Art der Faktorsubstitution auch innerhalb eines bestimmten Transportmitteltyps, zum Beispiel bei der Nutzung des Automobils, aus den gleichen Gründen vorkommt. Im Stadtzentrum, wo Grund und Boden teuer ist, haben Verkehrsstörungen zur Folge, daß im Verhältnis zur Arbeit (in Form von Fahrzeit) an Grund und Boden gespart wird. In den Vorstädten, wo Grund und Boden vergleichsweise weniger teuer als der Faktor Arbeit ist und Grund und Boden für Arbeit daher substituiert werden kann, kann die Intensität der Straßenbenutzung reduziert werden; so wird der Verkehr flüssiger. Das eben Gesagte beweist nicht, daß die Gleichung (2) die korrekte Form der Produktionsfunktion des Verkehrs ist, macht diese Annahme aber eher plausibel.

Ferner wird angenommen, daß die Inputs und Outputs des Transportwesens auf Wettbewerbsmärkten erworben und verkauft werden. (Dies entspricht der Annahme, daß eine „Verkehrsbehörde" für Inputs Wettbewerbspreise zahlt und die vollen Kosten für Transportleistungen in Rechnung stellt.) Die Annahme impliziert, daß der Wert des Grenzproduktes jedes Faktors gleich seinem Preis ist:

(a) $\alpha_2 \, p_2(u) \dfrac{X_2(u)}{L_2(u)} = R(u)$ (b) $\beta_2 \, p_2(u) \dfrac{X_2(u)}{N_2(u)} = w$

(c) $\gamma_2 \, p_2(u) \dfrac{X_2(u)}{K_2(u)} = r$. (3)

Hier ist $p_2(u)$ der Preis für den Transport pro Entfernungseinheit in einer Entfernung von u Kilometer vom Stadtzentrum; $R(u)$ ist der Mietsatz bei der Pacht von Grund und Boden in einer Entfernung von u Kilometer vom Stadtzentrum; $R(u)$ soll durch das Modell bestimmt werden. w und r sind der Lohnsatz bzw. Zinssatz von Kapital, die beide als Modellprämissen von außen bestimmt werden und von denen angenommen wird, daß sie an allen Punkten des Stadtgebietes gleich sind. (Aus (3) ist leicht *Wicksells* Theorem abzuleiten, daß die Faktorzahlungen den Einnahmen entsprechen; es kann gezeigt werden, daß die Anteile der Faktoren α_2, β_2 und γ_2 betragen.) Ebenso kann von (2) und (3) abgeleitet werden, daß

$p_2(u) = A_2 \, R(u)^{\alpha_2} \quad A_2 = [A_2 \, \alpha_2^{\alpha_2} \, \beta_2^{\beta_2} \, \gamma_2^{\gamma_2}]^{-1} \, w^{\beta_2} \, r^{\gamma_2}$. (4)

Daß die Preise für den Verkehr über eine Entfernungseinheit direkt mit den Grundrenten variieren sollen, ist zwar einleuchtend, obwohl es auf den ersten Blick nicht überzeugt. Dort aber, wo die Grundrenten hoch sind, verlängern Verkehrsstauungen die Fahrzeit und erhöhen so die Zeitkosten. Das eben Gesagte konzentrierte sich auf die Angebotsseite des Verkehrssystems. Die Nachfrageseite hingegen beruht auf der Annahme, daß jede Output-Einheit eine bestimmte Nachfrage nach Transportleistungen ins Stadtzentrum erzeugt. Dies läßt sich folgendermaßen ausdrücken:

$$X_2(u) = \rho \int_u^k X_1(u') \, du'.$$ (5)

k bezeichnet die Entfernung vom Stadtzentrum zum Stadtrand (festgelegt durch das Modell), ρ die pro Output-Einheit nachgefragte Transportleistung für den Versand ins Stadtzentrum. Die Gleichung (5) besagt, daß die Gesamtnachfrage nach Transportleistungen in einer Entfernung u vom Stadtzentrum proportional zum in größerer Entfernung als u produzierten Output ist. Besteht der Output aus Gütern, dann kann die Annahme so interpretiert werden, daß ein bestimmter Teil der Güter zum Stadtzentrum transportiert wird. Besteht der Output in der Form von Wohngebäuden, dann kann die Annahme so interpretiert werden, daß pro Haushalt ein bestimmtes Ausmaß an Nahverkehrsaufkommen verursacht wird. Jeder Output, der nicht ins Stadtzentrum transportiert wird, wird entweder im lokalen Umkreis konsumiert oder aus dem Stadtgebiet direkt von seinem Produktionsort aus exportiert.

Unternehmungen, die Output produzieren und diesen ins Stadtzentrum transportieren, verkaufen ihn dort zum Wettbewerbspreis p_1. Der erzielbare Werkspreis ist dann $p_1 - T(u)$, wobei die folgende Relation besteht:

$$T(u) = \int_0^u p_2(u') du'. \qquad (6)$$

$T(u)$ entspricht den Versandkosten einer Output-Einheit von der Entfernung u ins Stadtzentrum. Wird weiter angenommen, daß die Output-Industrie die Produktionsfaktoren auf den gleichen Wettbewerbsmärkten wie die lokal ansässige Transportwirtschaft kauft, so ergeben sich folgende Bedingungen der Grenzproduktivität:

(a) $\alpha_1 [p_1 - T(u)] \dfrac{X_1(u)}{L_1(u)} = R(u)$ (b) $\beta_1 [p_1 - T(u)] \dfrac{X_1(u)}{N_1(u)} = w$

(c) $\gamma_1 [p_1 - T(u)] \dfrac{X_1(u)}{K_1(u)} = r$. $\qquad (7)$

Diese Grenzproduktivitäten sind der Gleichung (3) analog. Ebenso wie in Gleichung (4) erhalten wir die folgende Beziehung zwischen p_1, $T(u)$ und $R(u)$:

$$p_1 - T(u) = A_1 R(u)^{\alpha_1} \quad A_1 = [A_1 \alpha_1{}^{\alpha_1} \beta_1{}^{\beta_1} \gamma_1{}^{\gamma_1}]^{-1} w^{\beta_1} r^{\gamma_1}. \qquad (8)$$

Obwohl die Output-Industrie dem Wettbewerb unterliegt, bilden ihre Gesamtverkäufe eine abnehmende Funktion von p_1:

$$p_1 = a_1 X_1^{-\lambda_1}, \qquad (9)$$

wobei

$$X_1 = \int_0^k X_1(u) du. \qquad (10)$$

Gleichung (10) definiert den Gesamtoutput des städtischen Gebietes; Gleichung (9) enthält die Hypothese, daß die Nachfrage nach dem Gesamtoutput eine konstante Preiselastizität aufweist, die gleich λ_1 ist. Die Annahme, daß der Preis des Outputs im Stadtgebiet eine abnehmende Funktion seines Umsatzvolumens ist, ist angemessen; je mehr Output die Stadt produziert, in desto größerer Entfernung muß sie ihre Abnehmer haben. Dadurch werden die Transportkosten erhöht und die f.o.b.-Preise im Stadtzentrum reduziert.

Zwei weitere Gleichungen vervollständigen das Modell:

$$L_1(u) + L_2(u) = \theta u \qquad 0 \leq u \leq k. \tag{11}$$

Gleichung (11) besagt, daß Produktion und Verkehr die vorhandene Bodenfläche in jeder Entfernung u innerhalb des Stadtgebietes nutzen müssen.

$$R(k) = R_a. \tag{12}$$

Gleichung (12) besagt, daß die Stadtgrenze sich k Kilometer vom Stadtzentrum befinden wird, dort, wo die städtischen Bodennutzer genau den Pachtwert für die landwirtschaftliche Flächennutzung R_a bieten.

Das Modell ist nun vollständig. Obwohl es starke Vereinfachungen enthält, weist es eine bestimmte Komplexität auf. Seine exogenen Parameter sind R_a, Θ, ρ, die vier Parameter in jeder Produktionsfunktion, sowie die Zins- und die Lohnrate für die Nutzung des Faktors Kapital bzw. Arbeit. Von diesen Annahmen kann die Grundrentenfunktion in Abhängigkeit von der Entfernung, die Preise für Output und Verkehr, die Art der Flächennutzung, die Bevölkerungsdichtefunktion in Abhängigkeit von der Entfernung k oder irgendein anderer verwandter Maßstab für die Größe des Stadtgebietes abgeleitet werden. Der Hauptvorteil dieses Modells gegenüber dem in meinem Artikel „An Aggregative Model of Resource Allocation in a Metropolitan Area" dargestellten liegt in seiner größeren Einfachheit. Statt drei hat es nur zwei Produktionsfunktionen und vermeidet die künstliche Unterscheidung zwischen zentralem Stadtgebiet und Vorstadt. Tatsächlich wird der Output (er schließt die Bauwirtschaft ein, beschränkt sich aber nicht auf sie allein) im gesamten Stadtgebiet produziert, und es gibt in den meisten größeren Städten keine klaren ZGB-Grenzen. Zusätzlich wird hier die Input-Substitution im innerstädtischen Verkehrssektor hinsichtlich der Output-Industrie zufriedenstellender und symmetrischer dargestellt als in meinem früheren Beitrag.

Für die Zwecke der empirischen Untersuchung im nächsten Abschnitt dieses Beitrages richtet sich das Hauptinteresse auf die Grundrentenfunktion in Abhängigkeit von der Entfernung und auf die die mit dieser verwandten und im Modell implizit enthaltenen Funktion der Art der Flächennutzung. Die Grundrentenfunktion ist der Schlüssel zur Lösung des gesamten Modells.

Substituieren wir die rechte Seite der Gleichung (6) durch T(u) in Gleichung (8), so erhalten wir

$$p_1 - A_2 \int_0^u R(u')^{\alpha_2} du' = A_1 R(u)^{\alpha_1}.$$

Durch einmaliges Differenzieren erhalten wir eine Differentialgleichung in R(u):

$$A R(u)^\alpha + R'(u) = 0 \qquad (13)$$

wobei

$$A = \frac{A_2}{\alpha_1 A_1}, \qquad \alpha = 1 + \alpha_2 - \alpha_1 \text{ ist.}$$

Für $\alpha \neq 1$ hat diese Gleichung die Lösung

$$R(u) = [C - A(1-\alpha) u]^{\frac{1}{1-\alpha}}, \qquad (14)$$

wobei C eine Integrationskonstante ist. Da $1-\alpha = \alpha_1 - \alpha_2$ ist, wird $1-\alpha$ positiv oder negativ sein, je nachdem ob α_1 größer oder kleiner als α_2 ist. In jedem Fall ist die Grundrente eine abnehmende Funktion von u, die nahe am Stadtzentrum steil und bei zunehmender Entfernung vom Stadtzentrum weniger steil fällt.

α_1 und α_2 sind die Anteile von Grund und Boden an Output und Verkehr. Wenig ist über ihre relativen Größen bekannt; wahrscheinlich ist aber, daß die Parameter nicht sehr unterschiedlich ausfallen. In dem Maße, wie sie einander ähneln, ist die Lösung der Gleichung (13) bei $\alpha = 1$ angenähert gut. Sie entspricht in diesem Fall einer einfachen negativen Exponentialfunktion:

$$R(u) = R_0 e^{-Au}. \qquad (15)$$

Die Integrationskonstante R_0 stellt die Höhe der Grundrente im Stadtzentrum dar. Obwohl die negative Exponentialfunktion in vielen Untersuchungen zur städtischen Grundrente und zur Bevölkerungsdichte angewandt worden ist, ist sie hier zum ersten Mal in einem allgemeinen Gleichgewichtsmodell abgeleitet worden.

An den Gleichungen (3) und (7) erkennen wir schnell, daß die Bebauungsdichte proportional zur Grundrente ist. Zum Beispiel haben wir:

$$\frac{K_1(u)}{L_1(u)} = \frac{\gamma_1}{\alpha_1} \frac{R(u)}{r}. \qquad (16)$$

Dies besagt, daß das zur Outputproduktion genutzte Kapital pro Quadratkilometer Bodenfläche proportional zur Grundrente ist. Gleiche Ergebnisse erhalten wir für die anderen Inputs und für den von der Verkehrswirtschaft genutzten Grund und Boden. Wenn sich die negative Exponentialfunktion der Grundrentenfunktion in Abhängigkeit von der Entfernung nähert, so ist sie gleichermaßen auch eine gute Annäherung an die Dichtefunktion der verschiedenen Formen der Flächennutzung.

Das letzte hier anzuführende Ergebnis ist, daß der Output pro Quadratkilometer Bodenfläche ebenso in einem einfachen Verhältnis zur Grundrente in Beziehung steht. Aus (7a) und (8) erhalten wir:

$$\frac{X_1(u)}{L_1(u)} = (\alpha_1 A_1)^{-1} R(u)^{1-\alpha_1} . \tag{17}$$

Ein ähnliches Ergebnis gilt auch für die Verkehrswirtschaft. Gleichung (17) besagt, daß die Produktion pro Quadratkilometer Bodenfläche eine zunehmende Funktion der Grundrente ist. Ist $R(u)$ negativ exponentiell, so gilt dies auch für $X_1(u)/L_1(u)$.

5. Empirische Schätzungen und Tests[17]

In diesem Abschnitt werden einige umfassende Regressionsanalysen angeführt, die ich mit Daten über Bodenwerte[18] und über die Arten der Flächennutzung im Großstadtgebiet Chicagos durchgeführt habe. Chicago wurde hauptsächlich deswegen ausgewählt, weil hier ausgezeichnete Daten unmittelbar zur Verfügung standen. Ein zusätzlicher Vorteil lag jedoch auch darin, daß diese Stadt den Prämissen des Modells in folgender Art und Weise genügt: Der Grund für die Auswahl von Chicago ist offensichtlich die Verfügbarkeit billiger innerstädtischer Transportmittel; vom Stadtzentrum erstreckt sich eine in hohem Maße gleichförmige Topographie auf weite Entfernungen hin; ihre einzige Abweichung ist durch den Michigan-See bedingt; Chicago bildet einen fast perfekten Kreisbogen (von ca. 180°). Ein möglicher Nachteil für unsere Untersuchung ist das seit kurzem zu beobachtende gegenseitige Übergreifen der Großstadtgebiete Chicagos und Garys.

Drei sich deutlich unterscheidende Gruppen von Regressionen wurden untersucht: zuerst eine Gruppe von Regressionen, die im wesentlichen auf dem einzigen umfangreichen historischen Material über Bodenwerte beruhen, das über US-Städte überhaupt vorliegt; zweitens eine Gruppe von Regressionen, die auf gegenwärtigen Bodenwerten beruhen; und drittens eine Gruppe von Regressionen, die auf gegenwärtigen Arten der Flächennutzung beruhen.

5.1 *Homer Hoyt* veröffentlichte von den Jahren 1836, 1857, 1873, 1910 und 1928[19] umfangreiche Schätzungen der Bodenwerte Chicagos. Über das Stadtgebiet wurde ein quadratisches Raster gleich großer Vierecke mit einer Seitenlänge von einer Meile gelegt; von jedem Viereck wurde der durchschnittliche Wert des Grund und Bodens geschätzt. Die Daten stammten aus einer Vielzahl von Quellen und waren natürlich von unterschiedlicher Qualität. Dennoch ist mir keine andere vergleichbare historische Zeitreihenuntersuchung über irgendein städtisches Gebiet bekanntgeworden; die Bedeutung des Vergleichs von Bodenwertstrukturen über lange Zeiträume hinweg wird durch diese Untersuchung außerdem auch vollständig gerechtfertigt.

Pro Jahr wurden drei Regressionen untersucht, zuerst der Bodenwert im Zusammenhang mit der Entfernung zum Stadtzentrum. Die gleichen Schritte wurden dann für den Logarithmus (log) der Bodenwerte hinsichtlich der Entfernung vorgenommen. Abschließend wurde der Logarithmus der Bodenwerte in bezug auf den Logarithmus der Entfernung durch Regression untersucht. Die Bodenwerte wurden in US-Dollars pro Morgen Land erfaßt; die Entfernung wurde in Meilen Luftlinie von der Straßenkreuzung zwischen State und Madison* gemessen.

Die erste Regression benötigt keine Transformation der Variablen. Die zweite ist die logarithmische Version der im vorangegangenen Abschnitt abgeleiteten Exponentialfunktion. Die dritte ist die logarithmische Version der Gleichung

$$X_2 = a X_1^b$$

und liefert einen natürlichen Vergleich mit der Exponentialform einer Regressionsgleichung.

Die Ergebnisse zeigt Tabelle 1 (die t-Werte werden in Klammern unterhalb der Koeffizienten der Entfernungsvariablen wiedergegeben). R^2 ist das Quadrat des multiplen Korrelationskoeffizienten und ist in dieser Tabelle folglich dem Quadrat des einfachen Korrelationskoeffizienten äquivalent. In allen Fällen liefert die lineare Regression schlechte Ergebnisse. Eine oberflächliche Betrachtung der Daten und der Theorie der Bodenwerte weist nachdrücklich auf eine nichtlineare Gleichung hin. Die beiden nichtlinearen Gleichungen ergeben ein viel besseres Ergebnis.[20] Der Koeffizient der Entfernungsvariablen hat das richtige Vorzeichen und ist in jeder Regression weitgehend signifikant. Zwischen den beiden nichtlinearen Gleichungen gibt es nur geringe Unterschiede. Die R^2's sind von gleicher Größe, obwohl diejenigen für die log-Version in drei von den fünf Jahren

---

* State und Madison kreuzen sich im Stadtzentrum Chicagos, *Anm. d. Verl.*

größer sind. In der log-Gleichung entspricht der konstante Faktor dem Logarithmus des geschätzten Bodenwertes im Stadtzentrum, dessen stetiges Wachstum im Zeitverlauf den Erwartungen entspricht.

Viele Stadtökonomen vermuten, daß die Steigung der Grundrentenkurve im Laufe der Zeit durch die Verbesserung der Verkehrsmittel flacher werden muß.[21] Diese Annahme wird in Tabelle 1 durch die beiden nichtlinearen Gleichungen bestätigt. In der log-Version zum Beispiel fällt der absolute Wert der Steigung in der 92-jährigen Periode von 0,3986 auf 0,2184. In beiden Gleichungen bildet das Jahr 1857 die Ausnahme von der Regel. In beiden nichtlinearen Gleichungen gibt es allmählich eine Abnahme von R^2. In der log-Version bildet 1857 wieder die einzige Ausnahme. In der log-log-Version ist die Struktur weniger geordnet, der Trend aber scheint eindeutig zu sein. Ich vermute, daß dies aus dem in den vorangegangenen Abschnitten bereits ausführlich diskutierten Prozeß der Dezentralisierung resultiert. Im Laufe der Zeit wächst das Stadtgebiet, und neben dem Stadtzentrum werden andere Zentren wirtschaftlicher Aktivität wichtiger. Das Ergebnis lautet: die Entfernung vom Stadtzentrum kann die Unterschiede in den Bodenwerten weniger gut erklären.

5.2 Die zweite Gruppe der Regressionen basiert auf Daten, die *Olcotts Land Values*[22] für 1966 entnommen wurden. Der „Olcott" ist die für Bodenwerte maßgeblichste Quelle der USA. Das Werk wird jährlich veröffentlicht und umfaßt das gesamte Großstadtgebiet Chicagos.

Die erste Untersuchung wurde so ausgewählt, daß man acht Hauptachsen, die durch das ZGB oder nahe daran vorbeigehen, festlegte. Jede dieser Straßen wurde in Meilen-Abschnitte unterteilt. Für jeden dieser Abschnitte wurde ein Beobachtungswert ausgewählt; der „Olcott" lieferte die Bodenwert-Daten für die in der Mitte des Blocks (auf den die Markierung gefallen war) befindliche Parzelle. Dieses Verfahren wurde solange bis in die Außenbezirke wiederholt, wie es die „Olcott"-Tabellen zuließen. Insgesamt wurden 132 Beobachtungen angestellt. Die abhängige Variable war der Wert in US-Dollar pro Fuß der Frontlänge eines Grundstücks mit Standardtiefe. Unabhängige Variablen waren: die Straßenentfernung vom Stadtzentrum, gemessen in Meilen, sowie fünf 0−1 Schlupfvariablen zur Berücksichtigung der Klassifikation des fraglichen Grundstücks entsprechend dem Flächennutzungsplan.[23]

Die Ergebnisse zeigt Tabelle 2. Die Regressionen sind denjenigen, die für *Hoyts* Daten durchgeführt wurden, ähnlich, ausgenommen, daß die log-log-Regression nur den Logarithmus der Entfernung als unabhängige Variable berücksichtigt; zur Berücksichtigung der Flächennutzung wurden die gleichen 0−1-Schlupfvariablen benutzt, die auch schon in den anderen Regressionen verwendet wurden. Der Koeffizient der Entfernungsvariablen hat das richtige Vorzeichen und ist in allen drei Regressionen signifikant.

Tabelle 1 Historische Daten Chicagos

Jahr	Regression	Konstante	Entfernung	R^2
1836	linear	1016	−101.6	.0503
			(−3.2782)	
	log	5.799	−0.3986	.7836
			(−27.1104)	
	log-log	6.272	−1.936	.8284
			(−31.3073)	
1857	linear	6011	−575.1	.1911
			(−6.9412)	
	log	8.792	−.4874	.8597
			(−35.3627)	
	log-log	10.40	−2.873	.8509
			(−34.1262)	
1873	linear	24920	−2333	.2009
			(−7.2494)	
	log	10.05	−.3300	.7066
			(−22.4327)	
	log-log	10.34	−1.543	.6640
			(−20.3243)	
1910	linear	139800	−19220	.1386
			(−4.4658)	
	log	10.84	−.3275	.5867
			(−13.2685)	
	log-log	10.70	−1.300	.6828
			(−16.3365)	
1928	linear	182400	−15590	.1150
			(−4.2650)	
	log	11.85	−.2184	.4985
			(−11.7969)	
	log-log	11.96	−.9886	.4551
			(−10.8135)	

Tabelle 2 Chicago-Daten, 1966: Grundstücke an Hauptstraßen

Regression	Konstante	Entfernung	Flächen-nutzung kommerziell	Flächen-nutzung Büros	Flächen-nutzung Versorgungs-einrichtungen	Flächen-nutzung industriell	Flächen-nutzung Wohngebiet	R^2
linear	3228	−217.8 (−3.4726)	−.1531 (−1.6557)	.1997 (1.8720)	−.1262 (−1.2443)	−.1335 (−1.2194)	−732.8 (−0.6904)	.2924
log	6.505	−.1147 (−4.8754)	−.3016 (−.8693)	.8990 (2.2465)	−.04778 (−.1256)	−.2422 (−.5899)	.2588 (.6800)	.3196
log-log	6.692	−.6071 (−9.4496)	−.2217 (−.7729)	.2707 (.7878)	.0365 (.1153)	−.3060 (−.9040)	.3316 (.9993)	.5276

Tabelle 3 Chicago-Daten, 1966: Wohnbaugrundstücke auf Radialen vom Stadtzentrum

Regression	Konstante	Entfernung	Prozent nicht baufälliger Gebäude	Schlupf-variable Gerade I	Schlupf-variable Gerade II	Schlupf-variable Gerade III	Flächen-nutzungsplan Ein- und Mehr-familienhäuser	Über-wiegende Flächen-nutzung	R^2
log	4.294	−.0184 (−.8759)	.0094 (2.1258)	−.1778 (1.3745)	−.2627 (−2.2627)	.0960 (.7449)	.0381 (.2913)	.0772 (.7815)	.3022
log-log	4.299	−.0304 (−.2007)	.0080 (1.4582)	−.1650 (−1.2733)	−.2706 (−2.3172)	.1108 (.8489)	.0921 (.7504)	.0694 (.6977)	.2904

Es ist a priori schwer vorauszusagen, welche Vorzeichen die Koeffizienten der Schlupfvariablen zur Klassifikation der Flächennutzung haben werden. In den beiden nichtlinearen Regressionen übersteigt nur einer der t-Werte den Wert 1. Das in Tabelle 2 überraschendste Ergebnis ist der im Vergleich zur log-log-Regression relativ niedrige R^2-Wert der log-Regression.

Eine zweite Untersuchung wurde so durchgeführt, daß vier vom Zentrum des ZGB in verschiedene Richtungen radial angeordnete Geraden in den Stadtplan eingezeichnet wurden. Auf jeder dieser Geraden wurden Abschnitte von je 1 Meile Länge markiert. Die abhängige Variable wurde aus *Olcotts* Schätzung der Bodenwerte pro Fuß Straßenlänge eines Baugrundstücks für die nächstliegende Markierung genommen. Wiederum reichten die Geraden in eine solche Entfernung vom Stadtzentrum aus, wie Daten aus dem „*Olcott*" vorhanden waren. Insgesamt wurden 51 Stichproben genommen. Das Hauptmotiv zur Analyse dieser Daten lag darin, Ergebnisse zu erhalten, die mit anderen oben erwähnten Untersuchungen der Bodenwerte für Wohnbaugrundstücke vergleichbar sein würden.

Andere Untersuchungen der Bodenwerte für Wohnbaugrundstücke verweisen auf eine große Zahl von Variablen, die in die Regressionsgleichung eingeschlossen werden sollten. Die von mir bevorzugten Regressionen sind in Tabelle 3 enthalten. Die Ergebnisse der linearen Regressionen waren außerordentlich schlecht; sie sollen darum hier nicht dargestellt werden. Als unabhängige Variable enthält die log-log-Regression nur den Logarithmus der Entfernung. Die Entfernungsvariable ist wieder in Meilen Luftlinie vom Stadtzentrum angegeben. Der „Anteil nicht baufälliger Gebäude" ist der Prozentsatz derjenigen Wohngebäude innerhalb des zu berücksichtigenden statistischen Zählbezirkes, die die Volkszählung von 1960 als nicht baufällig aufführt. Jede der drei Schlupfvariablen für die vom Zentrum strahlenförmig ausgehenden drei Geraden nimmt einen Wert von 1 an, wenn die Beobachtung direkt auf der Geraden gemacht werden kann; sie hat sonst einen Wert von Null. Flächennutzung für Einfamilienhäuser hat einen Nullwert zur Folge, Flächennutzung für Mehrfamilienhäuser einen von 1. Die Variable für die überwiegende Flächennutzung nimmt den Wert 1 an, wenn in dem betreffenden Baublock eine andere Flächennutzung als für Wohngebäude überwiegt; sie ist Null, wenn Wohnnutzung dominiert. Die Auswahl dieser Schlupfvariablen basiert auf subjektivem Beurteilungsvermögen.

Alle Koeffizienten haben das erwartete Vorzeichen, obgleich nur wenige signifikant sind. (Freiheitsgrade sind in dieser Stichprobe kaum vorhanden.) Zwischen den beiden gezeigten Regressionen gibt es kaum Unterschiede. Das niedrige R^2 führte zur Untersuchung von Variablen, die bessere Regressionsergebnisse erbringen sollten. Es wurde eine „Zugänglichkeitsvariable" konstruiert, die die Entfernung zur nächsten Stadtautobahnabfahrt oder zum nächsten Nahverkehrsbahnhof berücksichtigt. Sie stand mit der Entfernungsvariablen in sehr engem Zusammenhang und hatte in allen Regressionen das falsche (positive) Vorzeichen. Der prozentuale Anteil weißer Einwohner korrelierte mit dem Prozentsatz nicht baufälliger Häuser und ergab nur eine geringe Signifikanz. Eine Null-Eins-Schlupfvariable, die anzeigen sollte, ob das Grundstück inner- oder außerhalb des Stadtgebietes von Chicago lag, hatte das falsche Vorzeichen und war nicht signifikant. Noch komplexere Schlupfvariablen, die die im Block durch den Flächennutzungsplan vorwiegend vorgeschriebene Bebauung anzeigen sollten, die nicht Wohnungszwecken dienen, waren von geringem Wert.

Es muß herausgefunden werden, warum die Ergebnisse in Tabelle 2 bessere Ergebnisse aufweisen als die in Tabelle 3.

Zweifellos ist ein Grund, daß durch die Beschränkung auf Wohnbaugrundstücke willkürlich ein bedeutender Teil der Unterschiede in den Bodenwerten ausgeschlossen wird, die sich durch Entfernung und durch andere zur Verfügung stehende Daten erklären lassen. Ein zweiter Grund mag darin zu sehen sein, daß das unregelmäßige Verhalten der Bodenwerte durch Beschränkung auf Beobachtungen an den Hauptstraßen eliminiert wird, wie zum Beispiel in Tabelle 2. Als dritter Faktor läßt sich anführen, daß ein ziemlich nahe am Stadtzentrum liegendes Grundstück für Wohnbauzwecke verwendet werden kann, wenn ein solches Grundstück für alle anderen Zwecke unbrauchbar ist. Nehmen wir zum Beispiel an, daß ein in einem Geschäftsgebiet liegendes Grundstück zu klein für eine rentable Geschäftsnutzung ist. Dann kann es weiterhin als Wohngrundstück genutzt werden, sogar wenn die Lage die Nutzung für diesen Zweck nicht erstrebenswert erscheinen ließe. Diese Betrachtungen führen mich zu dem Schluß, daß es nicht wünschenswert ist, sich bei der Untersuchung städtischer Bodenwerte nur auf städtische Wohngebiete zu beschränken.

5.3 Im vorangegangenen Abschnitt zeigten wir, daß die Intensität der Flächennutzung in dem hier untersuchten Modell eng mit der Grundrente verknüpft ist. Gleichung (16) zeigt, daß das Verhältnis Kapital/Boden proportional zur Grundrentenfunktion ist. Daher sollte dieses Verhältnis innerhalb eines Stadtgebietes der Grundrentenfunktion entsprechen.

Die Marktwerte der Kapitalstrukturen sind in mehreren Regressionsuntersuchungen über Grund und Boden und über Gebäude als Variablen verwendet worden. Alle Schätzungen von Marktwerten aber — Einheitswerte, Verkaufspreise und Schätzungen des Preises durch Fachleute — weisen gemeinhin bekannte Fehler auf. Es ist deshalb erforderlich, die Ergebnisse für die Wertmaße des Kapitals mit denjenigen Ergebnissen zu

vergleichen, die das Kapital durch physische Maße messen. Von den verschiedenen physischen Indices ist die Geschoßflächenzahl wahrscheinlich der theoretisch am besten begründbare Index.
Glücklicherweise enthält die „Chicago Area Transportation Study" Daten für die Geschoßflächenzahlen.[24] Diese Untersuchung teilte das Großstadtgebiet Chigacos in ein Quadratnetz mit einer Seitenlänge von einer halben Meile ein. Diese Quadrate wurden wiederum in Bezirke zusammengefaßt, deren Flächen von einer Quadratmeile im ZGB bis zu 150 Quadratmeilen am Rand des Großstadtgebietes schwankten. Von diesen Bezirken wurden die genutzte Bodenfläche und die Geschoßflächen für verschiedene Hauptnutzungsarten veröffentlicht — industrielle Produktion, Handel und sonstige Geschäfte, Wohnungswesen und öffentliche Verwaltung. Nach Ausschluß von Bezirken, über die nur unvollständige Angaben zu Geschoßflächen vorlagen, blieben zwanzig 1,0 bis 16,5 Quadratkilometer große Bezirke übrig. Die Ergebnisse sind in den Tabellen 20 und 21 der Chicagoer Untersuchung enthalten. Aus den veröffentlichten Daten war es möglich, für jede der oben angeführten Kategorien die Geschoßfläche pro Morgen Grundstücksfläche zu berechnen. Die Luftlinienentfernung wurde in Meilen vom ZGB bis zum Zentrum jedes Bezirkes gemessen.

Tabelle 4 zeigt die Ergebnisse der Regression der Geschoßfläche pro Morgen genutzten Bodens in bezug auf die Entfernung vom ZGB für jede der oben angeführten vier Kategorien. Ebenso werden Regressionen der Geschoßfläche pro Morgen erschlossenen Landes in bezug auf die Entfernung dargestellt. Die linearen Regressionen sind wieder diejenigen, die am wenigsten zufriedenstellen. Die nichtlinearen Regressionen weisen für die Datenerhebung insgesamt hohe R^2 auf. Interessanterweise haben die log-log-Regressionen allgemein größere R^2 als die log-Regressionen.

Die Regressionen für die unterschiedlichen Kategorien der Flächennutzung sind weitgehend ähnlich. Die Steigungen der fünf log-Regressionen zum Beispiel schwanken nur zwischen $-0,1639$ und $-0,229$. Die konstanten Faktoren in den log-Regressionen — die Logarithmen der geschätzten Bebauungsdichten im Stadtzentrum wiedergeben — schwanken nur zwischen 4,654 und 5,084. Die log-log-Regressionen weisen eine ähnliche Gleichförmigkeit auf.

Diese Ähnlichkeiten lassen zwei Schlußfolgerungen zu. Erstens haben anscheinend die äußeren Bedingungen den gleichen Einfluß auf die Flächennutzer, den Boden intensiv oder extensiv zu nutzen. Und zweitens erscheint es als ob an Aussagekraft sehr viel durch ein hoch aggregiertes Modell (wie von uns im vorangegangenen Abschnitt beschrieben) verlorengeht.

Tabelle 4 Daten der Bodennutzung in Chicago, 1959

Regression	Konstante	Entfernung	R^2
Produktion			
linear	191.2	−22.63	.3599
		(− 3.1811)	
log	5.084	−.2210	.6920
		(−6.3586)	
log-log	5.181	−.8541	.8776
		(−11.3626)	
Öffentliche Verwaltung			
linear	139.5	−15.40	.3402
		(−3.0463)	
log	4.654	−.1639	.5110
		(−4.3371)	
log-log	4.848	−.7134	.8228
		(−9.1407)	
Handel und sonstige Geschäfte			
linear	172.2	−21.35	.3141
		(−2.8711)	
log	4.702	−.2075	.5159
		(−4.3798)	
log-log	4.933	−.8935	.8126
		(−8.8352)	
Wohnungen			
linear	211.0	−26.68	.2932
		(−2.7325)	
log	4.931	−.2290	.5790
		(−4.9752)	
log-log	5.116	−.9403	.8292
		(−9.3473)	
Gesamte Geschoßfläche pro Acre			
linear	124.6	−14.42	.3530
		(−3.0458)	
log	4.665	−.2043	.6265
		(−5.3395)	
log-log	4.748	−.7809	.8086
		(−8.4751)	

6. Abschließende Bemerkungen

Es scheint keine Zweifel daran zu geben, daß zur Erklärung der allgemeinen Struktur der von Stadtteil zu Stadtteil und im Laufe der Zeit auftretenden Unterschiede in den Bodenwerten und in den verschiedenen Flächennutzungen die Verwendung eines relativ einfachen allgemeinen Gleichgewichtsmodells ausreicht. In dieser Untersuchung sind einfache Regressionsgleichungen aus einem allgemeinen Gleichgewichtsmodell abgeleitet und dazu verwendet worden, Chicagos Bodenwerte und Flächennutzungen zu analysieren. Unter Berücksichtigung der unterschiedlichen Datenform sind die Ergebnisse als verhältnismäßig zufriedenstellend zu bezeichnen.

Von dieser Beurteilung ausgenommen sind die Regressionen, die sich auf die Werte solcher Wohnbaugrundstücke beziehen, die sich auf den vom Stadtzentrum strahlenförmig ausgehenden Geraden befinden. Obwohl diese Resultate sicherlich enttäuschend sind, erscheint es sehr als wahrscheinlich, daß sie durch die willkürliche Beschränkung auf Wohnbaugrundstücke verursacht wurden. Wenn Grundstücke, was als sehr wahrscheinlich erscheint, dazu tendieren, durch Bebauungs- und Flächennutzungspläne bestimmt zu werden, die der Marktallokation entsprechen, dann schließt die willkürliche Beschränkung der Untersuchung auf Grundstücke, die durch den Bebauungsplan für den Wohnungsbau allein bestimmt sind, die teuersten Grundstücksparzellen von der Untersuchung aus. Dies ist gleichbedeutend mit dem Ausschluß der extremsten Beobachtungen in einer Untersuchung; ein solches Vorgehen wirft ernste Zweifel an den Ergebnissen vieler Studien über Bodenwerte von Wohnbaugebieten auf. Es mag vielleicht in denjenigen Untersuchungen weniger gravierend sein, die sich auf Teile eines Stadtgebietes beschränken, in denen der Flächennutzungsplan vorwiegend Wohngebäude vorschreibt; jedoch schließt das kritisierte Vorgehen dann noch immer einige der wichtigsten zu erklärenden Unterschiede in Bodenwerten und Flächennutzung aus.

Was die spezielle Form der Regressionsgleichungen betrifft, so ist die einzige Schlußfolgerung daraus einfach, daß die lineare Form insgesamt unbefriedigend ist. Wie bei den beiden nichtlinearen Gleichungen entsteht keine einheitliche Struktur der Ergebnisse. Bei einigen Daten ist die negative Exponentialform besser, während bei anderen die log-log-Gleichung bessere Ergebnisse erzielt. Gewiß gibt es bei Zugrundelegung der hier untersuchten Daten keinen überzeugenden Beweis für die Überlegenheit der negativen Exponential-Form, obwohl dies aus einem wichtigen Spezialfall des theoretischen Modells hervorgeht. Welches Modell zu einer log-log-Form der Grundrentenfunktion in Abhängigkeit von der Entfernung führen könnte, ist eine ungelöste Frage.

Es ist einfach zu begreifen, warum die lineare Form unbefriedigend ist. Hätten die Produktionsfunktionen fixierte Input-Output-Koeffizienten, wäre die Grundrentenfunktion in Abhängigkeit von der Entfernung linear. Eine solche Produktionsfunktion jedoch vernachlässigt weitgehend die innerhalb des Großstadtgebietes anzutreffende Substitutionsmöglichkeit zwischen Kapital und Grund und Boden. Ich kann mir nicht vorstellen, daß jemals ein Modell, dessen Produktionsfunktionen Substitutionselastizitäten zwischen Kapital und Grund und Boden enthält, die nicht Null sind, eine lineare Grundrentenfunktion in Abhängigkeit von der Entfernung erzielen wird.

7. Die Verfügbarkeit von Daten

Ich werde diesen Beitrag mit einigen Bemerkungen über die Verfügbarkeit von Daten für die Stadtanalyse beschließen. Kein Ökonom wird lange über städtische Probleme arbeiten können, ohne einen ausgeprägten Sinn für die Unzulänglichkeit des verfügbaren Datenmaterials zu bekommen. Im Gegensatz zu Untersuchungsobjekten liegt hier das Problem nicht im Datenmangel; tatsächlich sind große Mengen von Daten für viele Großstadtgebiete der USA erhältlich. Das Problem liegt vielmehr darin, daß viele dieser Daten von den städtischen Behörden für bestimmte Zwecke, wie zum Beispiel für Untersuchungen der Verkehrswirtschaft, gesammelt werden, und daß diese Daten dann nicht zwischen den einzelnen Großstadtgebieten vergleichbar sind. Daten zur Flächennutzung, die von allergrößter Bedeutung für Stadtuntersuchungen sind, sind in vielen Großstadtgebieten verfügbar. Allerdings unterscheiden sich die Daten von einem Großstadtgebiet zum anderen in mehreren Merkmalen: in bezug auf das durch das Datenmaterial erfaßte Gebiet (zum Beispiel, ob nicht erschlossener Grund und Boden eingeschlossen wird, ob sich die Daten auf das gesamte Stadtgebiet oder nur auf das Stadtzentrum beziehen), in bezug auf die Methoden der Klassifikation (zum Beispiel, ob zwischen Ein- und Mehrfamilienhäusern unterschieden wird); in bezug auf das Ausmaß der Aggregation (zum Beispiel, ob die Daten für das gesamte Gebiet oder nur für Ausschnitte des Gebietes gelten); in bezug auf die Art der gesammelten Daten (zum Beispiel, ob Daten über die Intensität der Flächennutzung miterfaßt wurden) und in bezug auf den Zeitpunkt der Datenerhebung. Daten über Bodenwerte (Werte des erschlossenen und des unerschlossenen Grund und Bodens; aber auch Werte, die sich auf die Inputs und Outputs von Produktionsprozessen auf Grund und Boden beziehen) sind von sehr viel schlechterer Qualität; im allgemeinen fehlten geeignete Maße zur Erfassung der *Intensität* der Flächennutzung.

Sehr viel bessere Daten sind für alle einzelnen Kategorien sowohl zur Intensivierung der Forschung als auch für bessere politische Entscheidungen erforderlich. Vergleichbarkeit der Daten ist die grundlegende Voraussetzung; sie kann nur dadurch erreicht werden, daß die Hauptverantwortung von Bundesbehörden getragen wird. Bei den Stadtverwaltungen ist es derzeit üblich, die Datenerhebungen über die Nutzung von Grund und Boden fast jedesmal, wenn eine wichtige Frage von öffentlichem Interesse in den Vordergrund tritt (wie die der Slumsanierung oder des Massenverkehrs), noch einmal zu überarbeiten. Zeitreihen mangelt es an Vergleichbarkeit, und es ist nicht ungewöhnlich, daß zwei oder mehrere Behörden einer Stadtverwaltung miteinander nicht vergleichbare Erhebungen gleichzeitig durchführen. Eindrucksvoll sind die Unterschiede bei den Bevölkerungsdaten. Die alle zehn Jahre wiederholte Volkszählung der USA erhebt eine große Menge nützlicher und vergleichbarer Bevölkerungsdaten für alle wichtigen Großstadtgebiete. Stadtverwaltungen finden diese Daten für viele Zwecke sehr geeignet; werden zusätzliche Daten benötigt, so wird gewöhnlich versucht, die Datenerhebungen so durchzuführen, daß die Daten der Volkszählung entweder für Vergleichszwecke oder als Grundlage der eigenen Erhebung dienen können.

Umfangreiche Daten der Wertschöpfung für Großstadtgebiete werden genauso dringend benötigt. Gegenwärtig gibt es für Großstadtgebiete nur für den Produktionsbereich Daten der Wertschöpfung, die jedoch nur nach Stadtgebiet und Stadtrand aufgegliedert werden. Wir benötigen jedoch Daten, die über die Quellen der Wertschöpfung Auskunft geben.

Nur mit solchen – und vor allem vergleichbaren – Daten können wir hoffen, die komplizierten Probleme zu erklären, die zu den Unterschieden in den Bodenwerten führen. Wahrscheinlich bilden sie die wesentliche Grundlage sowohl für die Forschung als auch für kommunalpolitische Entscheidungen.

Anmerkungen

1 *Joseph A. Keiper, Ernest Kurnow, Clifford D. Clark* und *Harvey H. Segal:* Theory and Measurement of Rent, Philadelphia 1961.
2 *Piero Sraffa* (Hrsg.): The Works and Correspondence of David Ricardo, Vol. I, Cambridge 1951.
3 *Philip H. Wicksteed:* An Essay on the Co-ordination of the Laws of Distribution, London 1932; Wiederabdruck der Ausgabe von 1894.
4 *Knut Wicksell:* Lectures on Political Economy, Vol. I, London 1935.
5 Vgl. *William Alonso:* Location and Land Use, Harvard 1965; *Edwin Mills:* An Aggregative Model of Resource Allocation in a Metropolitan Area, in: American Economic Review, Vol. 57, No. 2 (1967); *Richard Muth:* Economic Change and

Rural-Urban Land Conversions, in: Econometrica, Vol. 29, No. 1 (1961), S.1–23; *Lowdon Wingo:* Transportation and Urban Land, Baltimore 1961. Natürlich haben sich viele andere Veröffentlichungen mit der Theorie der städtischen Bodenwerte beschäftigt. Die hier aufgeführten Artikel bilden nur eine Auswahl der neuesten und wichtigsten Beiträge.

6 Eine vollständigere Diskussion findet sich bei *Mills:* An Aggregative Model of Resource Allocation in a Metropolitan Area, a.a.O.

7 Wenn es Kostendegressionen zum Beispiel bei der „Produktion" des Schienenverkehrs gibt, dann kann die Nähe zu einem Gleisanschluß die gleiche Rolle spielen wie die Nähe zu einem natürlichen Transportmittel der Möglichkeit B.

8 Diese Kräfte vertreiben die Bevölkerung und auch andere Quellen des Reichtums aus der landwirtschaftlichen Produktion. Wir benötigen aber immer noch eine Erklärung für die Tatsache, daß diese Ressourcen eher in Großstadtgebiete als in kleine Städte oder in ländliche Orte nicht landwirtschaftlicher Produktion abwandern.

9 *Richard Muth:* Economic Change and Rural – Urban Conversions, a.a.O.

10 *Lowdon Wingo:* Transportation and Urban Land, a.a.O.

11 *William Alonso:* Location and Land Use, a.a.O.

12 Es sei auf zwei technische Unzulänglichkeiten des Modells hingewiesen: Zuerst schließt das Modell die Möglichkeit nicht aus, daß ZGB-Arbeitnehmer durch Überbieten der ZGB-Wirtschaft zentral gelegenes Bauland der Wohnnutzung zuführen. Ich bin *W. M. Gorman* für diesen Hinweis zu Dank verpflichtet. Zweitens ist zu beanstanden, daß von allen Arbeitern angenommen wird, daß sie das gleiche Bruttogehalt beziehen. Die ZGB-Arbeiter sind jedoch, wo immer sie auch in den Vorstädten leben mögen, überall in einem räumlichen Gleichgewicht, da die Grundrenten durch die Transportkosten genau aufgehoben werden. Einige Arbeiter sind allerdings im Vorort selbst beschäftigt und kommen dabei offensichtlich besser weg als ZGB-Arbeiter, die in ihrer Nachbarschaft wohnen. Für diesen Hinweis bin ich *Ann H. Coffey* zu Dank verpflichtet.

13 *E. F. Brigham:* A Model of Residential Land Values. (Memorandum RM-4043-RC, Rand Corporation, Santa Monica 1964.) Die gleiche Studie ist leichter zugänglich in: The Determinants of Residential Land Value, in: Land Economics, Vol. XLI, No. 4 (1965), S. 325–334.

14 *John E. Rickert:* The Presence and Potential Role of State and Local Taxation in the Preservation or Development of Open Space in Urban Fringe Areas, Urban Land Institute 1965.

15 *Paul F. Wendt* und *William Goldner:* Land Values and the Dynamics of Residential Location, in: Essays in Urban Land Economics, Berkeley 1966.

16 *Edwin Mills:* An Aggregative Modell ..., a.a.O.

17 *Ann H. Coffey* prüfte die in diesem Abschnitt dargestellten Berechnungen.

18 Nichts wurde in diesem Beitrag über die Beziehung zwischen Bodenwerten und Grundrenten gesagt. Die letzteren sind für theoretische Modelle wichtig. Daten aber in Form von Schätzungen gibt es in der Regel nur für Bodenwerte. Es ist zu jedem möglichen Zeitpunkt vernünftig anzunehmen, daß die Kapitalisierungsrate der Grundrente von Stadtteil zu Stadtteil etwas differiert. Deshalben bilden die Bodenwerte und die Grundrenten ein konstantes Verhältnis. Im Laufe der Zeit oder über große Entfernungen hinweg können die Kapitalisierungsraten erheblich voneinander abweichen. In solchen Fällen wird das Verhältnis Werte zu Grundrenten ebenfalls differieren.

19 *Homer Hoyt:* One Hundred Years of Land Values in Chicago, Chicago 1933.

20 R^2 ist bei den linearen und nichtlinearen Gleichungen nicht vergleichbar. Bei den ersteren mißt R^2 den Prozentsatz der erklärten Werte, bei den letzteren den Pro-

zentsatz des erklärten Logarithmus. Da die beiden nichtlinearen Gleichungen gleiche abhängige Variablen aufweisen, sind ihre R^2 direkt vergleichbar.
21 Dies ist jedoch keine Konsequenz aus dem Modell des vorangegangenen Abschnitts. In Gleichung (15) impliziert schnellerer technischer Fortschritt bei den Transportmitteln als in der Output-Produktion ein Anwachsen des Verhältnisses A_2/A_1 und damit einen steileren Kurvenverlauf.
22 *Olcotts* Land Values Blue Book of Chicago 1966, Chicago 1966.
23 Nur wenige Grundstücke weisen einen Bebauungs- bzw. Flächennutzungsplan mit mehr als zwei Kategorien auf.
24 Chicago Area Transportation Study, Final Report, Band I, Study Findings, Chicago 1959.

3.3 Boden und Grundrente in der Wohlfahrtsökonomie*

Mason Gaffney

Vom Standpunkt der klassischen Theorie aus waren menschliche Wohlfahrt und Grundrente zwei Teile einer integrierten Philosophie. Würden uns *Smith, Mill, Marshall* und besonders *Ricardo* von ihrer gegenwärtigen Position eines kritischen Blickes würdigen, so müßten sie schockiert feststellen, daß „Landökonomie" und „Wohlfahrtsökonomie" zwei im wesentlichen getrennte Disziplinen sind. Ersteres verweist auf die Lehrmeinung des Wisconsin Instituts und seine Vorbehalte gegenüber der Grenznutzentheorie, auf die Hervorhebung einer evolutionären Entwicklung, den auf Tatsachen beruhenden Pragmatismus und die induktive Beweisführung. Der zweite Begriff bezeichnet eine verfeinerte a-priori-Scholastik, die, ausgehend von sterilen und weltfremden Postulaten, über Tangentenkonstruktionen und Gleichungssysteme zu irgendeinem Ergebnis zwischen umfassenden Reformen und nörgeldem Zweifel über den Wert jeglicher ökonomischer Wissenschaft kommt. Die Teilung in diese beiden Richtungen bedeutet eine nicht vertretbare Zersplitterung der Wissenschaft. Der Verfasser dieses Beitrags gibt keiner gegenüber der anderen den Vorzug. Er schlägt im Gegenteil einige Reintegrationsmöglichkeiten vor.

Die beiden Teildisziplinen weichen in zahlreichen Fragen voneinander ab. Die Wohlfahrtsökonomie tendiert im allgemeinen dazu, bei nur oberflächlicher Berücksichtigung des zeitlichen Aspekts die statische Optimalität zu betonen; die Landökonomie untersucht vorwiegend langfristige Änderung. Die Wohlfahrtsökonomie berücksichtigt im allgemeinen die räumliche Dimension nicht; demgegenüber macht die räumliche Organisation das wesentliche Element der Landökonomie aus. Die Vertreter der Landökonomie haben theoretische Untersuchungen abgelehnt und sind fast bis an den Rand des Anti-Intellektualismus gegangen, während Wohlfahrtsökonomen mehr Geduld bei der Konstruktion ihrer komplizierten Kon-

---

* *Anmerkung des Verfassers:* Meinem Assistenten *sans pareil* Thomas Crocker, dem ich viele wertvolle Anmerkungen verdanke, sei an dieser Stelle herzlich gedankt. Dank auch Elmar Kiehl für die die Grundlagenforschung fördernde Arbeitsatmosphäre; ebenso Marion Clawson, die mich durch konstantes Drängen dazu brachte, diesen Beitrag abzuschließen.

zepte aufbrachten als ihre Leser. Diese Konstruktionen werden oft Selbstzweck ihrer gelehrten Abhandlungen, ohne die Verbesserung des menschlichen Wohlergehens zu berücksichtigen. In bezug auf politische Entscheidungen sind die Vertreter der Landökonomie wahrscheinlich eher zufriedenzustellen, da sie ausschließlich politische Handlungen betont sehen wollen. Wohlfahrtsökonomen andererseits sind meistens unerbittlich, da sie Teiloptimierungen ablehnen und immer nach oben oder nach außen einem idealen und universalen platonischen Prototyp zustreben. Die Vertreter der Landökonomie sind insofern eklektischer, da sie in der Tat die Literatur der Wohlfahrtsökonomie lesen. Umgekehrt gibt es jedoch keinen Hinweis darauf, daß seit *Pigou* irgendeinem Vertreter der reinen Wohlfahrtsökonomie auch nur eine Spur Landökonomie geläufig war bzw. ist.

Wandert ein mit dem Boden verbundener Vertreter der Landökonomie durch die hehren Gefilde der reinen Wohlfahrtstheorie, so wird er hier vieles zu bewundern haben: z.b. die strenge Beweisführung, die elegante Anwendung des Marginalismus, die normative Beschäftigung mit dem gesellschaftlichen Wohlstand, die Unterdrückung subjektiver Vorurteile und die Kühnheit ihrer wirtschaftspolitischen Zielvorstellungen. Er wird sich dann wünschen, mehr davon auch in seiner eigenen Disziplin zu finden. Jedoch wird er auch über ein paar Gläsern Bier die Zeit finden, nachzudenken und sich zu fragen, welcher Erdbewohner diese trockenen und schwindelerregenden Höhen überleben kann. Er verlangt nicht unbedingt, daß Ökonomen eine Lohnliste zu Gesicht bekommen haben; aber diejenigen, die über ein so menschliches Thema wie Wohlfahrt arbeiten, sollten seiner Ansicht nach ein Zeichen von sich geben: daß sie bluten, wenn sie geschnitten und daß sie weinen, wenn sie verwundet werden. Zwischen den platonischen Höhen und den Tiefen des Lebens und der Sünde muß eine gemäßigte Zone liegen, in der die Allgemeinbegriffe der Theorie sich wieder mehr auf die praktischen, auf die menschliche Realität gerichteten Probleme beziehen. Der möglicherweise größte gegenseitige Beitrag der Land- und der Wohlfahrtsökonomie liegt darin, daß sie sich einander angleichen und für das Verbleiben beider Disziplinen innerhalb dieser gemäßigten Zone sorgen, in der wir bereits die Spuren von *Regan, Chryst, Margolis, Tolley, Clawson, Krutilla, Eckstein, Renshaw, Hirshleifer, Milliman* usw. sehen können, die glücklicherweise allen Teilklassifikationen trotzen: sie sind nur Ökonomen.

Durch ihre normative Methodik hat die Wohlfahrtsökonomie als Vorbild eine Art Auslösungsfunktion auf die Landökonomie. Die Vertreter dieser Disziplin neigen dazu, die von ihnen hervorgehobene institutionelle Struktur als einzige Nebenbedingung zu akzeptieren und diese als ewig gültig zu betrachten. Von bemerkenswerten Ausnahmen abgesehen unterwerfen sie sich der untergeordneten Rolle eines Kommentators, der Randbemerkungen zur Geschichte macht und das Unvermeidliche anmerkt. Abgestumpft von der ungeheuerlichen Nutzlosigkeit, die ihre Tätigkeit hervorruft, werden sie zunehmend unkritischer.

Die Vertreter der Wohlfahrtsökonomie sind besser auf solche Probleme eingestellt, in ihren Forderungen unnachgiebiger und in gewisser Hinsicht realistischer. Über die institutionelle Beschränkung hinaus verfolgen sie das wesentliche Ziel der menschlichen Gesellschaft. Sie heben die über den einfachen Institutionalismus hinausgehende Bedeutung dieser Grundziele hervor, bewerten dementsprechend gesellschaftliche Institutionen, übergeben diejenigen, die es verdient haben, der ewigen Verdammnis und erfinden zur Steigerung des allgemeinen Wohlstandes gewagte neue Vorrichtungen, wie zum Beispiel eine Sozialdividende, eine Pauschalbesteuerung nach der Kapazität (lump-sum capacity tax) oder in beliebiger Höhe emittierte Aktien.

Um dieses Selbstverständnis zu verstärken, schaffen sie die analytischen Voraussetzungen, von denen diejenigen Landökonomen oft abhängig sind, die sich mit normativen Urteilen beschäftigen. Durch den vielschichtigen Abwehrmechanismus – um Zyniker und Störenfriede zurückzuweisen – kann die theoretische Konstruktion sehr schwerfällig werden. Jedoch wird man als die Grundvoraussetzung das Prinzip der gleichen marginalen Bedingungen finden und zusätzlich viele Bestätigungen, die dieses Prinzip unterstützen.

Der Beitrag der Landökonomie zur Entwicklung der Wohlfahrtsökonomie besteht offensichtlich in einer gewissen Hervorhebung der Realität, in ihren vielschichtigen praktischen Erkenntnissen und ihrem Verständnis für das menschlich Mögliche. Die Wohlfahrtsökonomie wiederum hat einen Überfluß an Leerstellen, die durch die Landökonomie besonders gut ausgefüllt werden können.

Ironischerweise besteht aber der Hauptbeitrag der Landökonomie zur Wohlfahrtsökonomie in einem höheren Niveau an Allgemeingültigkeit. Trotz ihres „weltlichen" Inhaltes ist die „reine" Wohlfahrtsökonomie sowohl räumlich als auch zeitlich dimensionslos. Es ist zuweilen angemessen, von den lokalen Gegebenheiten zu abstrahieren; Raum und Zeit jedoch sind absolut allgemeine Voraussetzungen. Dabei wendet sich gerade die Wohlfahrtsökonomie besonders gegen Teiloptimierungen. Diese Reduktion auf dimensionslose Punkte in Raum und Zeit ist jedoch eine Teiloptimierung, die das erträgliche Maß überschreitet. Raum und Zeit sind der wesentliche Erkenntnisgegenstand der Landökonomie, und wenn sie nichts zur Wohlfahrtsökonomie besteuern könnte, dann würde dieser Gegenstand ausreichen, mehrere der oben erwähnten Leerstellen zu füllen.

So zum Beispiel im Falle des Konsumenten-Surplus. In der Landökonomie bezieht sich dies nicht auf mobile Einzelpersonen, sondern spezifisch auf Grund und Boden. Bewerten die Benutzer von Nahverkehrsmitteln in Connecticut die New-Haven-Railroad insgesamt höher, als diese mit Verlust arbeitende Gesellschaft an den Fahrkartenschaltern kassieren kann, dann wird dieser Surplus die Bodenpreise in Connecticut beeinflussen.

Erzielen kalifornische Farmer durch die Bewässerung ihres Bodens supramarginale Gewinne, die über ihrem Kostenpreis liegen, so geht der Überschuß ebenfalls in den Preis des bewässerten Grund und Bodens ein.

So zum Beispiel bei der Existenz von externen Effekten. Ihre allgemeinste Ursache wird durch räumliche Unterschiede hervorgerufen. Die Landökonomie beschäftigt sich ständig mit ihnen; sie sind sowohl technologisch als auch monetär bedingt. Jedes Entwässerungsprojekt beeinflußt den Grundwasserspiegel sowie die lokalen Handelsbeziehungen. Städtische Strukturen behindern die Aussicht der Nachbargebäude, teilen sich mit diesen Transport- und Versorgungseinrichtungen und Steuern und ziehen Kunden an oder bewirken, daß diese sich von ihnen abwenden. Eine grundlegende Möglichkeit, externe Effekte zu internalisieren, besteht darin, mehr Land zu erwerben, wodurch sich ein einzelner Eigentümer einer Parzelle zu einem Großgrundbesitzer entwickelt, der mit der Stadtverwaltung und dem Stadtrat konkurriert. Diese wiederum reproduzieren sich und die Lebensfähigkeit des einzelnen Grundbesitzes durch wohlüberlegte Manipulation der externen Effekte des Grund und Bodens.

Nehmen wir zum Beispiel das Problem der Wohlfahrtsökonomen, Interdependenzen zu erklären, die weitgehend das Resultat der räumlichen Anordnung sind. Die Landökonomen haben sich jahrzehntelang mit den Problemen der Koordination und zeitlichen Abstimmung komplementärer öffentlicher und privater Investitionen zum interdependenten Prozeß der städtischen wie ländlichen Flächennutzung beschäftigt.

Oder nehmen wir zum Beispiel das Problem einer Bestimmung einer idealen Steuer durch den Wohlfahrtsökonomen, d. h., eine Pauschalbesteuerung nach der Kapazität (lump-sum-capacity tax), die sich auf die latent vorhandene ökonomische Entwicklungsfähigkeit bezieht, vom tatsächlichen wirtschaftlichen Verhalten unabhängig ist und zusätzlich keine Marktverzerrung oder zusätzliche Lasten mit sich bringt. Nachdem nun aber die Wohlfahrtsökonomen ihre Steuer spezifiziert haben, finden sie sich in der merkwürdigen Verlegenheit, eine geeignete Steuerbasis zu finden. Grund und Boden bietet sich jedoch nicht nur als eine Basis mit den erforderlichen Eigenschaften an, sondern wird und wurde seit Jahrhunderten, wo immer Einheitswerte festgelegt wurden und wie es derzeit das Gesetz in den meisten amerikanischen Staaten vorschreibt, als solche in bezug auf die gegebenen Entwicklungsmöglichkeiten und unabhängig von der gegenwärtigen Flächennutzung besteuert.

Abschließend das Problem des Wohlfahrtsökonomen, Produktionsvorgänge mit fallenden Kosten zu untersuchen, Grenzkosten zu bestimmen und die Verluste, die sich bei einer Preisfestsetzung auf Grundlage der Grenzkosten ergeben, zu berechnen. Das Standardbeispiel für fallende Kostenverläufe ist die Versorgung mit öffentlichen Dienstleistungen bei einem geschlossenen Versorgungsnetz innerhalb eines bestimmten Stadtgebietes. Wir erinnern uns: *Hotelling* untersuchte die gesellschaftliche Wohlfahrtsfunktion im Zusammenhang mit den Problemen der Besteuerung und Tarife der Bahn und der Versorgungsbetriebe. *Dupuit* befaßte sich mit Ponts et Chaussées. Der erzeugte Konsumenten-Surplus wurde offensichtlich dem Mieterstragswert des Bodens zugerechnet, wo er gemessen werden konnte und daher durch eine pauschale Besteuerung des Bodens nach der Kapazität wiedergewonnen wurde, um die Verluste auszugleichen, die sich aus der Preisfestsetzung auf der Grundlage der Grenzkosten ergaben.[1]

Seit *Hotelling* haben Wohlfahrtsökonomen in ihrem hervorzuhebenden Streben nach Allgemeingültigkeit sich so weit von den realitätsbezogenen Grundlagen entfernt, daß die materiellen Zusammenhänge verlorengegangen und nur noch Leerformeln übriggeblieben sind. Von Laputa, der imaginären Insel in *Swifts* Houyhnhnms, wieder auf den festen Boden der Realität zurückgekehrt, finden wir diese ehemals leeren Stellen besetzt mit relevanten Erfahrungen − mit städtischem Massenverkehr, Bewässerungsbezirken, billiger Energie *et hoc genus omne*. Die Subventionen, die so vielen konservativen Ökonomen als Übel erscheinen[2], werden dann zu Recht nicht mehr als Problem der Subvention und nicht als eines der Umverteilung von „anderen Industrien" oder Wirtschaftsgebieten gesehen, sondern als Mittel, um nicht produzierte supramarginale Extragewinne von bestimmten Nutznießern durch die anerkannte Methode der Besteuerung nach der Kapazität abschöpfen zu können. Im Sinne der Umverteilung kann diese Methode als eine Belastung der Gewinner bezeichnet werden, die zur Kompensation der Verlierer verwendet werden kann − wiederum ein Ideal der Wohlfahrtsökonomie.

Diese Bemerkungen orientieren auf einige der gegenseitigen Beziehungen zwischen der Land- und Wohlfahrtsökonomie, die im folgenden genauer analysiert werden sollen. Zuerst definieren wir die Grundrente und grenzen sie von anderen distributiven Faktoren ab. Dann untersuchen wir die Bedeutung der Grundrente als einer wirtschaftlichen Bedingung für das einzelne Grundeigentum, sowohl im räumlichen als auch im zeitlichen Bezug. Und schließlich wird die Bedeutung der Grundrente als eines Steuerungsinstruments für die Flächennutzung in Relation zum Transport- und Versorgungsnetz analysiert.

1. Grundrente und andere distributive Faktoren: Ähnlichkeiten und Unterschiede

Die Grundrententheorie hat in den letzten Jahrzehnten nur mangelhaftes Interesse gefunden. Die neueste allgemein anerkannte Erkenntnis besagt, daß die Grundrente nur eine von vielen Renten ist und es keinen analytischen Vorteil bringt, Grund und Boden von anderen Ressourcen zu unterscheiden, sofern eine solche Differenzierung überhaupt möglich ist.
In dieser Untersuchung wird die technische Analyse für die Berechnung der Grundrente ausgeschlossen. Ich habe an anderer Stelle zu zeigen versucht, wie Grundrente von den Belastungen durch Abschreibungsquoten und Erschöpfungstendenzen des Bodens sowie vom Einkommen aus der ausschöpfbaren und ursprünglichen Bodenfruchtbarkeit und aus früheren Bodenverbesserungen getrennt werden kann.[3] Ich nehme im allgemeinen den Standpunkt ein, daß Grund und Boden[4] einen „Schrottwert" hat und zukünftige Opportunitätskosten aufweist, während dies für die ursprünglichen Bodenverbesserungen nicht gilt; der Wert des Grund und Bodens wird daher durch die zu erwartenden Einnahmen bestimmt, und diese früheren Bodenverbesserungen werden als Resterträge angesehen. In der gleichen Arbeit behandle ich die alten Spitzfindigkeiten über „Produzierbarkeit" von Grund und Boden, die Abwasser- und Versorgungsleitungsverbesserungen, die Abnahme der Fruchtbarkeit des Bodens, die Substituierbarkeit durch Kapital und die Venus von Milo; keine davon braucht uns hier von der weiteren Untersuchung abzuhalten.
An dieser Stelle ist es notwendig, die Bedeutung der ungewöhnlichen Eigenschaften von Grund und Boden für die Wohlfahrtsökonomie hervorzuheben: natürliche Grundlage, feste Standortlage, Ausdehnung, Dauerhaftigkeit[5] und begrenztes aggregiertes Angebot.
Die feste Standortlage ist diejenige Eigenschaft von Grund und Boden, die ihn als Maßstab und als Auffangvorrichtung für einen lokalisierten Konsumenten-Surplus und für externe Effekte erscheinen läßt. Arbeit und Kapital wandern zu diesem Standort, um an diesen örtlich begrenzten Extragewinnen entsprechend teilzunehmen; innerhalb eines entsprechenden Zeitraumes werden diese Extragewinne durch den zunehmenden Wettbewerb vollständig verschwinden. Gewinne aus dem örtlich begrenzten Angebot von Grund und Boden werden jedoch in höheren Grundrenten ihren Ausdruck finden. Institutionelle Barrieren können manchmal bewirken, daß diese Gewinne den lokalen Monopolorganisationen der Arbeit oder des Kapitals zufließen; in diesem Fall sind die Extragewinne der monopolistischen Struktur zuzurechnen und den Faktoren Arbeit und Kapital zuzuschlagen. Das Hindernis für eine Mobilität des Bodens ist physischer Natur und diesen Ressourcen inhärent. Der Extragewinn muß

der Eigenschaft des Grund und Bodens als solchem zugerechnet werden, dessen lokales Monopol durch die Natur bedingt ist.

Die feste Standortlage ist ebenfalls die Grundlage zur Untersuchung der oben angeschnittenen Interdependenzproblematik von Grund und Boden. Wasserversorgung, die zum Beispiel einen Einfluß auf die Entwicklung von Bauland hat, macht den Bau von Abwasserkanälen, von Wohngebäuden und schließlich die Errichtung und den Betrieb der notwendigen Verkehrs- und Versorgungseinrichtungen erforderlich, deren Gesamtheit erst eine städtische Gemeinschaft ausmacht. Wasserversorgung benötigt diese Vollständigkeit nicht an irgendeinem Standort, sondern dort, wo andere Dienstleistungen angeboten werden. Diese Dienstleistungen erzielen notwendige Kostendegressionen dadurch, daß sie diejenigen, die sie beanspruchen, nicht irgendwo im Raum verstreut, sondern zusammengedrängt antreffen.

Die Bedeutung der natürlichen Grundlage und die Unzerstörbarkeit von Grund und Boden für die Wohlfahrtsökonomie liegt in der durch diese Eigenschaften bedingten einzigartigen Verwendungsmöglichkeit für eine Pauschalbesteuerung nach der Kapazität, einer neutralen, nicht verzerrenden Steuer, die nicht dadurch eingeschränkt wird, daß Menschen die Steuerbasis durch Lagerhaltung oder Sparen geschaffen haben und die durch Konsum oder durch Umgehung vermeidbar wäre. Die einzige Beschränkung besteht darin, daß der Grundbesitzer sich das Eigentumsrecht sichert; ein Verkauf der Eigentumsrechte an Grund und Boden reduziert jedoch das Angebot um keinen Quadratmeter. *Ad valorem*-Grundsteuern kapitalisieren sich einfach in niedrigeren Bodenpreisen, und das Endergebnis besteht explizit oder implizit darin, die Steuerlast durch eine Zinslast zu ersetzen. Wenn diese Verschiebung eine Reallokation des nicht vermehrbaren Angebots zur Folge hat, so kann dies nur durch Beseitigung einer marktmäßigen Verzerrung — ungleichem Zugang zu Krediten — und nicht (genau festgestellte Einheitswerte angenommen) durch eine neue Verzerrung aufgehoben werden.

Der natürliche Ursprung und die Unzerstörbarkeit des Grund und Bodens räumen ihm eine einzigartige Stellung in der distributiven Ethik ein. Für die Existenz der Grundrente als privates Einkommen kann — wie Generationen von Ökonomen pflichtgemäß, wenn auch diskret vermerkt haben — kein funktionaler und rationaler Grund angegeben werden. Die Grundrente vermehrt weder das Angebot noch hält sie es aufrecht. Sie dient nur dazu, das Angebot dem höchstbietenden Nachfrager zuzuschlagen. Diese Funktion wird jedoch so stark durch die Spekulation auf antizipierte Zuwächse des zukünftigen Marktpreises behindert, daß — wie fast jeder Stadtplaner dokumentieren kann — es Grund für die Annahme gibt, daß die Übertragung der Grundrente an die öffentliche Hand durch sehr hohe pauschale *ad valorem*-Steuern nach Kapazität der allokativen Funktion eher und besser gerecht wird.

Verstehen wir jedoch unter der Einzigartigkeit des Grund und Bodens sein begrenztes Angebot, so geraten wir in Widerspruch zur allgemein anerkannten Erkenntnis, daß solche Unterscheidungen sich in zunehmendem Maße verwischen. Einige der wichtigsten Argumente hierzu sind die folgenden: Den Menschen sei es möglich, das Angebot an Grund und Boden zu erhöhen; die Rente sei eine von vielen Differentialrenten; Roger Maris könne mehr durch „Baseball" als durch Verkauf von Sodawasser verdienen; das Angebot an Arbeitskräften sei einkommensunelastisch, die Kapitalbildung zinsunelastisch. Wir wollen uns an diesen Argumenten der Reihe nach ergötzen.

Sprechen Stadtökonomen vom wachsenden Angebot an Grund und Boden, so berücksichtigen sie dabei ganz offensichtlich solche Vorgänge wie den Ausbau der Stadtautobahnen und der Hauptwasserkanäle, wodurch zusätzliche Bodenflächen urbanisiert werden. Agrarökonomen, die von „elastischem" Angebot von Grund und Boden sprechen, haben dabei Urbarmachung und Rodung von Land vor Augen. Die Städte entziehen Obstgärten den Boden, diese wiederum den Schweinehaltern, die die Weizenfarmer unter Druck setzen. Diese Weizenfarmer verdrängen die Rinderhalter, diese wiederum die Schafherden, die ihrerseits den Wald und die Erholungsgebiete umwandeln. Die durch diesen Prozeß verdrängten Personen und Nutzungsarten erinnern uns daran, daß kein neues Land geschaffen wurde. Lediglich die Flächennutzung, die sich entwickelt hatte, als die Erde noch jung war, wird intensiviert.

Auf ähnliche Weise intensivieren wir die Nutzung von Arbeit und Kapital, wenn sie ebenfalls relativ teurer werden. Man kann dies nicht als die Schaffung neuer Arbeit oder neuen Kapitals bezeichnen, obwohl in einem gewissen Bereich die Intensivierung durch die Neuschaffung von Kapital oder Arbeit substituiert wird. Zusätzlich werden aber tatsächlich neue Menschen geboren und wird neues Kapital aufgestockt. Darin liegt der Unterschied.

Die Ansicht, Rente sei „Differentialrente", ist — wie ich glaube — das Resultat einer Verwechslung des Nebensächlichen mit dem Wesentlichen. Die Theorie der Grundrente wurde aufgestellt, um erklären zu helfen, warum man für etwas zahlen sollte, das die Natur gratis liefert. Wenn man der Auffassung *Ricardos* folgt, erkannten die Vertreter dieser Theorie, daß Grund und Boden pro Flächeneinheit qualitative Unterschiede aufweist und pro Flächeneinheit unterschiedlich hohe Renten verlangt werden. Einige Autoren vertreten den Standpunkt, daß diese Unterschiede das Wesen der Rente ausmachen — ein sekundärer Aspekt.[6] Die Rente entsteht, weil Grund und Boden in bezug auf die Nachfrage knapp ist, und sie würde unter dieser Bedingung auch dann entstehen, wenn das Land vollkommen gleichförmig und mit gleichen Eigenschaften ausgestattet wäre.

Es bietet sich ein Vergleich mit einer öffentlichen Berühmtheit an. Er gestattet eine Analogie zwischen Grundrente (d. h. einer Zahlung ohne Funktion auf das Angebot) und dem Einkommen von Filmstars und professionellen Sportlern, die angeblich ihre Arbeit lieben, ansonsten zu nichts zu gebrauchen sind und für weniger Geld genausoviel arbeiten würden. Diese Analogie stimmt aus zwei Gründen nicht.

Erstens ist der angebliche Anteil der Rente am Einkommen des Stars nicht definierbar. Es wird angenommen, daß die Rente durch den Überschuß des Stareinkommens über seine Opportunitätskosten bestimmt wird. Interpreten dieser Analogie bezeichnen diese beste aller Alternativen als weit hergeholt und übelgesinnt: BB als Putzfrau und Roger Maris als Lehrer. Daher ist nach ihrer Ansicht der größte Teil des Star-Einkommens eine Rente. Die Alternative ist aber willkürlich gewählt, und die Rente wird hier zum dehnbaren Begriff. Es gibt eine ganze Reihe zutreffenderer Alternativen; was Rente bedeutet und nicht, hängt vollkommen von der einen bereits spezifizierten Alternative ab; solange Roger für ein anderes Team und Brigitte für ein anderes Publikum spielen können, erzielen sie „Vergütungen", die ihren bisherigen weitgehend entsprechen; ihre Rente löst sich in realisiertes Einkommen auf.

Zweitens ist die Grundrente ein makroökonomisches Konzept; sie umfaßt alle Einkommenskategorien aus Grund und Boden, unabhängig von der Aufteilung der verschiedenen Wirtschaftszweige oder Nutzungsarten. Dies würde sogar dann zutreffen, wenn die gesamte Bodenfläche – ebenso wie die gesamte Arbeit – homogen ist und ausschließlich eine Warenart produzierte. Die Rente wird vom Lohn unterschieden – Adams Fluch besagte, daß die Arbeit gegen Feierabend lästig werde und jederzeit ein Opfer für vergnügliche Ablenkungen sei. Löhne haben im allgemeinen die notwendige Funktion, die Menschheit vom Müßiggang abzuhalten. Die Rente ruft im allgemeinen keine Reaktion des Angebots hervor. Ihr Schöpfer kann es niemals wahrnehmen.

Wenn die Erfinder von Begriffen und Streitfragen das Star-Einkommen schon als „Rente" bezeichnen müssen, so sollten sie doch dazu angehalten werden, zumindest den ursprünglichen Begriff unverfälscht zu gebrauchen und die Sprache nicht dadurch verarmen zu lassen, daß sie ihr Konzept als „Mikro-Rente" oder als „Transfer-Rente" bezeichnen. Ihre Leser können dann mutmaßen, daß das Einkommen von Grund und Boden sowohl eine Mikro- als auch Makrorente und damit eine Doppelrente ist. Der Bauplatz zwischen der vierunddreißigsten und der fünften Avenue in New York, auf dem das Empire State Building errichtet wurde, ist von der Natur gratis zur Verfügung gestellt worden, und zwar wie bei der echten Liebe, ohne nach Belohnung zu fragen und ohne Drohung auf Rücknahme; der Platz könnte aber auch bloß ganz simpel dem Kartoffelanbau dienen. Sein jährliches Millionen Dollar-Einkommen aus Grund und Boden ist daher zu 100 Prozent eine Rente.

Ohne Zweifel sind wir, wie uns das Mikro-Renten-Konzept nahelegt, alles arme Sünder, die, wenn sie erhielten, was sie verdienten, bestimmt nicht viel erhalten würden. Unter den ökonomischen Sündern jedoch nehmen die Empfänger der Renten eine besonders hervorragende Stellung ein.

Diejenigen, die Löhne und Gehälter als Renten betrachten, haben jedoch einen weiteren Pfeil im Köcher. Sie verweisen auf die Tatsache, daß die Einkommen heutzutage höher als im Jahr 1900 seien, die Arbeitszeit aber gesunken sei. *Post hoc ergo propter hoc:* Zahle ihnen mehr und sie werden weniger arbeiten. Das Argument des Vorarbeiters der Straßenarbeiter wurde von den modernen Kameralisten übernommen. Löhne und Gehälter stimulieren nicht das Angebot an Arbeit; das Arbeitskräfteangebot ist widernatürlich elastisch in bezug auf die Höhe der Löhne und Gehälter.

Dieses Argument wäre genauer, wenn *ceteris* gleich *paribus* wäre. Innerhalb von sechzig Jahren hat sich vieles verändert. Unter anderem haben wir heutzutage progressive Einkommensteuersätze, gewachsenen Reichtum, längeren und subventionierten Schulbesuch, stärkere Gewerkschaften, Beförderung nach dem Dienstalter und Arbeitsschutz, geringere Einkommensunterschiede für verschiedene Berufe, Sozialversicherung, Freud, geregelte Immigrationsraten (USA), und Miltown*, um psychologische Probleme, die sich aus der industriellen Arbeit ergeben, zu unterdrücken. Es wäre übertrieben, allen unseren modernen Müßiggang auf hohe Löhne und Gehälter zurückzuführen. Ist die langfristige Reaktion überhaupt relevant? Insofern höhere Löhne im Laufe der Zeit für die Verringerung der Arbeitszeit verantwortlich sind, geschieht das deshalb, um das nötige Kleingeld zu akkumulieren, damit die Freizeit mit einem höheren Preis belegt werden kann. Der Preis, den wir für Freizeit festsetzen, ist keine Funktion der Löhne und Gehälter für unsere marginale Arbeit in einem bestimmten Augenblick, sondern eine Funktion der Löhne und Gehälter, die wir gestern erhalten haben und die wir morgen und in Zukunft erwarten; oder eine Funktion der Einkünfte aus unserem Vermögen, eine Funktion der staatlichen Unterstützung für Sozialhilfeempfänger, eine Funktion von vielen anderen Dingen mehr. Das Geld, das wir dafür erhalten, daß wir zwischen 16.00 und 17.00 Uhr am Freitag, dem 22. Dezember 1961,

---

* Einstmals verbreitetes Beruhigungsmittel, *Anm. d. Verl.*

arbeiten, ist notwendig, das Angebot unter den Bedingungen dieses Augenblicks anzulocken. In diesem Sinne sind Löhne zweckbetont, während dies für die Grundrente nicht gilt.

Die neuen, allgemeinen Erkenntnisse besagen ferner, daß wir Sparen und Kapital mehr oder weniger automatisch schaffen, so daß Zinsen [7] ebenfalls Rente darstellen. Es wäre vermessen, eine jahrzehntelange Diskussion über dieses Thema in einigen Worten zusammenzufassen. Die in den USA während der letzten drei Jahrzehnte, in denen die neuen Erkenntnisse akzeptiert wurden, verzögerte Rate der Kapitalbildung gibt uns zumindest das Recht zu fragen, ob schon das letzte Wort gesprochen wurde, als der *Rentier* der Euthanasie übergeben wurde. Ein Landökonom bezweifelt, daß die Zinssätze tatsächlich die Kapitalbildung beeinflussen – wenn nicht direkt, so doch über ihre Auswirkungen auf die Werte des Anlagevermögens und besonders durch die Beeinflussung der Bodenwerte durch ihre hohe Zinselastizität. Hohe Bodenwerte als Ergebnis niedriger Zinssätze befriedigen, ohne jedoch die Folgen realer Kapitalbildung zu bewirken, die Nachfrage des Grundeigentums nach Anlagegütern und tendieren so dazu, die Sparquote zu senken. Es scheint ebenso offensichtlich, daß wir – Bodenwerte oder nicht – bei einem Zinssatz von Null leben könnten, indem wir unbegrenzt Geld aufnehmen können und dann nicht nur Spareinlagen, sondern auch unsere Arbeitsplätze und alle damit verbundenen Unannehmlichkeiten, Verluste und andere Einschränkungen aufgeben würden. Die Anhänger *Gesells* können diesem Dilemma kaum durch die Forderung nach Kreditrestriktionen ausweichen, da am Ende der Kreditentwicklung Kapitalknappheit auftritt und damit ein Zinssatz gefordert wird. Ein Zinssatz von Null ist ganz einfach ein Hirngespinst, in das wir uns durch die Akkumulationen von Jahrhunderten in einigen wenigen glorreichen Tagen verrannt haben. *Natura non facit saltum*, und so ist es nur plausibel, daß eine Annäherung an einen Zinssatz von Null bewirken würde, daß die Kapitalbildung stark zurückgehe.

In einer geschlossenen Wirtschaft würden die Auswirkungen einer weitergehenden Annäherung an einen Zinssatz von Null ein interessantes Diskussionsthema abgeben. In der Praxis jedoch stellt sich das Problem selten auf diese Art und Weise. Steuerverwaltungsbezirke werden in bezug auf ein bestimmtes Gebiet definiert, aus dem das Kapital unbedeutender und vorübergehender Ursachen wegen flieht; demgegenüber kann man Grund und Boden bis zur Neige besteuern, und dennoch wird niemals ein Quadratmeter Boden sich erheben und seinen Standort verlassen.

Zusammenfassend kann festgehalten werden, daß wir unter „Rente" einen Einkommensteil verstehen, der spezifisch mit Grund und Boden verbunden ist und der anderen distributiven Faktoren nur durch trügerische unrealistische Analogien angeglichen werden kann, die niemals mehr als nur ein Kniff des Wissenschaftlers darstellen.

2. Grundrente als Beschränkung der Flächennutzung durch atomistische Parzelleneigentümer

Wie wir festgestellt haben, ist die Grundrente ein „Surplus" der sich von anderen distributiven Faktoren dadurch unterscheiden läßt, daß ihm die Funktion der Förderung des Angebotes fehlt. Faktorzahlungen haben jedoch zweierlei Funktionen. Sie rufen aggregiertes Angebot hervor und teilen es unter den konkurrierenden Nachfrager auf. Die Rente kann diese letztere Aufgabe genauso wie die anderen Faktoren erfüllen. Die „Rente", schrieben *Ely* und *Wehrwein*, „ist ein Bestimmungsfaktor der Struktur der Flächennutzung". Die Rente bestimmt die besten Grundstücke für diejenigen Nutzungsarten, die diese Vorteile am dringendsten benötigen, und ordnet die Arten der Flächennutzung in einer Rangordnung an, die durch die Fähigkeit, eine Rente zu zahlen, bestimmt wird. Die Wissenschaft der „Standorttheorie", von *v. Thünen, Weber, Lösch, Hoover, Dunn, Isard* und anderen entwickelt, hat dieses Prinzip sorgfältig ausgearbeitet, so daß die allokative Funktion der Rente eine nicht nur akzeptierte, sondern auch ergänzte Theorie ist.

Der systematisch vorgehende und alle Aspekte berücksichtigende Wohlfahrtsökonom wird jedoch zu der Ansicht gelangen, daß die Land- und Standortökonomen den ökonomischen Zweck der Rente in einem quantitativen Sinn noch nicht vollständig darstellen konnten. Diese haben die qualitative Funktion der rangmäßigen Ordnung von Arten der Flächennutzung rational erklärt, die quantitative Funktion der Festsetzung der Grenzbedingungen für die Haltung verschiedenen Grund und Bodens jedoch vernachlässigt: Wieviel Grund und Boden sollte die Unternehmung gerade noch besitzen und mit welcher Intensität solle er gerade noch genutzt werden? Kein Beweis wurde uns dafür geliefert, daß die Rente zentraler Grundstücke auf optimale Weise dafür sorgt, daß die Grundbesitzer von der Expansion abgehalten werden, und daß so private und soziale Kosten für die Versorgungsbetriebe und für die Flächennutzer des an der Peripherie gelegenen Grund und Bodens entstehen, die ihren Besitz verlagern müssen. Im allgemeinen waren sie damit zufrieden, die These zu akzeptieren, daß die privaten Transportkosten und Kosten für öffentliche Versorgungsleistungen den sozialen Kosten entsprechen, obwohl dies eindeutig unrichtig ist. Weder haben sie weitergehende Fragen über das Wesen sozialer Transportkosten gestellt, noch die Auswirkungen des Grundbesitzes auf diese Kosten untersucht.

Der geographisch orientierte Wohlfahrtsökonom würde zustimmend zur Kenntnis nehmen, daß die Standorttheoretiker beweisen, daß Menschen mit größerem Bedarf an Transportleistungen dazu neigen, sich an einem

zentralen Standort niederzulassen. Dadurch werden Transportkosten minimiert, zumindest derjenige Teil der Kosten, den diese Personen zu bezahlen haben. Das ist eine wichtige Information. Transportkosten variieren allerdings mit den Unterschieden in der Gesamtintensität der Flächennutzung. Verdoppeln alle Grundbesitzer, unter Beibehaltung ihrer bisherigen Rangordnung, ihren Besitz an Grund und Boden, so würde damit die Entfernung, die das Warenangebot, die Kunden und die Produkte zurücklegen müßten, erheblich vergrößert werden, und sehr wahrscheinlich würden damit auch die sozialen Kosten pro Kilometer entsprechend steigen.[8]
Eine wichtige Funktion der Rente liegt daher darin, solche Erweiterungen des Grundbesitzes einzuschränken, und zwar mit dem Ziel, die aggregierten Transportkosten zu minimieren und die produktiven Verbindungen (zwischen den Produzenten) zu maximieren. Konsequenterweise ist diese Problematik in einem schnell wachsenden Gebiet mit städtischer wie ländlicher Flächennutzung eine Frage von besonderer Bedeutung. Es ist aber zugleich eine Frage, für deren Beantwortung der geographisch orientierte Wohlfahrtsökonom sehr wenig Anhaltspunkte findet; die Verkehrswirtschaft muß erst noch in die Land- und die Standortökonomie integriert werden.

Die Beziehungen zwischen diesen drei Disziplinen sind weitgehend vorhanden. Man nehme zum Beispiel an, daß es zutrifft, daß in Stadtrandgebieten die privaten Transportkosten und die Kosten für die öffentlichen Versorgungsleistungen geringer als die sozialen Kosten sind. Dies würde zunächst offensichtlich nur zusätzlichen peripheren Boden der Nutzung zuführen. Dies wiederum würde die von der Rente ausgehenden Beschränkungen auf die intramarginale Flächennutzung zum Teil aufheben und dort die Intensität der Flächennutzung unter das Niveau der Wirtschaftlichkeit sinken lassen. Dies hätte zur Folge, daß sich die Bevölkerung über eine große Fläche zerstreuen würde, und als Folge würden höhere Transportkosten entstehen. Die Lasten, die durch unökonomische Frachtraten entstehen, spiegeln nicht einfach nur die offensichtlich falsche Verwendung der öffentlichen Infrastruktur wider, sie bewirken den langfristigen Rückgang der Bebauungsdichte, verursachen eine Standortverlagerung der Bevölkerung und verstärken damit die Nachfrage nach einer weiteren Ausdehnung subventionierter Transport- und Verkehrseinrichtungen. Dies sind die langfristigen Zusammenhänge zwischen der Flächennutzung und den Transport- und öffentlichen Versorgungstarifen, die ein geographisch orientierter Wohlfahrtsökonom explizit herausgearbeitet sehen möchte.

2.1 Rente als Beschränkung räumlicher Ausdehnung

Wir untersuchen zunächst einen einzelnen Grundbesitzer und bestimmen die ihm immanente Grundhaltung als auf Expansion orientiert, gegen die jede Begrenzung durch externe Opportunitätskosten im jeweiligen Grenzgebiet ankämpfen muß. Der Rentenbegriff ist für diese Art der quantitativen Analyse zu unscharf. Die Rente basiert auf Durchschnittswerten, wir benötigen jedoch Grenzwerte. Wird sie von einer die ganze Fläche betreffenden Nutzung oder Bebauung als das durchschnittliche Nettoprodukt pro Flächeneinheit verstanden, so ist die nach außen drängende Kraft nicht diese durchschnittliche Nettoproduktion, sondern das Nettogrenzprodukt, das wir als „Grenzrente" bezeichnen wollen; sie kann höher oder niedriger als der Durchschnitt sein, und zwar je nachdem, ob die Bodenbestellung oder Flächennutzung zu niedrig oder zu hoch ist. Während dies für einen Vertreter des Marginalismus einleuchtend erscheinen wird, wurde dieser Gedankengang meines Wissens explizit in der Literatur noch nicht entwickelt, und die sich ergebenden Implikationen werden überwiegend verhöhnt werden. Wir wollen deshalb nachfolgend das Konzept der Grenzrente entwickeln.

Wir gehen Schritt für Schritt vor und abstrahieren zuerst von der Kostendegression, indem wir konstante Skalenerträge annehmen; außerdem wollen wir das Transportproblem ausschalten; nebeneinander liegende landwirtschaftliche Betriebe werden wir einfach auf homogene Bodenqualität und ohne bedeutende Standortunterschiede untersuchen. Dies führt direkt zu einigen interessanten Ergebnissen der Wohlfahrtstheorie über die Gleichgewichtszustände in einem Stadtrandgebiet für aneinandergrenzende Flächennutzer.

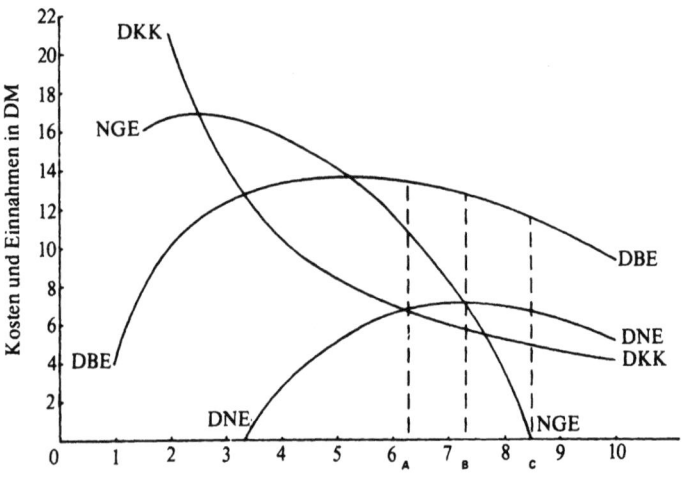

1 Komplementärkosten, Einnahmen, abgeleiteter Durchschnitt und Nettogrenzprodukte von Grund und Boden bei konstanten Skalenerträgen

In Abbildung 1 stellen wir die Annahme konstanter Skalenerträge dar, indem wir auf der Abszisse nicht Grund und Boden, sondern das Verhältnis von Grund und Boden zu komplementären Inputs auftragen. Zwei der dargestellten Kurven beziehen sich auf Werte pro Quadratkilometer Bodenfläche: die durchschnittlichen Bruttoeinnahmen pro Quadratkilometer (DBE) und die durchschnittlichen komplementären Kosten pro Quadratkilometer (DKK). Die DKK-Kurve ist eine Rechtecks-Hyperbel.[9] Die DBE-Kurve verläuft wie jede andere übliche Durchschnittsproduktkurve, die das Ergebnis unterschiedlicher Anteile der Inputs auf den Output wiedergibt. Zu bemerken ist, daß sich der Durchschnitt auf die Zahl der Quadratkilometer und nicht auf die Stückzahl des Outputs bezieht.

Die vertikale Spanne zwischen DBE und DKK, ihre Differenz, ist die durchschnittliche Nettoeinnahme (DNE), das heißt Rente. Die Kurve DNE hat ihr Maximum rechts vom höchsten Punkt der DBE-Kurve. Man beachte die charakteristische linsenartige Form des Gebietes zwischen den DBE- und DKK-Kurven. Diese Form werden wir noch öfter antreffen.

Die interessanteste Kurve ist die der Nettogrenzeinnahmen (NGE), das heißt der Grenzrente. Das für unsere Untersuchung Wichtigste ist, daß sie einen Unterschied zwischen zwei landwirtschaftlichen Betrieben aufzeigt; der eine produziert etwas zu intensiv (in Punkt A), der andere etwas zu extensiv (in Punkt C). Für jede Unternehmung ist der durchschnittliche Nettowert von Grund und Boden gleich; wäre dieser Nettowert unser wirksamstes Instrument, so wären wir in Verlegenheit, zwischen diesen beiden Standorten zu wählen und marginale Flächeneinheiten unter ihnen aufzuteilen. Wahrscheinlich würden wir diese Flächeneinheiten dem Standort C zuschlagen, da es ja offensichtlich sehr in Mode gekommen ist, niedrigere Produktionskosten pro Quadratkilometer vorzuziehen und den Output pro Quadratkilometer zu übersehen. Das aber wäre falsch, da die Grenzrente als genauer und unbestechlicher Schiedsrichter für die Fragen der Grenzziehung für A sehr viel höher ist.

Die Kurven der Abbildung 1 übertreiben in ihrer Darstellung nicht. Bei einem nur schwachen Rückgang der Durchschnittsrente fällt die Grenzrente wesentlich schneller. Tabelle 1 zeigt ein numerisches Beispiel einer solchen Beziehung. Die Grenzrente fällt von 15 auf 3, während sich die Durchschnittsrente kaum verändert.

Insoweit sich unsere Untersuchung auf relevante Tatbestände bezieht, bedeutet das eben Gesagte, daß benachbarte Flächennutzer mit gleicher Bodenqualität für den gleichen Bodenanbau durch die von der Rente ausgeübten Beschränkungen bei ausreichender Berücksichtigung unterschiedlicher Verwaltungsfähigkeit und unterschiedlichem Ausbildungsgrad zu gleichen Nutzungsintensitäten von Grund und Boden kommen müssen.

Tabelle 1: Beziehungen zwischen durchschnittlichen und marginalen Brutto- und Nettoeinnahmen in Abhängigkeit von sinkender Intensität der Flächennutzung

Bodenfläche pro komplementären Input	Bruttoeinnahmen (BE)	Durchschnittliche Bruttoeinnahmen (DBE)	Bruttogrenzeinnahmen (BGE)*	Komplementärkosten (KK)	Durchschnittliche Komplementärkosten (DKK)	Nettoeinnahmen (NE)	Durchschnittliche Nettoeinnahmen (DNE)	Nettogrenzeinnahmen (NGE)*
1	4	4.0	4	42	42.0	-38	-38.0	4
2	20	10.0	16	42	21.0	-22	-11.0	16
3	37	12.3	17	42	14.0	-5	-1.7	17
4	53	13.3	16	42	10.5	11	2.8	16
5	68	13.6	15	42	8.4	26	5.2	15
6	81	13.5	13	42	7.0	39	6.5	13
7	91	13.0	10	42	6.0	49	7.0	10
8	97	12.1	6	42	5.3	55	6.9	6
9	97	10.8	0	42	4.7	55	6.1	0
10	94	9.4	-3	42	4.2	52	5.2	-3

* BGE und NGE sind hier identisch, da die Grenzkomplementärkosten (GKK) in jedem Kurvenpunkt null sind. BGE und NGE werden zwischen den Zeilen, in denen die übrigen Werte tabellarisch erfaßt werden, gesetzt, um so darzustellen, daß sie Änderungen zwischen den definierten Werten der Bruttoeinnahmen wiedergeben.

Wir können die extensive Flächennutzung von wertvollem Boden nicht dadurch erklären, daß wir diese auf niedrigere Kosten pro Quadratkilometer, auf größeren Output pro Arbeitskraft und auf andere ähnliche Dinge zurückführen. Der entscheidende Mechanismus ist die Grenzrente des Bodens; als solcher einmal anerkannt, ist sie ein starker Kontrollfaktor. Ist es notwendig, unsere Schlußfolgerungen auf Grund und Boden „mit gleicher Nutzung" zu beschränken? Ich denke nicht. DKK sei eine Umhüllungskurve, die nicht nur die beste Anpassung an unterschiedliche Intensitäten der Produktion eines Gutes wiedergibt, sondern auch die beste Anpassung der Produkte an jede mögliche Intensität. Wir stellen die anderen Kurven auf diese neue Definition der DKK ab. Ihre Positionen und Kurvenverläufe werden sich ändern, nicht jedoch ihre grundsätzliche Gestalt, nicht ihre wichtigsten Schnittpunkte und nicht die Schlüsse, die daraus abgeleitet werden können. Von zwei verschiedenen Nutzungsarten, die die gleiche Rente pro Quadratkilometer erbringen, sollte unter vollkommenen marktwirtschaftlichen Bedingungen die intensivere Nutzung der weniger intensiven marginalen Boden abnehmen, bis die Intensitäten gleich sind.

Die Existenz extensiver Flächennutzung in zentralen Standorten auf wertvollen Grundstücken scheint ähnliche rationale Erklärungen zu erfordern, wie sie von *Ely* und *Wehrwein* vorgebracht wurden. Es wäre aber genauso möglich, daß die extensive Flächennutzung Zeichen für extrem gestörte Marktbedingungen ist. Ich glaube nicht, daß ein übergenauer geographisch orientierter Wohlfahrtsökonom mit den üblichen Apologeten langen Prozeß machen würde. Er würde die Annahme von Unterschieden in den Verwaltungsfähigkeiten des Managements sogar für überstrapaziert halten. Er würde hingegen darauf bestehen, daß vollkommene marktwirtschaftliche Bedingungen an den Grundstücksgrenzen ein Gleichgewicht mit gleichen Grenzkosten bewirken müssen, daß das Verdrängungspotential des Unternehmens A seiner Grenzrente des Grund und Bodens entsprechen sollte, und daß die Opportunitätskosten, die die Unternehmung umgeben und ihre Aktivitäten beschränken, gleich der Grenzrente des Nachbarn, zum Beispiel C, sein sollen. Er würde die Versäumnisse vieler Landökonomen beklagen, würde er mit einem solchen Maßstab an deren Beurteilungen und Vergleiche herangehen.

2.2 Rente als Beschränkung der Kostendegression

Oder versteht unser Wohlfahrtsökonom noch nicht die Wunder der Massenproduktion? Wir geben nun die Annahme konstanter Skalenerträge auf, halten aber an der Prämisse homogenen Bodens und der Indifferenz der

Standortlage fest. Die Untersuchung ändert sich erstaunlich wenig, solange wir sie auf einzelne Grundbesitzer beschränken, denen es nur in geringem Maße gelingt, ihre eigenen externen Effekte zu internalisieren. Für den einzelnen Grundbesitzer ist Grund und Boden weitaus teilbarer, als Arbeit, Gebäude oder Maschinen es sind, so daß die Kostendegressionen fast gleichbedeutend mit der Umlage von Gesamtkosten großer Kapital- und Arbeitsinputs auf ein größeres Grundstück sind. Die Frage der Kostendegression kann daher auf der Basis einer Variation der Intensitätsproblematik untersucht werden. Die notwendigen Änderungen sind in Abbildung 2 dargestellt.

Abbildung 2 unterscheidet sich von Abbildung 1 wie folgt: Auf der Abszisse werden diesmal nur die Flächeneinheiten anstatt der Flächeneinheit pro komplentärem Input aufgetragen. Die Kurve DKK ist nun keine Rechtecks-Hyperbel mehr; sie ist bedeutend flacher; sie repräsentiert eine Umhüllungskurve mit einer optimalen Anpassungsfähigkeit, hinsichtlich der Ausdehnung der Grundstücks- oder Anbaufläche, wozu unter anderem die durch Anpassung verringerte Intensität gehört.[10] Die Kurve NGE ist nun nicht mehr länger identisch mit BGE, sondern niedriger, da die Kurve GKK hier positiv ist (in Abbildung 1 waren beide Null). NGE schneidet DBE

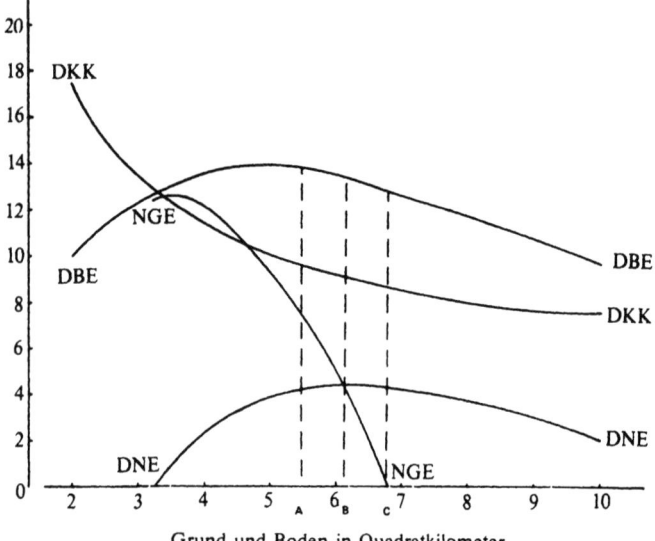

2 Kosten, Einnahmen, abgeleiteter Durchschnitt und Nettogrenzprodukte von Grund und Boden in Abhängigkeit von zunehmender Kostendegression

links vom Maximum der letzteren Kurve oder unter Umständen überhaupt nicht. Der Gipfel der Kurve DBE liegt nun relativ näher am Maximum von DNE, da DKK flacher ist und DBE (was leicht gemessen werden kann) sich einer Normalkurve angleicht.[11]

Die linsenförmige Gestalt der DNE-Kurve ist immer noch vorhanden, ebenso der maßgebende Wert ihres Maximums, ihr Schnittpunkt mit NGE, der nun die optimale Kostendegression und die optimale Intensität darstellt.

Wie zuvor ist die wichtigste Kurve NGE; diesmal verweist sie auf einen außergewöhnlichen Unterschied zwischen der Unternehmung in A, die etwas zu klein ist, und einer anderen etwas zu großen Unternehmung im Punkt C. Die durchschnittlichen Renten (DNE) für beide Unternehmen sind gleich groß. Die Kurve der Grenzrente (NGE) aber, auf der der geographisch orientierte Wohlfahrtsökonom besteht, erinnert uns daran, daß es sowohl in der Unternehmenstheorie als auch in der Wohlfahrtsökonomie wenig optimal ist, wenn man die supramarginalen Teile einer Produktion durch die supramarginale Produktionseinheit selbst ausführen läßt. Aus dem Transfer marginaler Flächeneinheiten von der zu großen zu der zu kleinen Unternehmung entstehen, solange die kleinere Unternehmung lebensfähig bleibt, beträchtliche soziale Gewinne.

Solange die Agrarökonomie eine ganz besondere Vorliebe für Kostendegression zeigte, tendierte sie dazu, solche marginalen Beziehungen zu übersehen. Sie stützte sich dabei ganz besonders auf die fallende DKK-Kurve und vernachlässigte die anderen. Die geographisch orientierten Wohlfahrtsökonomen haben den Begriff der gleich hohen Grenzkosten in die Theorie eingebracht. Dies läuft darauf hinaus, daß wir uns kleine landwirtschaftliche Betriebe als schwach und unbedeutend vorstellen, die – wenn überhaupt – nur aus sentimentalen, militärischen oder „soziologischen" Gründen erhalten werden sollten. Wenn man sie unter dem Gesichtspunkt der Produktivität der Grenzeinnahmen auf zusätzlichen Bodenflächen im Verhältnis zu ihrem kleinen landwirtschaftlichen Besitz, der mit Personal übersetzt und manchmal mit besserem Maschinenpark als für ihre Größe nötig ausgestattet ist, betrachtet, müßten einige dieser kleinen Landwirte hungrigen Wölfen ähneln, die gierig über das benachbarte Land herfallen. Was aber diese Wölfe in ihre Schranken verweist, würde eine interessante Studie über unvollkommene Märkte abgeben.

Die Frage der Kostendegressionen erscheint nun als ein Aspekt der Intensität.[12] Die Rente ist mehr als eine Beschränkung der „extensiven Nutzung", die aus der Kostendegression resultiert. Sie nimmt als eine absolute Begrenzung der Kostendegression eine Schlüsselposition ein, da sie einen Kostenfaktor bildet, der mit wachsender Produktion nicht abnimmt. Ganz deutlich wird dies bei einer zeitlich kurzfristigen Analyse: Dehnt jemand seinen Grundbesitz aus, so übt er auf seinen Nachbarn Druck aus und trifft auf wachsende Produktionskosten pro Flächeneinheit. Langfristig sind die Produktionskosten auf homogenem Grund und Boden konstant, während die Produktionskosten auf Grund und Boden innerhalb bestimmter abgegrenzter Gebiete distributiver Versorgungsnetze, wie wir später sehen werden, eine steigende Tendenz aufweisen.

Im Gegensatz dazu gibt es bestimmte Einsparungen bei größeren Gebäuden, wie größere Räume, größere Maschinen usw. Man kann die Geschoßfläche verdoppeln, ohne gleichzeitig die Baukosten doppelt so hoch veranschlagen zu müssen. Die Bedeutung der Rente als einer Beschränkung der Kostendegression (und damit der Größe) kann sehr gut am Beispiel der Entwicklung des Auto- und LKW-Verkehrs gesehen werden, die dank der öffentlichen Unterstützung für weitere, besser ausgebaute Straßen und Autobahnen und dank der Kraftfahrzeugsteuer, die nicht die Platzbeanspruchung durch das Kraftfahrzeug besteuert, sondern sich anderer Kriterien bedient, zum Teil von den Beschränkungen der Rente ausgenommen sind. Im selben Maße, wie die Straßen besser ausgebaut werden, werden auch die Fahrzeuge größer, könnten sie auch noch auf Kosten der öffentlichen Hand in Garagen abgestellt werden, so würden sie unter Umständen die Größe von Yachten oder Eisenbahnwaggons annehmen. Wenn aber für den Raum, den jedes Fahrzeug einnimmt, eine Gebühr gezahlt werden müßte, oder wenn sich Verkehrsverstopfungen begrenzend auf die Nutzung auswirken würden, dann würden sie wieder kleiner werden.[13]

Ein weiterer Aspekt der besonderen Rolle von Grund und Boden, die Kostendegression zu begrenzen, ist der, daß die zur Integration der Randflächen in ein Verwaltungs- und Produktionszentrum einer Unternehmung benötigten GKK steigende interne Transportkosten einschließen. Das Wesen der Unabhängigkeit einer Unternehmung und damit das Ausmaß der für sie möglichen Kostendegression ist die ihr innewohnende organische Struktur, die sich um ein Produktionszentrum herum räumlich bildet, wie etwa die Felder um einen landwirtschaftlichen Betrieb. Das einer Unternehmung hinzugefügte Land ist nicht nur der Qualität nach marginal, sondern auch in seiner Entfernung zum Zentrum der Unternehmung. Zunehmende interne Transportkosten entstehen sowohl als Folge der wachsenden Länge der Transportwege, als auch durch Verkehrsverstopfung im Zentrum, wenn erst einmal eine bestimmte Ausdehnung erreicht worden ist. Andere haben in diesem Zusammenhang auf analoge Störungen der Wirtschaftlichkeit bei der staatlichen Verwaltung hingewiesen; der geographisch orientierte Wohlfahrtsökonom braucht jedoch seine Beweise nicht mit Analogien zu stützen. Lange Autoschlangen und verstopfte Innenstädte sind Beweis genug.

Wenn also der Landbesitzer einen Quadratkilometer Grund und Boden seinem Besitz hinzufügt, so hat er dessen Nettoprodukt im Vergleich mit der räumlichen Entfernung von seinem Geschäftszentrum abzudiskontieren; und zwar genauso, wie zukünftige Nettoproduktionswerte in zeitlicher Entfernung auf den gegenwärtigen Wert berechnet werden müssen. Im Laufe der Zeit nehmen die einzelnen Individuen unterschiedliche Standpunkte im Raum ein; und die entfernte Position des einen kann die unmittelbare Nachbarschaft eines anderen sein. Erweitert deshalb A auf Kosten von B seinen Besitz an Grund und Boden, so fällt die Grenzrente (NGE) des Bodens in Richtung auf A, steigt jedoch mit zunehmender Nähe von B, beschränkt die Ausdehnung und begrenzt die Kostendegression.

Es ergibt sich jedoch noch eine dritte Möglichkeit, wie die Rente zur Begrenzung der Kostendegression einer Unternehmung beitragen kann: die Benachteiligung einer verschwenderischen zeitlichen Bodennutzung – charakteristisch für Geschäfte großen Stils. Ein hohes Maß an Kapitalinputs wird in der Regel mit Dauerhaftigkeit in Verbindung gebracht; die Nutzungsdauer hängt von der Verteilung hoher Investitionskosten über eine lange Zeitperiode ab. Die jährliche Rente, als eine Funktion der Zeit, ist ein wichtiger Gegenfaktor für großartige Vorhaben der Baukunst. Wir werden nun die zeitorientierte Wohlfahrtsökonomie untersuchen: die Rolle der Rente als Begrenzung der zeitlichen Nutzung.

2.3 Rente als Begrenzung der zeitlichen Nutzung

Die räumliche Ausdehnung mit festgelegten komplementären Inputs verursacht offensichtlich eine weniger intensive Flächennutzung, und zwar dadurch, daß die festgelegten oder unteilbaren Inputs auf zusätzliche Bodenfläche umgelegt werden. Weniger augenscheinlich, aber nicht minder wichtig ist die Tatsache, daß man ein ähnliches Ergebnis durch die Umlage der vorgegebenen Inputs auf eine zeitlich längere Flächennutzungsdauer erreicht: Man schreibt die Gebäude voll ab und hält sie dann noch einige Jahre unerneuert zu einem niedrigeren Wert in Betrieb; so wird die zeitliche Grenze der Flächennutzung hinausgeschoben.

Das wesentliche Hindernis dieser zeitlichen Ausdehnung ist wiederum die Rente, die zeitorientierte Wohlfahrtsökonomen als Teil der Grenzkosten der Zeit ansehen. Rente als Opportunitätskosten beeinflußt die Flächennutzung nicht nur in räumlicher, sondern auch in zeitlicher Hinsicht – im Hinblick auf die Zukunft. Rente ist nicht ausschließlich Grenzkosten einer zeitlichen Nutzung; alle Kosten weisen einen Zeitfaktor auf. Die Rente jedoch verhält sich im zeitlichen Kontext genauso wie im räumlichen; das heißt, sie bestimmt eindeutig ein festgelegtes oder steigendes Kostenniveau, wenn man sich dem Entscheidungszeitpunkt nähert, während andere Kosten sich in der Regel verringern.

Der übliche Fläche nutzende Kapitalinput wird nach einer gewissen Zeit abgeschrieben oder veraltet und hat dann einen geringen, keinen oder sogar einen negativen „Schrottwert". Ohne die Existenz der Grundrente würden alte Gebäude niemals abgerissen werden. Bezogen auf eine Investition von Null ist jede Einnahme unendlich groß. Auf der Park Avenue ist vor kurzem ein 30-geschossiges Gebäude abgerissen worden, um einer neuen Bebauung Platz zu machen. Das gleiche Gebäude wäre in St. Louis oder in einem anderen Teil von Manhattan noch ein halbes Jahrzehnt länger genutzt worden, in Aberdeen, South Dacota, vielleicht zwei Jahrzehnte und in Malta Bend im Staate Missouri solange, bis es unter seinem eigenen Gewicht zusammengebrochen wäre; es hätte als Lager für landwirtschaftliche Produkte und schließlich als Gerätehalle noch gebraucht werden können, bevor es endgültig abgebrochen worden wäre. Für ein altes Gebäude gibt es immer eine Verwendung, sei sie auch niedrig. Hat das Grundstück, auf dem das Gebäude steht, keinen Wiederverwendungswert, so gibt es außer der physischen Begrenzung keine ökonomische Grenze für die Nutzungszeit eines Gebäudes.

Diese Funktion der Grundrente ist den Landökonomen bekannt; *Ratcliffe* beschrieb sie sehr ausführlich. In die Produktionstheorie fand sie dennoch keinen Eingang. Diese tendierte dazu, nicht nur vom Raum, sondern auch von der Zeit zu abstrahieren. In fast jedem Lehrbuch der Kosten-, Preis- und Produktionstheorie wird man die Koordinaten mit Input A oder Output B bezeichnet sehen, ohne Hinweis allerdings auf die zugrundegelegten Zeiteinheiten oder die Methode der Umrechnung der fixen Kosten in Annuitäten. Es ist *Boulding* anzurechnen, daß er die Anstrengung unternommen hat, die Marginaltheorie auf die Zeitanalyse anzuwenden; er hat jedoch aus seinem Versuch – wie ich meine: fälschlich – geschlossen, daß das Instrument Marginalanalyse hier versagt.[14] Die Literatur zur Kapitaltheorie neigte dazu, die Marginalanalyse ebenso wie die Rolle der Rente zu vernachlässigen. Ich hoffe daher nicht zu den Bekehrten zu predigen, wenn ich die Bedeutung der Rente um den Aspekt einer zeitlichen Nutzungsbegrenzung erweitere. Die Begrenzung in bezug auf die zeitliche Nutzung soll im folgenden beschrieben werden. Wir übernehmen *Terborgs* expressive Ausdrucksweise und bezeichnen alte und neue Konkurrenten um ein Grundstück als „Verteidiger" und „Angreifer". Die „Verschrottungszeit" eines alten Grundstückes beginnt, wenn das laufende jährliche Einkommen des Verteidigers, abzüglich der Betriebskosten, unter die vom „stärksten" Angreifer antizipierte jährliche Rente abzüglich *aller* Kosten fällt. Man beachte, daß wir auf der Seite des Verteidigers stehen, da seine Kapitalkosten bereits abgeschrieben und damit nicht wiedergewinnbar sind; wir berücksichtigen daher bei einem marginalen Vergleich weder einen Betrag für das auf dem Boden stehende Kapital, noch Abschreibung, Veralterung und Zinskosten. Was geschehen ist, ist geschehen, und historische Kosten sind irrelevant, sogar wenn sie offenstehende Schulden enthalten.

Das Konzept einer jährlichen Nettorente des Angreifers ist schwieriger zu analysieren. Da der Angreifer normalerweise keine andere Unternehmung ist, sondern in Gestalt einer anderen Art der Flächennutzung durch die gleiche Firma auftritt, haben wir nur wenig Grund, anzunehmen, daß diese Rente korrekterweise als „extern" zu bezeichnen ist. Wir werden sie wohl für unsere Zwecke nochmals berechnen müssen.

Eine neue Nutzungsart bringt gewöhnlich große Anfangsinvestitionen mit sich, die durch die Einnahmen über viele Jahre hinweg solange abgetragen werden, bis der nächste Angreifer das Grundstück übernimmt. Der gesamte Zyklus von Investition und Liquidation ist eine unteilbare Einheit, die als Ganzes behandelt werden muß.

Die Rente des Angreifers muß den Durchschnitt seiner Leistungen im Laufe der Zeit widerspiegeln. Ein einfacher Durchschnitt wird jedoch nicht genügen, da wir – zusätzlich zu den Kosten und Einnahmen – auch deren zeitliche Verteilung berücksichtigen müssen. Ein „Zeit-Durchschnitt" erweist sich als notwendig. Dieser Durchschnitt wird durch die Umwandlung der Kosten und Einnahmen in Annuitäten ermittelt – der Kürze halber werden wir diesen Durchschnitt von nun an als „Nettoeinkommen" bezeichnen. Diese Umwandlung von Kosten oder Einnahmen eines bestimmten Zeitpunktes n in Annuitäten heißt, denjenigen Betrag a zu finden, der, als konstante jährliche Summe vom jetzigen Zeitpunkt an, bis n, dem gleichen gegenwärtigen Wert des angenommenen Betrags entspricht, der einmalig zum Zeitpunkt n ausbezahlt wird.

Die Nettoeinkommen im Endjahr t werden durch folgende Standardformel in Annuitäten umgerechnet:

$$a = \frac{i R_t}{(1+i)^t - 1}, \qquad (1)$$

wobei R das Nettoeinkommen, i den relevanten Zinssatz und t das am Nutzungsende erreichte Alter der Investition darstellt.

Die Nettoeinkommen in irgendeinem anderen Jahr n werden in Annuitäten umgerechnet, indem sie als Verzinsung auf das Endjahr t berechnet werden und dann anschließend in die Formel (1) eingesetzt werden. Die vollständige Formel zur Umrechnung der Kosten und Einnahmen in Annuitäten ist daher folgende:

$$a = \frac{i \Sigma R_n (1+i)^{t-n}}{(1+i)^t - 1}. \qquad (2)$$

Übrig bleibt jetzt nur noch die Auswahl der Werte für t, die a maximieren, was auf verschiedene Art und Weise geschehen kann.

Der Glaube an die Grenzanalyse wird wieder aufgerichtet, wenn man festhält, daß eine Methode zur Lösung darin besteht, das Jahr zu finden, in dem R_n = a ist, das heißt, wenn die Grenzeinnahmen der Zeit (R_n) den Grenzkosten der Zeit (a) entsprechen. In den ersten Jahren hoher Anfangskosten können die Werte von R_1, R_2 usw. niedriger sein als a; sie werden in der Regel sogar unter Null liegen, da die Anfangskosten als negative Einnahmen miteingerechnet werden. Dies liegt unvermeidlich im Wesen langfristiger Investitionen. In späteren Jahren jedoch wird jeder Wert R_n, der unter dem zu dieser Zeit gültigen und durch die vorangegangenen Jahre festgelegten zeitlichen Durchschnitt a liegt und nicht eine neue Investition darstellt, die später auch neue Einnahmen bringt, den gesamten Zeit-Durchschnitt auf ein niedrigeres Niveau drücken und das bestehende Gebäude dem Abbruch und der Erneuerung näherbringen. Das ist das gleiche als wenn man sagen würde, daß in einer zeitlichen ebenso wie in der räumlichen Analyse oder in der zeit- und raumlosen abstrakten Analyse, aus der die Ökonomie noch immer ihre Erkenntnisse gewinnt, die Kurve der Grenzeinnahmen die entsprechende Funktion der durchschnittlichen Einnahmen dort schneidet, wo diese ihre Maximum erreicht.

Die beschleunigt ablaufende Ersatzinvestition, begrenzt durch die Rente, entspricht einer Form der Intensivierung der Flächennutzung, wie man es von der Wirkungsweise einer Bodenbegrenzung erwarten würde. Ohne diese Begrenzung wäre es das Ziel des Grundbesitzers, den letzten Pfennig Einkommen aus den anfangs investierten Inputs herauszupressen, indem die anfangs anfallenden Kosten auf eine so lange wie möglich währende Nutzungszeit umgelegt werden; dadurch wird der zeitliche Kostendurchschnitt des Grundbesitzers minimiert, ohne auf die zeitlichen Durchschnittseinnahmen Einfluß zu nehmen.

Die Nutzungsintensität, die durch eine zeitliche Begrenzung hervorgerufen wird, ist nicht notwendigerweise erkennbar, wenn wir das statische Verhältnis von Grund und Boden zu Investition zu irgendeinem beliebigen Zeitpunkt untersuchen. Die Intensität im Laufe der Zeit bewirkt bei den Investitionen eher einen schnelleren Umschlag des eingesetzten Kapitals als noch größere Anfangsinvestitionen und -kosten. Als räumliche Begrenzung verursacht die Rente größere Anfangsinvestitionen; als eine zeitliche Begrenzung aber verlagert sie durch eine Verkürzung der letzten Jahre eines jeden Zyklus das Hauptgewicht auf schnellen Kapitalumschlag, Liquidität, Flexibilität und raschen Ersatz der alten Investition. Die Rente bestraft das Schwerfällige und Monumentale und hat damit eine dämpfende Wirkung auf die Höhe der Anfangskosten. Ihr Einfluß tendiert eher dahin, das Geschäftsvolumen, das heißt das gemeinsame Produkt des Kapitals multipliziert mit dem Kapitalumschlag, zu maximieren. Es sollte hier betont werden, daß dieser rasche Umschlag des Kapitals einer Nation einen wichtigen Faktor zur Bildung von Arbeitsplätzen darstellt.[15] Umgekehrt beeinträchtigen alle Faktoren, die den Einfluß der Rente als einer zeitlichen Begrenzung einengen, die Möglichkeit, für Arbeitskräfte entsprechende Arbeitsstellen zu finden.

Dieser Einfluß der Rente ist allumfassend, betrifft nicht nur Gebäude, sondern auch die tägliche Nutzung von Geschossen, Räumen und Regalflächen. Die Rente ist nichts anderes als ein Erneuerungsfaktor des Überholten und Unbrauchbaren. Eine Wirtschaft mit hohen Renten kann dadurch charakterisiert werden, daß an zeitlicher Bodennutzung gespart wird, wodurch in allen Phasen des sozialen Lebens eine gewisse Eile und Dringlichkeit entsteht.

Die Rente ist jedoch nicht uneingeschränkt der Feind von Qualität, Substanz und Lebensdauer. Sie hat eine optimierende Wirkung, die jedoch Extreme vermeidet. Obwohl sie die Minimierung der zeitlichen Durchschnittskosten nicht über Investitionsentscheidungen in dem Maße dominieren läßt, daß dadurch zeitliche Durchschnittseinnahmen verlorengehen, geht sie doch nicht über das Ziel hinaus und läßt das Gegenteil zu. Eher nimmt sie den goldenen Mittelweg und maximiert den Überschuß der zeitlichen Durchschnittseinnahmen über die zeitlichen Durchschnittskosten.

In Gleichung (2) unterdrückten wir diese Beziehung durch die Kombination

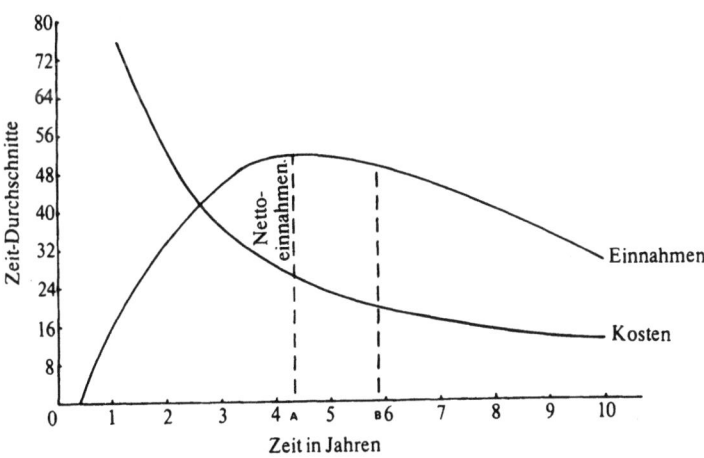

3   Zeit – Durchschnitte von Kosten und Einnahmen im Verhältnis zur Nutzungsdauer eines Gebäudes

von Einnahmen und Kosten in einem unbestimmten Ausdruck, R_n. Wir wollen nun beide getrennt darstellen und den typischen Kurvenverlauf zwischen den Zeit-Durchschnitten der Kosten und Einnahmen bei wachsender Nutzungsdauer der Investitionen untersuchen (3). Wieder erkennen wir die schon bekannte Linsenform der durchschnittlichen Nettoeinnahmen (DNE), die das gleiche allgemeine Prinzip wie in den Abbildungen 1 und 2 wiedergibt; in diesem Fall wird es auf die Umlage fixer Kosten auf eine Zeitspanne anstatt auf den Raum angewendet. Die Begrenzung durch die Rente schließt einen unendlichen Kurvenverlauf aus, da ein geringer Rückgang der Zeit-Durchschnitts-Kosten durch den steileren Rückgang der Zeit-Durchschnitts-Einnahmen kompensiert wird. Die Begrenzung durch die Rente bringt uns jedoch nicht einfach zum Maximum der Zeit-Durchschnitts-Einnahmen im Punkt A zurück, da in diesem Punkt die Zeit-Durchschnitts-Kosten zu hoch liegen. Sie bringt uns eher zum Punkt B, wo der Kurvenverlauf fast parallel ist, die Kurven am weitesten voneinander entfernt sind und die Zeit-Durchschnitts-Rente ihr Maximum hat.

Der systematisch zeitorientierte Wohlfahrtsökonom würde nun sehr viel mehr Dimensionen dieser Analyse untersuchen und viele noch fehlende Details einfügen wollen. Er würde gern das Verhalten des *Nettogrenzproduktes* des Angreifers untersuchen und sich davon überzeugen wollen, daß das Nettogrenzprodukt dem Maximum des durchschnittlichen Nettoproduktes entspricht. Er würde sicherlich gerne die optimale intertemporale Festsetzung der Grenzen bestimmen, und zwar unter der Voraussetzung, daß die Nutzungsdauer des Angreifers durch eine latent höhere Flächennutzung so eingeengt wird, daß sein durchschnittliches Nettoprodukt nicht maximiert werden kann — und er würde entdecken, daß er die Rechtfertigung der Erschließungskosten durch *Ely* in einem bedeutenden Maße verbessern könnte. Er würde wahrscheinlich wünschen, seine Analyse auch auf Arten der Flächennutzung anzuwenden — wie zum Beispiel auf die Viehzucht —, bei der das Kapital im Laufe der Zeit zunimmt; er würde dabei entdecken, daß der deutsche Förster Martin Faustmann ihm um ein Jahrhundert zuvorgekommen ist. Nach diesem weitreichenden Überblick müssen wir uns nun aber anderen Fragen zuwenden.

2.4 Rente als Ausdruck der Überwindungskosten der Entfernung

Unser geographisch und zeitlich orientierter Wohlfahrtsökonom ist nun, wenn auch nur unvollkommen, gerüstet, eine Analyse der Transportkosten und deren Relation zur Flächennutzung vorzunehmen. Die Rente dient allgemein der Begrenzung des übermäßigen Verkaufs von Grund und Boden, insbesondere zur Begrenzung des Raumes, den andere überwinden müssen. Diese Begrenzung ist die wesentliche Grundlage für den Entwurf und die Festsetzung der Raten für die Nutzung des öffentlichen Versorgungsnetzes. Die Wichtung dieser Begrenzung entspricht den zusätzlichen Überwindungskosten, die durch die Ausweitung der Flächennutzung entstehen. Obwohl es sich hier um eine Binsenwahrheit der Wohlfahrtstheorie zu handeln scheint, ist dieses Prinzip meiner Kenntnis nach bisher nicht formal herausgearbeitet worden; die sich für die Politik ergebenden Implikationen werden sowohl in der Praxis als auch in der Theorie weitgehend ignoriert.

Wir stellen uns nun eine Reihe von fünf Grundstücken vor, die — außer in bezug auf den Standort — die gleichen Eigenschaften aufweisen. Sie sind von einer öffentlichen und kostenlosen Wasserstelle aus in einer Reihe hangaufwärts gelegen. Die Wasserwerke beliefern von dieser Wasserstelle aus die fünf Grundstücke durch eine öffentliche Wasserleitung, und zwar so, daß der Wasseranschluß am oberen Rand jedes Grundstückes liegt. Die Zuleitung reicht für die Nachfrage aller fünf Grundstücke aus; sie verringert sich im Durchmesser hinter jedem Wasseranschluß, ähnlich einem ausgefahrenen Teleskop, aber mit genügend hoher überschüssiger Kapazität, um geringere Anpassungen an die Nachfrage vornehmen zu können.

Das Wasser steht an der Quelle, nicht jedoch an den Wasseranschlüssen umsonst zur Verfügung. Die Preise an jedem Wasseranschluß sind so festgelegt, daß sie den Grenzkosten entsprechen, und zwar in einer graduell abgestuften Reihenfolge, die später detailliert dargestellt werden soll. Hier genügt es zunächst festzuhalten, daß die Wasserempfänger die vollen Kosten, in diesem Fall durch den Pumpprozeß dargestellt, tragen müssen. Jeder weiter hangaufwärts liegende Abnehmer muß daher einen höheren Wassertarif bezahlen.

In Abbildung 4 wird die für jedes Grundstück benötigte Kapazität durch eine Gerade dargestellt, die vom Wasseranschluß bis zur Wasserquelle S reicht. Die Grundstücke sind in aufsteigender Ordnung alphabetisch bezeichnet, A, B, C, D und N. N ist das Grenzgrundstück, und im Augenblick wird es ohne öffentliche Wasserversorgung bestellt.

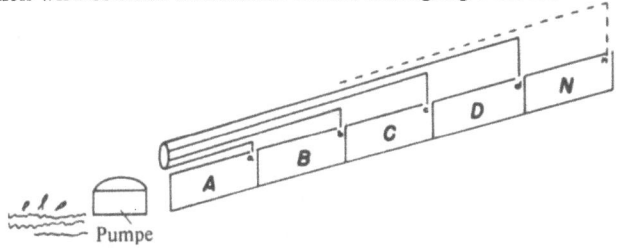

4 Schematische Darstellung der Wasserversorgung für Hanggrundstücke

Um vor den Wohlfahrtsökonomen sowohl den gesamten als auch den marginalen Grundbesitz rechtfertigen zu können, muß jeder Grundstücksbesitzer für seinen Grund und Boden eine Grenzrente bestimmen, die den Überwindungskosten entspricht, die er den höher gelegenen Flächennutzern auferlegt; diese haben für die Überwindung seines Grundstückes zu zahlen.

Wir konzentrieren uns zunächst auf die Grenze zwischen A und B. Sie wird nun durch weitaus komplexere Faktoren beeinflußt als in unserem früheren Beispiel, in dem die Standortlage keine Rolle spielte. Die nach außen drängende Kraft von A ist noch immer die von ihm hinzugerechnete Grenzrente; Bs Widerstand wird allerdings durch seine höheren Wassertarife merklich verringert, da er selbst auf das billigere Land von C ausweichen oder gleich das Grundstück N übernehmen kann. Tatsächlich muß B eine große Zahl interessanter Alternativen auf ihre Auswirkungen hin überprüfen; die grundlegende Problematik kann andeutungsweise durch die Annahme dargestellt werden, daß A das Grundstück B kauft und B gleich zum Grundstück N umzieht. In unseren weiteren Darlegungen soll nur diese Annahme verfolgt werden.

Überspringt B nun die Grundstücke C und D, um sich in N niederzulassen, so beeinflußt er praktisch diese beiden Grundstücke nicht. Die sozialen Kosten entsprechen daher zum größten Teil denen, die B zu tragen hat. Dieses Ergebnis ist insofern ermutigend, weil es darauf hinweist, daß B von A für das Grundstück B einen Preis verlangen wird, der der Höhe seiner sozialen Kosten entspricht, die ihrerseits dadurch entstehen, daß er sich entweder ganz oben oder in der Mitte des Hanges ansiedelt. Ein solcher Preis würde die Ausdehnung von A optimal beschränken.

Die von B zu tragenden Kosten bestehen aus den Grunderwerbskosten, die B für das Grundstück N auslegen muß und die dem Preis seiner Grenzrente ohne Wasser entsprechen sollten, aus den Kosten, die für das Hochpumpen des Wassers bis zum oberen Rand des Grundstücks N zu veranschlagen sind und den Rückgang des Unternehmergewinns beeinflussen, der dadurch entsteht, daß er bisher Wasser billiger am Wasseranschluß B erhalten hat als jetzt am Anschluß N. Die höheren Kosten, die entstehen, wenn das Wasser zu N hochgepumpt wird, werden nun von ihm als submarginal angesehen.

Es ist ebenfalls sehr ermutigend festzustellen, daß die für B anfallenden zustätzlichen Pumpkosten den Kosten entsprechen, die jeder für die Überwindung der von A erworbenen Fläche zu tragen hat. Bs Kosten – für die Versorgung einer Wasseranschlußstelle oberhalb der drei Grundstücke (C, D, N), dargestellt durch die gestrichelte Linie in Abbildung 4 – entsprechen den Kosten für die Versorgung von drei Wasseranschlußstellen für B, C und D, d.h., an einem Grundstück (B) vorbei. Durch die Wasserversorgung des durch A erworbenen Grundstückes entstehen zusätzliche soziale Kosten. Der Umzug von B nach Grundstück N ergibt das gleiche Resultat wie eine Verdrängung der Grundstückseigentümer B, C und D hangaufwärts in der gleichen Reihenfolge.

Bis jetzt scheint es zuzutreffen, daß die Marktrenten genaue Begrenzungen der Marktwirtschaft gegenüber zentral gelegenen Flächen darstellen. Auf diese Weise werden bei Ausdehnung solcher Flächen den Nachbarn erhöhte Überwindungskosten aufgebürdet. Der erstklassige geographisch und zeitorientierte Wohlfahrtsökonom wäre sicherlich über die Unvollkommenheit unseres Modells entsetzt. Er würde bei erster Gelegenheit beschließen, eine Monographie zu verfassen, in der die exakteren und verbesserten Punkte des Modells enthalten sein müßten, und er würde bis zu diesem Zeitpunkt keine Anforderungen an die Exaktheit des Modells stellen.

Er würde aber auch die Sinnlosigkeit des sukzessiven und suboptimalen Vorgehens erkennen. Die normativen Implikationen unseres Pumpenmodells in bezug auf die Wohlfahrtstheorie hängen insgesamt von der Annahme ab, daß privat getragene Versorgungskosten den sozialen Kosten entsprechen; tatsächlich sind sie es jedoch nicht! Wo gibt es Wasserwerke, die ihre Tarife den Pumpleistungen anpassen? Ich kenne keine. Willkürliche und alle Abnehmer unterschiedslos gleich behandelnde Preisfestsetzung ist in der Transport- und Versorgungsdienstleistung die Regel.

Die Standorttheoretiker haben sich damit zufriedengegeben – und dies ist ihr Vorrecht –, detaillierte, mit vielen geometrischen Darstellungen begründete Modelle auszuarbeiten, die sämtlich auf der Annahme beruhen, daß die privaten Transportkosten gleich den sozialen Kosten sind. Sie scheinen jedoch ihre knappe Zeit und ihre vielfältigen Talente schlecht einzuteilen, wenn es zutrifft, daß nicht nur die Annahmen in ihren Modellen falsch sind, sondern auch, wenn kein Wohlfahrtsökonom uns mitteilen kann, wie eine normative Tarifstruktur aussehen muß. Das ökonomische Prinzip der Rationalität trifft auch auf die Arbeit der Ökonomen zu; unser geographisch-zeitorientierter Wohlfahrtsökonom wird sich mit Sicherheit oft fragen, ob er nicht einfach dort weiterarbeiten soll, wo *Hotelling* in der Vorkriegszeit aufhörte, um ein System der Preisfestsetzung für Transport- und Versorgungsdienstleistungen – unter Berücksichtigung der Wohlfahrtstheorie – zu entwickeln, das sparsam mit knappem Land umgeht.

Er würde feststellen, daß B durch keine Macht der Welt daran zu hindern ist, fröhlich hangaufwärts nach Grundstück N zu ziehen, ganz gleich, welche Kosten damit der Gesellschaft aufgebürdet werden, sobald B Wasser auf dem Grundstück N, oder sogar noch weiter weg, genauso billig bekommen kann wie auf Grundstück B. Die partielle Aufhebung der Begrenzung wird B veranlassen, das Grundstück B zu billig an A zu verkaufen, und A würde dadurch von einer ihm genau angemessenen Begrenzung befreit, mit dem Land am Fuße des Hanges sparsam umzugehen. Ist dieser Boden — wir gebrauchen ihn hier als Analogie zu einem zentral gelegenen Stadtgebiet — vor der Aufhebung der Begrenzung bereits intensiv bebaut worden, wie es tatsächlich im Verlauf der Geschichte festzustellen ist, so würde A seine geschäftlichen Operationen auf die zeitliche Grenznutzung des Grund und Bodens abstimmen und die Intensität der Flächennutzung im Laufe der Zeit dadurch verringern, daß er Investitionen ohne Erneuerung altern läßt. Abbruch ist eine andere Bezeichnung für Wiedergewinnung von Grund und Boden; wird jedoch Grund und Boden zu billig, so wird die Erneuerung zu spät einsetzen.

Die Tatsache, daß einige der heruntergekommensten Wohngebiete in amerikanischen Städten anzutreffen sind, begründet auch, daß sich hierzulande einige der in der Welt am schlechtesten genutzten Flächen finden und die liederlichsten Camping-Sitten. Bevor wir ein Gebiet sanieren, ziehen wir lieber weg. Die Amerikaner hatten ihre fast unbesiedelte „frontier", und eine Reihe von Wettrennen hat stattgefunden, um als erster das meiste aus dem unbesiedelten Land herauszuholen. Die Möglichkeit, weiteren fruchtbaren Boden zu finden, scheint diesen gänzlich unwirtschaftlichen Prozeß nachträglich als sinnvoll bestätigt zu haben. Durch die Subvention immer neuer Transportmöglichkeiten entstanden — anstatt um die älteren Zentren konzentrierte und dadurch eine intensivere Stadterneuerung ermöglichende Grundrenten — über ein großes Gebiet verteilte niedrige Grundrenten. Das Ergebnis: sorglose Ausbeutung des Stadtrandgebietes und Stagnation der Innenstädte. In periodischen Abständen rief dieser Prozeß auch in den Stadtrandgebieten Stagnation hervor, dann nämlich, wenn die Renten — nach einer vorausgegangenen städtischen Ausdehnung über die wirtschaftliche Basis hinaus — stark fielen.

Wir erinnern uns: Niedrige Renten bedeuten nur geringe Beschränkungen der zeitlichen Nutzung der Bodenfläche, damit einen Stillstand des Kapitalumschlags und zurückgehende Beschäftigung.

Diese Gedankenführung bringt unseren geographisch und zeitorientierten Wohlfahrtsökonomen zurück zu einem der hervorragendsten Vertreter der Wohlfahrtsökonomie, *Hotelling*, der 1938 in seinen Untersuchungen über die Preisfestsetzung von Eisenbahn- und Versorgungstarifen den größten Teil der praktischen Anwendung der Grenzkostentheorie auf die Wohlfahrtstheorie vorwegnahm. Unser Wohlfahrtsökonom müßte jetzt erkennen, daß diese Frage im wesentlichen mit einer normativen Ökonomie der Flächennutzung verknüpft ist.

3. Die Bedeutung der Grundrente für die Planung optimaler Transport- und Versorgungssysteme

Wir verlassen nun den Gesichtswinkel des einzelnen Grundbesitzers, für den die Rente eine externe Begrenzung darstellt, und nehmen den freundlicher erscheinenden Standpunkt der Stadtverwaltung, der öffentlichen Versorgungsbetriebe oder einer sehr großen Immobilienfirma ein, die über Entwurf und Planung eines Transport- und Versorgungsnetzes entscheidet, daß eine große Zahl einzelner Grundstücke versorgt. Im Unterschied zur „Verbesserung" einzelner Grundstücke ist die letztere Aktivität die „Entwicklung" der Flächennutzung. Unter anderem unterscheidet sie sich von einfachen Bodenverbesserungen dadurch, daß sie auf den versorgten einzelnen Parzellen Renten erzeugt, wodurch diese Parzellen Konsumentenrenten (Konsumenten-Surplus) und externe Effekte aus den Transport- und Versorgungsnetzen internalisieren können.

Stadtverwaltungen und Großgrundbesitzer können diese zusätzlichen Einnahmen wieder in ihre Hände zurückfließen lassen; die einen durch Besteuerung, die anderen durch ihre Eigenschaft als Eigentümer. Sie können diese zusätzlichen Einnahmen für die Finanzierung der Bodenerschließung und die Optimierung der Tarifstruktur auf Basis wohlfahrtstheoretischer Überlegungen verwenden. Stellen wir uns eine Stadtverwaltung vor, die für die Flächennutzungsplanung verantwortlich ist und die eine auf der Grundlage eines von mir so bezeichneten Ricardianischen Kameralismus entwickelte Politik betreibt. Wie wird diese Politik von der geographisch und zeitlich orientierten Wohlfahrtsökonomie beurteilt werden? Welche politischen Maßnahmen soll die Stadtverwaltung ergreifen, um Wasser von einer einzelnen kostenlosen Wasserquelle zu verteilen?

Um damit zu beginnen: Es ist keine Spitzfindigkeit erforderlich, *Lerners* Prinzip anzuwenden. Seine Logik ist unwiderlegbar. Die Preise sollten in allen möglichen Dimensionen, den Grenzkosten entsprechend, solange festgesetzt werden, bis der Punkt erreicht wird, in dem die Kosten für die Preisfestsetzungen die Gewinne übersteigen. Kein aufgeklärter einzelner Manager eines landwirtschaftlichen Betriebes würde sich den Gewinnen aus dem internen Gleichgewicht der Grenzkosten verschließen, auch nicht der aufgeklärte Ricardianische Kameralist.

Wir abstrahieren von der kurzfristig aufgeworfenen Frage und verschieben ihre Beantwortung auf später, indem wir festhalten, daß ein Stadtplaner Gebäude und ihre Größe so planen soll, daß die langfristigen Grenzkosten dem Zeit-Durchschnitt der kurzfristigen, über die Lebensdauer des Projektes verteilten Grenzkosten entsprechen; dies ergibt sich aus einer einfachen Anwendung des zeitorientierten Gleichgewichts der Grenzkosten. In einer frühen Entwicklungsphase wird eine überschüssige Kapazität auftreten, wobei die kurzfristigen Kosten unter den langfristigen liegen, und in der Schlußphase wird gerade das Gegenteil der Fall sein. Hier untersuchen wir ausschließlich die langfristigen Grenzkosten.

Wir brauchen nicht von „zunehmenden Kosten" überrascht zu sein, die auftreten, wenn die Leitungen verlängert werden, damit eine größere Fläche des Landes versorgt werden kann. Das sind keine realen progressiven Kostensteigerungen, da das Produkt nicht homogen ist. Bei dem „Produkt", das wir anbieten, handelt es sich nicht um Wasser, das – wie wir uns erinnern – an seiner Quelle gratis entnommen werden kann, sondern um Transport. Wir produzieren dadurch einen an verschiedene Standorte gebundenen Nutzen. Je weiter wir das Wasser pumpen, desto größer werden die Kosten pro Kubikmeter; das Wasser muß über eine größere Entfernung transportiert werden.

Kubikmeter für Kubikmeter ist an einem Wasseranschluß erhältlich. Dort können wir das Produkt durch Lieferung von mehr Wasser für einen Verbraucher an einem Standort erhöhen. Und dort ergeben sich unter anderem langfristig fallende Kosten, da der Durchmesser unserer Versorgungsleitung proportional zur Wasserabnahme in Relation zur Querschnittsfläche (Radius multipliziert mit dem Kreisumfang) wächst.

Der Ricardianische Kameralist verkauft deshalb nicht ein Produkt mit steigenden Kosten, sondern viele Produkte, von denen jedes einzelne fallende Kosten aufweist. Er fordert nicht einen einzigen Tarif für seine gesamte Wasserversorgung, sondern sich mit steigender Entfernung von der Quelle erhöhende Tarife. Hat er sich einmal von dem Fehler befreit, sein Produkt als homogen zu betrachten, so kann er die Kosten an jedem Wasseranschluß individuell berechnen. Die Preisfestsetzung erfolgt auf der Grundlage der Grenzkosten.

Wir untersuchen nun zuerst ein anderes Problem, das wir gemeinsam mit dem Problem der Preisfestsetzung auf der Basis der Grenzkosten lösen können. Jeder Wasseranschluß stellt nicht nur ein einzelnes Produkt, sondern auch einen einzelnen Markt mit der Marktform eines bilateralen Monopols dar. Die Gesellschaft schützt den Käufer vor dem Verkäufer nach althergebrachter Manier durch Regulierung der Tarife; niemand und nichts schützt jedoch den Verkäufer vor dem Nicht-Käufer, dem Grundbesitzer, der es vorzieht, nicht am Marktgeschehen teilzunehmen; andererseits läßt die Eigenschaft des Raumes dem Verkäufer keine andere Wahl, als Dienstleistung und Versorgung verfügbar zu halten und Geld in die Transportmittel zu investieren, die die räumliche Überwindung der Grundstücksfläche ermöglichen. Der Ricardianische Kameralismus stellt dem Verkäufer ein Gegengewicht zur Verfügung.

Der Anhänger dieser Politik setzt nun einen Wassertarif fest, der den Grenzkosten der Raumüberwindung für jeden einzelnen Wasseranschluß entspricht. Das so entstehende Defizit deckt er durch eine pauschale „Besteuerung der Kapazität" desjenigen Grund und Bodens, der von diesem Wasseranschluß versorgt wird. Die Steuer ist ein Preis, der für den Anschluß an die Wasserversorgung bezahlt wird – einer Versicherungsprämie ähnlich – und ein Mittel, die Konsumentenrente (Konsumenten-Surplus) abzuschöpfen. Der Grundbesitzer erhält als Kompensation für die Steuer die Wasserlieferung zu niedrigen Grenzkostentarifen. Das beeinflußt die sozialen Nettogewinne. Außerdem stellt die Volkswirtschaft dem Grundbesitzer ein vollständiges Versorgungsnetz zur Verfügung. Dieser verliert aber die freie Wahl der Entscheidung, seinen Grund und Boden aus dem System herauszuhalten, eine Wohlfahrtsfrage, die wir später behandeln werden.

Das Problem, die Kosten der Versorgungsleitung den einzelnen Anschlußstellen zuzurechnen, ist einfach zu lösen. Jeder Abschnitt der Leitung kann als ein großes Rohr angesehen werden, das – teleskopartig verschachtelt – viele kleine Rohre enthält. Das Gesamtrohr verringert sich um eine Wandungsstärke, wenn eine Anschlußstelle erreicht wird, so daß zum Schluß beim Grundstück N nur ein einziges enges und leeres Rohr, der Kern der Wasserleitung, vorhanden ist. Jedem Wasseranschluß ist also ein vollständiges zur Quelle führendes Leitungsrohr zugeteilt.

Bei der Berechnung der Grenzkosten hat die jeweils äußere Rohrhülle eine mehrfache Aufgabe zu erfüllen; durch sie wird jede einzelne Anschlußstelle einem Grundstück zugeteilt. Im allgemeinen ist diese das billigste Rohr pro Kapazitätseinheit, obwohl die großen Hauptwasserleitungen in der Nähe der Quelle in einem großen System die Kostendegression des ersteren Rohres aufzehren. Die Aufteilung der Gesamtkosten unter die einzelnen Parzellen bietet einige Schwierigkeiten; wir werden diese weniger wichtige Frage hier aber nicht untersuchen. Gewiß ist jedoch, daß das innerste Rohr der am weitesten entfernt liegenden Parzelle zugeteilt werden muß; hier muß die marginale Entscheidung getroffen werden, wie weit das Versorgungsnetz ausgedehnt werden soll. Um die Analyse dieser Entscheidung geht es im folgenden.

Die Preisfestsetzung auf der Basis der Grenzkosten wird oft dahingehend kritisiert, daß sie nichts darüber aussagt, ob eine Versorgungsdienstleistung überhaupt wirtschaftlich ist. Die Stärke des Ricardianischen Kameralismus liegt aber darin, diese Fragestellung aufzuwerfen, sowohl für jede einzelne Ausdehnung des Versorgungsnetzes, als auch für das Ganze. Unser Modell fordert eine Entscheidung darüber, wo die Statue des antiken Gottes Terminus – des Gottes der Grenzen – aufgestellt werden soll. Wie kommen wir zu einer Antwort? Bisher haben wir den Besitzer peripher gelegener Flächen recht nachlässig behandelt, zumindest gilt dies aus seiner Sicht. Wir haben Tarife bei zunehmender Entfernung von der Quelle sogar mehr als proportional steigen lassen, obwohl wir ihm immer die kostengünstigste äußere Rohrwandung zugeteilt haben; am Ende des Versorgungsstranges jedoch entsprechen die Kosten dieser Wandung entweder der teuersten inneren Rohrwandung oder sind dieser zumindest angeglichen. Wir folgen nicht der allgemeinen Praxis, die Grenzkosten durch das gewinnreiche Zentrum des Systems tragen zu lassen. Die Grundstücke in den Randgebieten sind voneinander getrennt und müssen auf ihren eigenen „Beinen" stehen können; sie erhalten nur diejenigen Einsparungen aus Kostendegressionen, die einem solchen weitläufigen Verteilungssystem, an dem sie teilnehmen, innewohnen.

Der Ricardianische Kameralist greift daher ganz bewußt auf sein wirksamstes Instrument zurück: Preisfestsetzung zu Grenzkosten, um die Erweiterung des Versorgungsnetzes zu rechtfertigen. Tatsächlich bleibt ihm gar nichts anderes übrig, da er nur dann die optimale Kapazität seines Versorgungssystems ausgelastet hat, wenn auch die räumliche Ausdehnung optimal ist.

Er hat bereits seine nahezu allerletzten Instrumente eingesetzt: die Preisfestsetzung zu Grenzkosten und die Zuteilung des innersten Rohres zum entferntesten Grundstück. Er hat allerdings noch ein weiteres Instrument zur Verfügung. In der Regel ist es für Hilfsmaßnahmen für wirtschaftlich schwache Eisenbahnen und für die Urbarmachung submarginalen Grund und Bodens reserviert; diese Maßnahmen können aber auch zur Festlegung der Grenzen jedes distributiven Versorgungsnetzes getroffen werden. Sein letztes Instrument: Er erfaßt jede kleinste Konsumentenrente (Konsumenten-Surplus) und alle externen Effekte, die durch die Wasserversorgung verursacht wurden, und versucht, sie für die öffentliche Hand wiederzugewinnen: er verwendet diese dann zur Deckung der Defizite aus der Preisfestsetzung auf der Basis der Grenzkosten. Die Grundlage dafür ist der Einheitswert der einzelnen Grundstücke; die Methode für die Abschöpfung des Überschusses ist die pauschale *ad-valorem*-Steuer. Er erweitert das Versorgungsnetz so weit, bis der von ihm geschaffene und abgeschöpfte Überschuß gerade das Defizit deckt. Bis dorthin und nicht weiter. Dort wird nun die Statue des Terminus aufgestellt. Auf diese Weise bestimmen wir innerhalb unseres Systems das Gesamtangebot an Grund und Boden.

An den Grenzen werden mit Sicherheit die Kosten schneller fallen als weiter zum Zentrum hin, da ein größerer Anteil an Rohrwandung, dem Grenzgrundstück zugeordnet, dem Rohrzentrum näher sein wird. Der Ricardianische Kameralist muß daher erwarten, daß in der Nähe der Flächennutzungsgrenze eine relativ größere Notwendigkeit für eine Bodenbesteuerung besteht, obwohl die Grenzkosten und der Wassertarif dort nicht nur relativ, sondern auch absolut höher sind, Abbildung 5 liefert die Erklärung für diese Situation, die Problemstellung wird graphisch hervorgehoben.

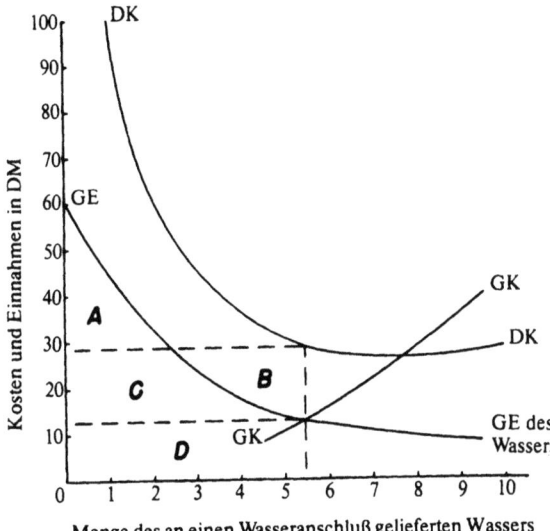

5 Kosten und Einnahmen der Versorgung des vorletzten Wasseranschlusses

Bewegen wir uns entlang der Wasserleitung in die Randgebiete, so wird die DK-Kurve, die die entstehenden Kosten für einen Wasseranschluß abbildet, als ganze ansteigen. Die Nachfrage entspricht hier den Nettogrenzeinnahmen aus der Versorgung des Grund und Bodens mit Wasser. Der Gesamtgewinn wird durch die Fläche C + D + A dargestellt. Die Gesamtkosten entsprechen der Fläche C + D + B. Es ist wirtschaftlich, die Versorgungsleitungen soweit auszudehnen, bis die Fläche B der Fläche A entspricht oder sie flächenmäßig übertrifft. Die Fläche A wiederum schrumpft, sobald die DK-Kurve fällt.

Das Defizit ist die Summe aus C und B. Der Konsumenten-Surplus, der sich in der Grundrente niederschlägt, ist die Summe aus C und A. Eine pauschale Bodensteuer (lump-sum land-tax) kann das Defizit nicht abdecken und immer noch einen Teil der Grundrente dem Grundeigentümer belassen, solange die Fläche A größer als B ist.

Aus der geometrischen Darstellung ist ersichtlich, daß der Schnittpunkt der Kurven GK und GE sich nach links, unter den sogar noch steileren Teil der DK-Kurve, verschiebt, solange die DK-Kurve sinkt und wir uns dem äußersten Wasseranschluß nähern. Dort sinken die Kosten schneller, die aus der Preisfestsetzung auf Grenzkostenbasis erzielten sozialen Nettogewinne sind ebenfalls größer, und dort muß, wie wir bereits dargelegt haben, die relative Verläßlichkeit auf die Wirkung einer pauschalen Bodensteuer größer sein.

Nachdem wir den Ricardianischen Kameralismus auf seine räumliche Grenze hin untersucht haben, wenden wir uns wieder dem Problem des zeitorientierten Wohlfahrtsökonomen zu und der Frage „kurzfristig versus langfristig". Ist ein System noch neu, so ist es im allgemeinen auf zusätzliche Kapazität und zunehmende Nachfrage gebaut.

In diesen ersten Jahren sollten sogar die zentral gelegenen Parzellen die in Abbildung 5 dargestellten marginalistischen Charakteristika aufweisen, und zwar sogar dann, wenn das Zeit-Durchschnitts-Ergebnis supramarginal wäre. Zu diesem früheren Zeitpunkt sollten die Preise natürlich so festgelegt werden, daß sie den kurzfristigen Grenzkosten entsprechen, die sich dann auf einem niedrigeren Niveau befinden. Die hohen Defizite werden dann durch eine Besteuerung des Bodens nach der Kapazität (lump-sum capacity-tax) gedeckt. Diese Steuer kann ebenfalls als eine öffentliche Verfügung gegenüber Grundbesitzern zur Beschleunigung ihrer Erneuerungsinvestitionen und zur zeitlichen Abstimmung dieser interdependenten Investitionen eingesetzt werden. Aus diesem Grund erhält das Ricardianische Element des Kameralismus für die zeitlichen und räumlichen Grenzen des Systems eine besonders große Bedeutung.

Das sind nun also die Grundzüge einer Tarifstruktur von Transport-Versorgungseinrichtungen, bei der die sozialen Kosten von privater Seite getragen werden; ihr zufolge erscheint es als vernünftig, sparsam mit knappen Bodenparzellen nach Prinzipien der geographisch und zeitorientierten Wohlfahrtsökonomie umzugehen. Es wurde ein System dargestellt, das der Rente eine zentrale Rolle zuweist; die bestehende Struktur der Renten würde grundlegend verändert werden, wenn es verwirklicht würde.

Das vorgeschlagene System unterscheidet sich drastisch von der derzeitigen Praxis. Anstatt fallende Kosten aufweisende distributive Dienstleistungen zu subventionieren, überlassen wir sie den Finanzämtern wie Melkkühe; wir setzen Tarife fest, die nicht nur die Durchschnittskosten, sondern auch das kommunale Defizit abdecken. Es ist schrecklich, sich vorzustellen, wie sich bei sinkenden Kosten und elastischer Nachfrage diese zusätzlichen Belastungen in Form dieser indirekten Besteuerung besonders in den Zentren des Systems auswirken.

Anstatt die Tarifhöhe von der Entfernung abhängig zu machen und damit den einzelnen Nachfragern graduell unterschiedliche Preise abzufordern, werden wir nun für ein großes Gebiet, für alle Bezieher von Versorgungsleistungen gleiche Tarife einführen, die jeden Abnehmer, unabhängig von der Entfernung, gleich belasten; wir sichern damit, daß die Überschüsse der Zentren für die Ausdehnung des Gebietes in das submarginale Umland ein solches Ausmaß annehmen, das niemand vorherzusagen in der Lage ist. Was das städtische Straßennetz anlangt, so könnten wir dessen schlechten Expansionsaussichten durch eine Erhöhung der Mineralölsteuer entgegenwirken. In der Praxis ist diese Steuer jedoch mit Steuern des vertikalen Transports in Gebäuden – vor allem in Hochhäusern – und mit allen anderen Formen der Intensivierung der Aktivitäten in privaten Gebäuden verbunden, wodurch das Vorurteil gegen die noch nicht überfüllte dritte Dimension verstärkt wird. Das vorhersehbare Ergebnis der Besteuerung von Gebäuden in Stadtzentren und von Subventionen an die unbeständige horizontale Ausdehnung besteht aus dem derzeit zu beobachtenden, abrupt erfolgenden häufigen Standortwechsel der Grundbesitzer und in dem Schachbrettmuster unserer Städte.

Warum unterwerfen wir uns diesen Hindernissen? Gewiß nicht, weil wir jetzt erstmals bemerkt hätten, daß die Transportkosten mit zunehmender Entfernung wachsen, und daß pauschale Steuern auf Grund und Boden in einem gewissen Ausmaß in der gesamten uns bekannten Geschichte der Menschheit erhoben wurden. Die dem Ricardianischen Kameralismus entgegenstehenden Kräfte fallen ebenfalls in den Themenbereich der Wohlfahrtsökonomie; ihre drei wichtigsten sollen im folgenden untersucht werden: Freiheit der Entscheidung, Kostendegression aus aggregierten gesellschaftlichen Aktivitäten und der Konflikt zwischen gerechter Verteilung und Effizienz.

Was die Freiheit der Wahl betrifft, so verstehen viele darunter, daß eine tarifmäßige Belastung der Grundbesitzer für die Versorgung mit Transport- und anderen öffentlichen Dienstleistungen, unabhängig davon, ob er diese benötigt oder nicht, dem Grundbesitzer eine Dimension seiner Wahlfreiheit raubt und seinen Wohlstand verringert. Diese Ansicht ist trügerisch; sie sollte meines Erachtens zu noch wichtigeren Erkenntnissen führen.

Zum einen gilt, daß alles, was das städtische Nettoprodukt erhöht, auch die Möglichkeit des einzelnen erweitert, sich frei entscheiden zu können, sowohl in quantitativer als auch in qualitativer Hinsicht. Den spekulierenden Grundbesitzern zu gestatten, die räumliche Integrität einer Stadt zu stören, bedeutet gleichzeitig, daß zwischen den Bürgern der Gemeinde eine Entfernungsbarriere aufgerichtet wird, eine Barriere für die räumlichen Verbindungen wirtschaftlicher und gesellschaftlicher Aktivitäten, die dem abstrakten Ideal der Wahlfreiheit erst zu Leben, Reichtum und Realität verhelfen. Für die Bewohner eines einsamen, am Ende eines Feldweges gelegenen Bauernhofes gibt es nicht sehr viele Alternativen, unter denen sie wählen können.

Zum anderen haben die hyperindividualistischen wohlfahrtsökonomischen Theorien den Freiheitswert für den Menschen, d.h., die Möglichkeit, gemeinsam zu handeln, in ihren Modellen zu gering angesetzt. Der Mensch ist Teil der Gesellschaft; einem oder einigen wenigen spekulierenden Grundbesitzern zu gestatten, gegen gemeinschaftliche Projekte ein Veto einzulegen oder nachbarliche Kooperation zu durchkreuzen, schießt sicherlich weit über das Ziel der Wahlfreiheit hinaus. Mit diesen Modellen der Wohlfahrtstheorie wären interpersonale Vergleiche impliziert, in denen die Freiheit der Spekulanten, Nein zu sagen, höher bewertet wird als die Freiheit der Majorität, sich als Gemeinschaft zu verstehen.

Schließlich basiert der angebliche Verlust der Freiheit auf einer implizierten Unteilbarkeit, der Gleichsetzung bestimmter Menschen mit bestimmten Grundstücken. Sicherlich aber gibt es kein grundlegenderes Postulat der Wohlfahrtstheorie als das, daß der Mensch das Maß aller Dinge sei; eine Wahlmöglichkeit, die einem Quadratmeter Boden verweigert wird, heißt nicht, sie einem einzelnen Menschen zu verweigern. Er ist ja kein Leibeigener, der unauflösbar mit der Scholle verbunden ist, sondern ein freies Mitglied der Gesellschaft, sein eigener Herr, der sein Schicksal selbst in die Hand nehmen kann, um in einer Gemeinschaft mit vielen Alternativen seinen Erfolg und sein Schicksal zu gestalten. Mit einem Wort: Die Menschen sind frei und beweglich. Wir komplizieren soziale Probleme unnötigerweise, wenn wir die Immobilität des Grund und Bodens seinen Eigentümern und Besitzern auferlegen.

Ist der Mensch einmal aus diesem Zusammenhalt befreit, so sehen wir, daß der Ricardianische Kameralismus den Verlust des Vetorechtes dadurch kompensiert, daß der Wahlfreiheit eine neue Dimension hinzugefügt wird. Wir wählen zwischen unterschiedlichen Quantitäten von Grund und Boden zu einem bestimmten Preis. Der nächste Schritt hat bereits eine neue Dimension: Wir wählen neben den Quantitäten auch durch Wahl des Standortes unter den unterschiedlichen Preisen (für Dienstleistungen) aus: niedrige Tarife im Zentrum, hohe am Stadtrand, und dazwischen das gesamte Spektrum zwischen beiden Extremen. Stellen wir uns nun vor, daß der einzelne unbeeinflußt diejenige Kombination von pauschaler Grund- und Bodenbesteuerung und variablen Nutzungsgebühren wählen kann, die ihm am meisten zusagt. Ohne diese neue Dimension würden wir die einzelnen Grundstücke mit einer schwerfälligen, alles mit gleicher Elle messenden Gleichförmigkeit prägen, die die Besonderheiten der einzelnen Grundstücke in ein Schema zwingt und einer Preisgestaltung aussetzt, die für alle Grundstücke gleich ist; und das alles als eine ungehobene Verbeugung vor irgendeinem prämonetären Tauschkonzept einer gerechten Verteilung, das das Grundstück jedes einzelnen Besitzers dem seines Nachbarn gleich macht. Der Ricardianische Kameralismus würde die Grundstücke voneinander differenzieren, dabei die natürlichen Vorteile des Zentrums ausbeuten und hervorheben und das Stadtrandgebiet den Misantrophen überlassen. Sich von der kooperativen Gesellschaft abzusetzen, ist sicherlich jedermanns unveräußerliches Recht, das notwendigerweise geschützt werden sollte; allerdings nicht gerade inmitten der Gesellschaft und der Stadt.

Wir wollen nun die zweite gegen den Ricardianischen Kameralismus gerichtete Gegenkraft untersuchen, die Kostendegression aus aggregierten gesellschaftlichen Aktivitäten.

Der Ricardianische Kameralismus mag als eine introvertierte und kurzsichtige Politik erscheinen und von seinen Gegnern so beurteilt werden. Billige, subventionierte Transportmöglichkeiten zum Stadtrand helfen, den Markt zu erweitern und dadurch Kostendegressionen im Stadtzentrum zu ermöglichen. Dieser Aspekt wurde in unserem Beispiel nicht berücksichtigt, indem wir annahmen, daß die Entnahme von Wasser aus der Quelle kostenlos erfolgen konnte. Es ist jedoch kein Problem, einen Preis für das Wasser an seiner Quelle festzusetzen, bevor es in das den Endpreis bestimmende Leitungssystem gepumpt wird, das nur dazu dient, die Transportkosten des Wassers zu berechnen. Existieren an der Quelle Kostendegressionen, so können diese optimal durch eine Preisfestsetzung auf Basis der Grenzkosten gefördert werden. Es steckt nichts Geheimnisvolles hinter den Kostendegressionen, bestimmt aber nichts, das uns hindern sollte, sie mit anderen Werten des Gleichgewichtspreises zu vergleichen. Es wäre Torheit, nein es ist Torheit, die Kostendegressionen als nationale Idole und Heiligtümer zu verehren und ihnen Nettowohlfahrt zu übertragen.

Der Ökonom, der Hyperkostendegressionen anstrebt, sieht über den zeitlichen Horizont hinaus. Würde seine Stadt, sein öffentlicher Versorgungsbetrieb, seine Wirtschaftsregion, seine Behörde und seine Nation einen vorbeugenden Anspruch auf bisher nicht genutzte Ressourcen am Stadtrand nicht jetzt erheben, so könnte ein zweiter Empire-State-Building-Erbauer sich einschleichen und zuerst seine Rechte geltend machen. Obwohl wir uns nicht klar darüber sind, welcher Nutzungsart diese Bodenflächen gewidmet werden sollten, wollen wir ganz bestimmt nicht, daß Spekulanten sich des Grund und Bodens bemächtigen und dadurch unsere Lügen über das Schicksal unserer Nebenstraßen und ihrer Anlieger sowie über unsere Unternehmungen und den von ihnen zu tragenden Teil der sozialen Kosten usw. diskreditieren.

Um uns diese noch nicht realisierten zukünftigen Einsparungen zur Erhöhung der Wirtschaftlichkeit zu sichern, nehmen wir ansonsten unwirtschaftliche räumliche Erweiterungen des Angebots an Transport- und öffentlichen Versorgungssystemen in Kauf. In diesem Zusammenhang geben wir zum gegenwärtigen Zeitpunkt reale Kostendegressionen der Versorgungskanäle, die eine hohe Bevölkerungsdichte versorgen, auf.

Dies sind Einsparungen, die sich eher aus der Erweiterung und Intensivierung dieser Versorgungskanäle ergeben als aus ihrer Verlängerung; und genauso geben wir Einsparungen auf, die den meisten modernen Städten der USA sowohl steigende Skalenerträge als auch negative Erträge bringen, die als Resultat der durch die Ausdehnung bedingten zusätzlichen Fläche für eine städtische Nutzung entstehen.

Was die mit Hoffnung erwarteten zukünftigen Einsparungen aus Kostendegressionen anlangt, so ist, um ein extremes Beispiel anzuführen, für das Großstadtgebiet von Los Angeles eine Fläche mit einem Durchmesser von 100 Meilen mit Transport- und Versorgungsleitungen zu bedienen; sehr eingeschränkt ist die Möglichkeit, ihre Gemeinkosten auf die Abnehmer innerhalb der extrem weit voneinander entfernten Grenzen umzulegen. Zwei Drittel ihrer Innenstadt werden durch den Flächenbedarf für die vielen unverhältnismäßig großen, viel Platz beanspruchenden amerikanischen Autos benötigt.

Die Regionalplanungsbehörde New Yorks ermittelte vor kurzem allein für die Transport- und Versorgungsleistungen für die nächsten 25 Jahre, um die verschiedenen Stadtrandgemeinden New Yorks zu integrieren, einen Finanzierungsbedarf von 50 Millionen Dollar. Die Gegenwart für die Zukunft zu opfern ist edel, dumm ist es jedoch, beides einer Illusion in den Rachen zu werfen, die uns ein wenig aus dem Griff geraten ist, genauso wie dies unseren Vätern einigemale bei unsterblichen Anlässen passiert ist.

Es scheint für Städte und analoge distributive Agglomerationen vorteilhafter zu sein, in kompakten Schüben in Frieden mit den Nachbarn zu wachsen. Und wenn die Zeit gekommen ist, die Grenzen zu erweitern, und sich mit anderen Agglomerationen zu dem Zweck zu vereinen, die Märkte zu vergrößern und Einsparungen durch Kostendegression zu erzielen, dann sollte dies auf der Ebene des Großhandels und der Hauptversorgungsleitungen in angemessener Art und Weise erfolgen, bis vollkommene Integration erreicht ist. Ganz sicher bringt dies Probleme mit sich; die Alternative dazu ist jedoch das heutzutage in allen Städten anzutreffende Durcheinander.

Als dritter Faktor schließlich ist der Konflikt zwischen gerechter Distribution und Effizienz zu untersuchen, ein Konflikt, der sehr wohl in der Lage ist, die sozialen Bindungen und den Zusammenhalt der Gesellschaft zu zerstören. Was diese Problematik anlangt, so bin ich sicher, daß kaum ein Leser davon überrascht sein wird, daß die räumliche Distribution der Versorgungsleistungen wichtige Auswirkungen auf alle anderen Arten der Verteilung hat — auf Einkommen, Vermögen und damit schließlich auf die Wohlfahrt und den Nutzen für die Gesellschaft selbst. Die Festsetzung von Tarifen, die Lage der Versorgungsleitungen und die Bestimmung von deren äußersten Grenzen sind Schlüsselaktivitäten, die über den Wert von Grund und Boden und über das Einkommen der Grundbesitzer entscheiden. Der oben dargestellte Ricardianische Kameralismus scheint eher das Zentrum als das Umland zu fördern. Er verlangt vom Grundbesitzer am Stadtrand nicht nur eine Benutzergebühr für die öffentlichen Versorgungseinrichtungen, sondern ebenfalls eine höhere Pauschalsteuer; er „mißhandelt" ihn damit in dreifacher Hinsicht. Zuerst erhält der Grundbesitzer von der Natur weniger günstig ausgestattetes Land zugeteilt – entsprechend den Zufallsergebnissen der menschlichen Geschichte und der Erbschaft. Zweitens werden seine Gebühren für Versorgungsleistungen erhöht, und schließlich, anstatt ihn dafür zu entschädigen, häufen wir auf seinen gebeugten Rücken die Bürde städtischer Steuerabgaben! Das ist jedoch unerträglich. Nicht nur, daß dadurch dem Besitzer von am Stadtrand gelegenen Grund und Boden eine zu große Last aufgebürdet wird, man schneidet ihm auch seine Fluchtwege ab und überläßt ihn der Gnade von Besitzern zentral gelegener Grundstücke, deren Barmherzigkeit nicht immer groß ist.

Terminus, der Gott der Grenzen, hat in den Augen der amerikanischen Geschichte keine Gunstbezeigung erfahren; zu oft erschien er als Helfershelfer der Interessen des Establishments – der Besitzer zentral gelegener Grundstücke; eine Art Herdenhund, der uns Schafe zum Scheren in die dafür bestimmten Schuppen treibt. Es ist eigenartig, daß die Ökonome, die, seitdem sie das Monopol in den dreißiger Jahren analysiert und es für alle möglichen Situationen definiert haben, so wenige Worte für das offenkundigste und am festesten eingesessene Monopol finden: für die Interessengemeinschaft der örtlichen Grundeigentümer, die, offen und honorig, im Stadtrat, im Kreistag und in der Legislative von Bund und Ländern organisiert sind. Die Besitzer der Stadtrandgrundstücke jedoch haben sich, obwohl sie *ceteris paribus* nicht von *mutatis mutandis* unterscheiden können, einen gesunden Skeptizismus gegenüber dem Establishment bewahrt; die Folge war eine Reihe erfolgreicher Revolten gegen die übermäßigen Abriegelungen (...).* Negative Maßnahmen der öffentlichen Hand zur Eingrenzung erweisen sich als nicht wirksam; falls sie es wären, würde man sie nicht unbedingt gutheißen.

Die kleine Zahl der Grundbesitzer zentraler Grundstücke, die die Grenzen ihrer Macht kennen, haben, wie es raffinierten Kartellmanagern nun einmal eigen ist, Zugang zu ihrem Kreis mit Expansionsdrang verbunden. Sie sind die Hüter eines Überschusses, einer potentiellen Sozialdividende, die wir Grundrente genannt haben. Sie benötigen eine Formel, nach der sie die Rente auf ihre Gefolgsleute verteilen können. Sie haben dazu die einzelnen

---

* Gegenüber dem Original leicht gekürzt, *Anm. d. Hrsg.*

Bodenparzellen verwendet, eine Kartellquote der Mitglieder mit überall gleichen Preisstruktur, ein Mittel zur Erreichung einer unfertigen, ungehobelten Gemeinschaft und eine Einrichtung zur gleichmäßigen Verteilung des Überschusses. Hier hört die Institution Eigentum auf, ein Mittel der effizienten Allokation von Ressourcen zu sein und wird (vielleicht war es aber schon immer so) ein Mittel zur Aufrechterhaltung einer lebensfähigen politischen Struktur. Ich möchte daher den Wert der bisherigen Errungenschaften diesem Kartell gegenüber nicht herabsetzen. Sie sind eventuell die für sie geleisteten Opfer wert.

Wie könnte der Ricardianische Kameralismus dieses Problem lösen und eine gerechte Verteilung mit einer allokativen Effizienz in Einklang bringen? Die Antwort besteht ganz offensichtlich darin, diese zentralen Renten zu besteuern. Die durch die gestaffelten Tarife der Transport- und Versorgungsleistungen bewirkten räumlichen Begrenzungen würden diese Renten über das gegenwärtige Niveau hinaus anheben, und man könnte dann guten Gewissens darangehen, sie nach dem Prinzip der Wohlfahrtsökonomie zu besteuern, das Einkommen des Gewinners abzuschöpfen und damit den Verlierer entschädigen. Wir könnten dann die schon beschriebene pauschale „Besteuerung nach der Kapazität" verwenden, die den entscheidenden Vorteil hätte, daß sie einen größeren Teil der dem Grundbesitzer zufließenden, implizit im Besitz enthaltenen Rente – einer angenehmen und leicht zu ertragenden Art der Begrenzung der Erweiterungsvorhaben – in eine ausgesprochene Verpflichtung zur Zahlung einer regelmäßigen, festgelegten Steuersumme umwandelt, die den leverage-Effekt der verbliebenen Nettorente verstärkt und so den für den Grundbesitzer gegebenen Anreiz zur Ausdehnung des Stadtgebietes erheblich beschneidet.

Die nächste Frage ist: Welcher Ricardianische Kameralismus soll diese zentralen Grundrenten abschöpfen? Der lokale Verteilungsmechanismus ist bereits durch die auf die Besitzer peripherer Grundstücke als Begrenzung der Ausdehnung erhobenen Abgaben in ausreichender Form finanziert worden. Die Lösung dieses ausnahmsweise erfreulichen Dilemmas liegt darin, daß die höheren Einkommen aus zentral liegenden Grundstücken die geeigneten finanziellen Reserven für Landes- und Bundesregierung bilden. In einem größeren Rahmen kann darin eine fast perfekte Analogie zwischen der Beziehung „Stadt/einzelner Grundbesitzer" und „Bundesland/Stadt" gesehen werden. Was das Land angeht, so verwaltet es das Fernstraßennetz, die Energieverbundnetze, die Erdgasleitungen, die überregionalen Wasserstraßen und ähnliches; für das Land ist der Verteilungsmechanismus der Stadt eine einzelne Parzelle, eine den Kern umhüllende Zelle, deren Grenzrenten zur Peripherie hin abnehmen, genauso wie es bei den einzelnen Grundstücken der Fall ist, und zwar aus genau den gleichen Gründen: wachsende interne Transportkosten.

Die in den Zentren dieser lokalen städtischen Verteilungsmechanismen erzeugten Grundrenten sind nichts anderes als das Ergebnis natürlicher standortbedingter Vorteile in einem größeren Maßstab; hinzukommen künstliche Verbesserungen natürlicher Vorteile, die durch die Versorgungsleitungen beeinflußt werden, die die einzelnen Zellen in regionalem, nationalem und im Weltmaßstab miteinander verbinden. Der Ricardianische Kameralismus in diesem großen Maßstab wäre dann ganz einfach die Anwendung der bereits für das städtische Gebiet erarbeiteten Prinzipien auf die Rente und Superaggregate der regionalen und nationalen Ebene. Wir würden dann entdecken, daß eine wachsende Bevölkerung sehr bequem nicht auf mehr Grund und Boden leben kann als bisher, wenn auch weniger komfortabel.

Der geographisch- und zeitorientierte Wohlfahrtsökonom, der am Ausgangspunkt unserer Überlegungen den Wohlfahrtsökonomen vorwarf, unerreichbaren platonischen Prototypen von Wohlfahrtsmodellen nachzuhängen, präsentiert also als letzte Weisheit ein Modell, das manchem Leser unrealistischer als alle bisherigen Darstellungen erscheinen wird. Ein so rauher und geschickter Monarch wie Wilhelm der Eroberer war jedoch genauso in der Lage, seine feudalen Steuereinnahmen entsprechend der Besteuerungsfähigkeit der Ländereien seiner Vasallen aufzuteilen und sich im Domesday Book einen vergleichsweise brauchbaren Abschnitt zu sichern. Bis vor kurzem erhoben die meisten US-Bundesstaaten eine direkte Steuer auf jedes Grundstück und auf jede Fläche, und wenige Fachleute würden heute bestreiten, daß die zuständigen Landesbehörden Grund und Boden-Werte besser und richtiger bewerten als die ihnen entsprechenden Behörden auf lokaler Ebene. Die Finanzämter der USA müssen sogar ohne Kenntnis des Ricardianischen Kameralismus den Marktwert jedes Grundstücks feststellen, wenn es durch Verkauf, Schenkung oder Erbschaft den Eigentümer wechselt. Diese Arbeiten sind sicherlich nur ein Tausendstel der angeblich nicht ausführbaren Aufgaben dieser Behörde; dennoch erfordert das System des Ricardianischen Kameralismus praktisch keinen größeren Arbeitsaufwand. Was den Vorwurf des überzogenen Anspruchs auf Allgemeingültigkeit betrifft, so muß man sagen, daß das Ricardianische System sowohl im kleinen als auch im großen Maßstab modelliert werden kann; es kann Schritt für Schritt oder spontan eingesetzt werden, und es läßt sich sowohl teilweise als auch vollständig nutzen.

Ich glaube darum, daß sich die Grenzen des Ricardianischen Kameralismus nicht in irgendeiner zu bewältigenden Komplexität oder Realitätsferne zeigen werden, sondern in den Einstellungen und Gewohnheiten der Menschen. Die westliche Zivilisation hat seit 1500 Jahren immer wieder ihre Grenzen überwunden und weiter hinausgeschoben. Die Menschen haben dabei immer wieder ungelöste Probleme hinter sich gelassen; ihnen ist noch immer nicht ganz bewußt, daß die Erde rund und endlich ist. Ohne Frage bietet die Welt immer noch Grenzen, über die hinaus wir mit dem üblichen Ellenbogengerangel und mit Mord und Totschlag Brückenköpfe schlagen könnten. Aber mit welchem Nutzen? Die Bevölkerung der USA verteilt sich in geringer Besiedlungsdichte zwischen beiden Küsten; und die Ressourcen der Welt kommen den USA durch Handel zugute. Die heutige Herausforderung liegt eher darin, zu beweisen, daß eine freie Marktwirtschaft sich entwickeln kann, ohne immer wieder über ihre Grenzen hinaus andere Länder und Gebiete zu unterwerfen, und daß die Aggressionen eines Volkes auf die Vermehrung und intensive Nutzung des Kapitals und der Kultivation des Grund und Bodens umgelenkt werden können. Zusätzlich sind wir auch aufgefordert, bessere Modelle zum Ausgleich und zur Versöhnung der legitimen Ansprüche der Gesellschaft und ihrer Mitglieder, des Sozialismus und des freien Unternehmertums zu finden. Zur Erreichung dieser Ziele können der Land- und Wohlfahrtsökonom, gemeinsam oder getrennt, der Gesellschaft plausiblere Alternativen anbieten als diejenigen, mit denen die heutige Gesellschaft zerrüttet leben muß.

Anmerkungen

1 *Harold Hotelling:* The General Welfare in Relation to Problems of Taxation and of Railway and Utility Rates, in: Econometrica (Juli 1938), S. 242–269 und S. 256; ders.: The Relation of Prices to Marginal Costs in Optimum System, in: Econometrica (April 1939), S. 151–155.
2 Vgl. *Howard S. Ellis* und *William Fellner:* External Economics and Diseconomics, in: The American Economic Review (September 1943), S. 493–511.
3 Vgl. *Mason Gaffney:* Ground Rent and the Allocation of Land among Firms, in: Proceedings (1961), Land Economic Seminar, North Central Land Tenure Research Committee.
4 Unter „Grund" verstehe ich etwas mehr als „Grundstück" und etwas weniger als „Grund und Boden", so wie dieser Ausdruck für gewöhnlich benutzt wird. Grund ist Grundstück, topographische Charakteristika eingeschlossen; ausgeschlossen ist allerdings die ursprüngliche Fruchtbarkeit, deren Ausbeutung wirtschaftlich ist. Im allgemeinen ist der Unterschied zu anderen wirtschaftlichen Größen relativ unbedeutend; im vorliegenden Beitrag werden „Grund" und „Grund und Boden" synonym verwendet.
5 Dies schließt aus der vorliegenden Arbeit geologische Lagerstätten aus, die durch Abbau erschöpft werden.
6 Tatsächlich findet die Auswahl der Gebietseinheit zufällig statt, und innerhalb dieser Gebietseinheit müssen Bodenqualität und supramarginale Reihenfolge festgelegt werden. Nicht sehr wertvolle Flächeneinheiten können bei einer extensiven Nutzungsart pro Arbeitskraft mehr produzieren als außergewöhnlich fruchtbare Flächen, bei denen die Grenzkosten höher sind und langsamer aus der Nutzung herausgenommen werden können, wenn die Kosten steigen oder die Preise fallen.

7 Ich persönlich ziehe den Ausdruck „Profit" deshalb vor, um den Nettoertrag aus dem *ex post* realisierten fixen oder Vorratskapital zu kennzeichnen und um den Ausdruck „Zins" für den „Preis" für Geld zu reservieren, der *ex ante* Erwartungen antizipiert. Dies ist jedoch nicht der Ort, um dieses Problem zu lösen; ich verwende darum hier den Ausdruck „Zinsen" im klassischen Sinne.

8 *Hoover* und *Dunns* Annahme abnehmender Kosten pro Kilometer bezieht sich nur auf private Kosten des LKW-Transportes. Infrastrukturkosten gehören einer anderen Problematik an, da in diesem Fall Stückkosten steigen, wenn die Dichte der Wirtschaftsaktivitäten in einem Gebiet sinkt.

9 Bestimmt durch die Definition der Abszissen, zu denen sie reziprok ist.

10 Stammen die Kostendegressionen aus den Aktivitäten der Grundbesitzer, die ihre eigenen externen Effekte internalisieren können, dann kann die DKK-Kurve über einen bestimmten Abschnitt steigen. Die NDE-Kurve bewirkt jedoch immer noch eine linsenförmige Gestalt, so daß auf diese Weise vergleichbare Schlußfolgerungen gezogen werden können.

11 Es ist hier notwendig, die Implikationen des letzten Punktes aufzuzeigen. Die starke produktionstheoretische Betonung der Kostenminimierung pro Flächeneinheit kann zu Mißverständnissen führen. Wenn wir schon ein einziges Kriterium guter Input-Kombinationen hervorheben müssen, so würde der maximale Output pro Quadratkilometer (DBE) der Norm näher kommen.

12 Die Risikofrage kann auch als Sonderfall des Intensitätsthemas interpretiert werden; bei dieser Untersuchung wird dies jedoch durch die räumliche Begrenzung ausgeschlossen.

13 In diesem Beispiel wird die Straßenfläche, obwohl teilweise ein Produkt menschlicher Arbeit, als den ursprünglichen Bodenflächen analog gesehen, die einen vollkommen natürlichen Ursprung haben. Ich behaupte nicht, daß die Straßenfläche im allgemeinen dem ursprünglichen Grund und Boden gleichgesetzt werden kann – nur, daß beide einander ähneln –, und zwar lediglich in diesem besonderen Beispiel und dort auch nur kurzfristig. Langfristig können Straßen und Autobahnen verbreitert werden, und in diesem Zusammenhang manifestiert sich die einzigartige Aufgabe der Rente als ein die Größe begrenzender Faktor – im Gegensatz zwischen Landstraßen, für die die Bodenpreise geringe Kosten darstellen, und Hauptstraßen der Innenstadt, für die die Bodenpreise hohe Kosten verursachen. Bei der Verbreiterung von Landstraßen sind abnehmende Kosten pro Einheit, bei der Verbreiterung von städtischen Straßen sind steil ansteigende Kosten pro Einheit zu verzeichnen, da durch die Verbreiterung von anliegenden kleinen und wertvollen Grundstücken die Frontseiten abgetrennt werden.

14 *Kenneth Boulding:* Economic Analysis, 3. Auflage, New York 1955, Kapitel 39. Eine Kritik findet sich in *Mason Gaffney:* Concepts of Financial Maturity of Timber, in: A.E. Info, Series Nr. 62 (Raleigh: North Carolina State College, 1957 und 1960), S. 45–52. Siehe auch S. 54, wo eine Vermittlung zwischen unterschiedlichen Standpunkten vorgeschlagen wird. Es wird nicht behauptet, daß *Bouldings* Auffassung in jedem Fall unrichtig ist.

15 Vgl. *Knut Wicksell:* Lectures on Political Economy, Band I, New York 1934, übersetzt von *E. Classen*, S. 127 ff.

3.4 Die städtische Grundrente
Eine Untersuchung zu ihrem Verständnis
Richard A. Walker

Die Theorie der städtischen Grundrente wird derzeit — wie die Ökonomie im allgemeinen — von der neoklassischen Schule und ihrem Verständnis des Kapitalismus und der Stadt beherrscht. Das Bild, das sie sich vom Kapitalismus und der Stadt macht, erweist sich jedoch für das Verständnis jedes dieser Systeme oder ihrer Beziehungen als unzureichend. Der geringe Erklärungswert beruht auf der neoklassischen Version der Theorie der Grundrente. Es ist notwendig, das begriffliche System zu erweitern, mit dem die Struktur der kapitalistischen Städte analysiert werden kann und mit dem sich, als ein Schritt in diese Richtung, die Theorie der städtischen Grundrente den gewandelten Verhältnissen anpassen läßt.

Die neoklassischen Modelle der Stadt und der Grundrente basieren weitgehend auf *von Thünens* Modell der landwirtschaftlichen Grundrente.[1] Die Grundrente ist in diesen Modellen eine reine Differentialrente, die durch Transportkosten zum zentralen Markt oder zum Stadtzentrum bestimmt ist. Im allgemeinen entsteht diese Differentialrente aus unterschiedlichen Produktionskosten einschließlich der Transportkosten, bei einer unterschiedlichen Standortlage, unter der Annahme von Preisbildung auf Wettbewerbsmärkten sowohl des Warenmarktes, als auch auf dem Bodenmarkt. Die Zahl der Produzenten pendelt sich so ein, daß auf dem Warenmarkt Angebot und Nachfrage sich ausgleichen und die Grenzproduzenten keine Rente zahlen (das heißt auf dem Grenzland, auf dem der Marktpreis den Produktionskosten entspricht[2]). Dieses Konzept wird allgemein akzeptiert, ist vielen vertraut und braucht daher nicht ausführlich dargestellt zu werden.

Es ergibt sich jedoch die Frage, ob die Differentialrente eine adäquate Erklärung für das Wesen städtischer Grundrenten in der kapitalistischen Stadt des zwanzigsten Jahrhunderts liefert. Die im Differentialrentenkonzept implizierten fragwürdigen Annahmen, die in das *von Thünensche* und neoklassische Modell übernommen wurden, lassen sich wie folgt zusammenfassen:

1. Die Rente spiegelt Unterschiede der realen Produktivität (niedrigere Stückkosten der Produktion und des Transports) in verschiedenen Standorten wider;

2. das Standtzentrum ist der günstigste Standort (aufgrund der dort vorhandenen Konzentration der Transporteinrichtungen und -möglichkeiten);
3. der Wert des Grenzproduktes des Bodens am Stadtrand entspricht der landwirtschaftlichen Grundrente (d.h. im *von Thünen*-Modell ist er Null); dieser marginale Standort bestimmt die Ausdehnung der Stadt;
4. Unternehmungen und Grundeigentümer sind konkurrierende Anbieter; es besteht kein Bodenmonopol;
5. das städtische System kann durch atomistische Markt- und Tauschbeziehungen ohne jegliche Beeinflussung durch institutionelle Strukturen oder gesellschaftliche Klassen beschrieben werden.

Wollen wir uns mit der Entwicklung der modernen Stadt auseinandersetzen, so wird es notwendig sein, von diesen Annahmen abzugehen und die Analyse der Grundrente auf Annahmen zurückzuführen, die der neoklassischen Analyse fremd sind: vorwiegende Monopolorganisation des Bodenmarktes, gesellschaftliche Klassenverhältnisse, zunehmende Intervention des Staates in die Wirtschaft und zunehmende Redistribution als notwendige wirtschaftliche Handlung, Kreislauf des wirtschaftlichen Surplus und ein nicht ausgeglichener Bodenmarkt. Diese Erkenntnisse jedoch ergeben notwendigerweise unterschiedliche Grundrentenkategorien — Monopolrenten, absolute und redistributive Renten.[3]

1. Monopolrente

Das erste Problem, das die Differentialrente aufwirft, besteht in der Annahme, daß Unternehmungen polypolistische Anbieter und Nachfrager sind; die von ihnen verlangten und bezahlten Preise sind nicht von ihnen beeinflußbar, und daher sind Unterschiede in der Höhe der Rente nur auf Produktionskosten zurückzuführen. Eine solche Annahme abstrahiert vollkommen von der Möglichkeit differierender Profite an unterschiedlichen Standorten, die sich entweder aus dem Verkaufsvolumen oder aus verschiedenen Preisniveaus ergeben.[4] Dadurch wird die Möglichkeit ausgeschlossen, die Grundrente aus Extraprofiten durch Monopolpreise — anstatt von Extraprofiten aus Produktivitätsunterschieden — abzuleiten. Diese Monopolpreise und damit Monopolrenten sind jedoch als Ergebnis eines monopolistischen oder oligopolistischen Wettbewerbs um räumliche Märkte oder als Resultat direkter Konsumtion des Raumes in der Wirklichkeit anzutreffen.

Eine entscheidende Quelle der Monopolrente ist der Wettbewerb unter den Verkäufern um räumlich abgegrenzte Marktgebiete; ein von Ökonomen seit *Chamberlin*[5] und *Hotelling*[6] wenig beachteter, aber von Wirtschaftsgeographen wie *Lösch* und *Berry*[7] ausführlich beschriebener Vorgang. Da Unternehmungen Profitmaximierer sind, werden sie versuchen, ihren Standort nicht nur in bezug auf Kostenminimierung, sondern gleichzeitig auch hinsichtlich der Profitauswirkungen des Umsatzvolumens und der relativen Standortlage ihrer Konkurrenten zu optimieren. Im Gegensatz zu den einfachen Annahmen des *von Thünen*-Modells, in dem alle Waren auf einem zentralen Markt abgesetzt werden, schaffen sich Einzelhandelsunternehmen ihren eigenen Markt. *Chamberlin* faßt dieses Problem wie folgt zusammen: „Indem die Mobilität jedes Käufers behindert ist, enthält das „Produkt" jedes Unternehmensstandortes ein Element der Bequemlichkeit für eine bestimmte Käufergruppe; der Verkäufer, der an diesem Platz seinen Standort hat, hat ein Monopol auf sein „Produkt", dessen vollen Wert er, durch den Wettbewerb anderer, dem Grundeigentümer für die Nutzung des Standortes bezahlen muß."[8]

In *Chamberlins* Modell eliminiert der freie Wettbewerb den Monopolaspekt des Raumes nicht; daraus entsteht dann der monopolistische Wettbewerb. Das Monopol ist dem Raum inhärent. *Chamberlin* schließt daraus: „Die landwirtschaftliche Rente ist reiner Gewinn durch Wettbewerb; die städtische Rente ist rein monopolistischer Gewinn."[9] Ein geringfügig abweichender Ansatzpunkt der Monopolrente ergibt sich mit der Theorie des oligopolistischen Wettbewerbs. *Lösch*[10] untersuchte, daß vollkommener Wettbewerb unter Verkäufern zu einer hexagonalen Struktur der Marktgebiete führen muß, wodurch alle Abnehmer versorgt werden. Existieren jedoch fixe Investitionskosten, die sich aus technischen Unteilbarkeiten ergeben und eine Einschränkung des vollkommenen Wettbewerbs zur Folge haben – die klassische Definition des Oligopols –, dann können Extraprofite entstehen, die als Monopolrente erscheinen. Das Ergebnis ist, daß in Folge der fixen Investitionskosten für eine Marktteilnahme sich eine nicht hexagonale Struktur der Marktgebiete ergibt, was für die unterschiedlichen Unternehmungen verschieden hohe Profitraten zur Folge hat. Dies führt zu nicht versorgten Flächen zwischen den Marktgebieten, in denen potentielle Abnehmer nicht mit Waren versorgt werden.[11] *Lösch* stellt dazu fest, „daß dort, wo die Marktnetze an die Provinzgrenze stoßen, leere Ecken entstehen, die für sich allein zu klein sind, um einem weiteren selbständigen Unternehmer Raum zu gewähren".[12] Zusätzlich kann man sich leicht Strategien vorstellen, mit deren Hilfe Oligopolisten die nicht versorgten Abnehmer manipulieren und Extraprofite realisieren können, indem neue Konkurrenten ausgeschlossen werden. Daß diese Überschüsse nicht unbedeutend sind, zeigt sich in den Diskontinuitäten der Standorte für Einkaufszentren in den Vorstädten.

Bisher wurde angenommen, daß die Waren selbst nicht an einen bestimmten Standort gebunden sind, sondern daß die Abnehmer immobil sind. Jedoch können bestimmte physische Eigenschaften des Standortes selbst als Konsumtionsgegenstand erscheinen, im Falle des Wohnungsbaus, z.b. auf einer Anhöhe oder am Wasser, gewinnt diese Eigenschaft besonders an Bedeutung. Daher müssen die qualitativen Unterschiede berücksichtigt werden, die explizit von der Analyse in den neo-klassischen Modellen ausgeschlossen wurden. Es reicht nicht aus, wenn man feststellt, daß die Annahme einer homogenen Fläche von den natürlichen Unterschieden der Standorteigenschaften abstrahiert; so bleiben Bedingungen unberücksichtigt, die durch menschliche Aktivitäten hervorgerufen wurden, die im Raum fixiert erscheinen und in nicht ausreichend großem Angebot zur Verfügung stehen. Dabei macht es keinen Unterschied, ob es sich um künstliche Seen, Parkanlagen oder gepflegte Nachbarschaften handelt. In jedem Falle besitzt das nachgefragte Produkt eine besondere, sogar weitaus größere restriktive Eigenschaft als *Chamberlins* „Element der Bequemlichkeit" (vgl. Zitat weiter oben). So kennt die besondere Wohnlage nur wenige Substitutionsmöglichkeiten und nur eine geringe Zahl von Anbietern, und besonders aus diesen Bedingungen entsteht die Monopolmacht der Verkäufer und bilden sich Monopolrenten. Der Verkäufer kann Konsumentenrenten (Konsumenten-Surplus) realisieren, die durch die Entfernung von seinem Standort und zu den seines nächsten Konkurrenten entstehen; die Kontinuität des Raumes entspricht nicht der Diskontinuität der Rechtstitel an Grund und Boden.

Die Thematik des Warenabsatzes im geographischen Raum ist nicht auf den Einzelhandel für den Endverbrauch beschränkt, obwohl die meisten Untersuchungen von dieser Annahme ausgehen. Umsätze von Halbfertigwaren und Dienstleistungen zwischen den Firmen sind wahrscheinlich für die Stadtökonomie genauso wichtig. Oft wird die personelle Interaktion zwischen der Führungs-, Finanz- und der sogenannten professionellen Elite als der Hauptgrund für die Konzentration von Banken, Rechtsanwaltspraxen, Maklerfirmen usw. im Stadtzentrum angeführt.[13] In der Regel wird die Effektivität solcher leicht herstellbaren persönlichen Beziehungen hervorgehoben.[14] Wahrscheinlich aber sind die Einsparungen aus den Kontaktmöglichkeiten im Vergleich zu Einkommenssteigerungen aus diesen unbedeutend. In der begrenzten Welt der Elite, in der Zugänglichkeit weniger durch die Entfernung als durch die Fähigkeit, gelegentlich eines Arbeitsessens Verträge schließen zu können, gemessen wird, können Marktbeziehungen im günstigsten Fall als oligopolistisch charakterisiert werden. Die Monopolrente wird darum in jedem Fall darin ihren Platz haben. Sollten zusätzlich die repräsentativen Notwendigkeiten die Unternehmung dazu bringen, sich im Stadtzentrum niederzulassen, dann können Monopolrenten genauso entstehen wie Grundrenten in einer gepflegten Nachbarschaft.

An diesem Punkt muß festgehalten werden, daß das Problem des Warenabsatzes sowohl von Ökonomen als auch von Geographen nur oberflächlich behandelt wurde. In der marxistischen Theorie wird der Frage des Verkaufs von Waren die gleiche Bedeutung zugemessen wie der Warenproduktion; *Marx'* „Kapital" untersucht im 2. Band Probleme, die durch die Zirkulation des Kapitals, sowohl in Form von Geld als auch in Form von Waren, aufgeworfen werden, sowie Probleme, die durch die Realisierung des Mehrwertes entstehen. Es gibt gute Gründe für die Annahme, daß im zwanzigsten Jahrhundert in den Ländern des Monopolkapitalismus die Probleme der Zirkulation von Kapital und der Realisierung des Mehrwertes diejenigen Probleme an Wichtigkeit übertreffen, die sich mit der Produktion des Mehrwertes beschäftigen.[15] Für die kapitalistische Stadt bedeutet dies eine Transformation von einem hauptsächlich, wie im neunzehnten Jahrhundert vorherrschenden Produktionsstandort zu einem, der sich hauptsächlich mit der Zirkulation und der Realisation beschäftigt. Die Abwanderung der Produktionsstätten und des Groß- und Einzelhandels vom Stadtzentrum weg ist ebenso aufmerksam registriert worden[16] wie ihr Ersatz durch Hauptverwaltungssitze der Industrie und der Finanzwelt und durch die von ihnen benötigten Dienstleistungsunternehmungen. Eine Erklärung für die Existenz der „Finanzzentren" ist das Bedürfnis der sich mit den Kapitalbewegungen – der Zirkulation und Verwertung des Mehrwertes als den derzeit entscheidensten Problemen des Kapitalismus – befassenden Institutionen und Personen, sich in enger Kooperation im Stadtzentrum zusammenzuballen. Hier, wo die wirtschaftliche Konzentration und Macht am größten ist und wo es das allgemeine Ziel ist, Surplusprodukte erfolgreich zu manipulieren, ohne daß die bestehenden Produktionsverhältnisse gefährdet werden, erscheinen traditionelle Erklärungen des Wettbewerbs und des Marktes obsolet. Die Konzepte der bürgerlichen Ökonomie sind zur Behandlung dieser Fragen nicht in der Lage; sogar das Ziel der Profitmaximierung ist nicht mehr ausreichend. Exorbitante Monopolrenten können ebenso wie die Kosten für immer höhere Wolkenkratzer gerechtfertigt werden, da die differentialen Standortkosten im Vergleich zu den nicht annehmbaren Profitraten einer Standortlage außerhalb des Finanzzentrums geringfügig sind.[17]

2. Absolute Rente

Eine positive Rente am Stadtrand wird durch die neoklassische Theorie der Grundrente *von Thünens* ebenso ausgeschlossen wie in der ursprünglichen Theorie *Ricardos*.

Die Eigentümer von Grund und Boden sind eher gewillt, jeden nur positiven Ertrag aus der Nutzung ihres Bodens zu akzeptieren, als gar nichts zu verdienen.[18] Im Gegensatz zu dieser Auffassung nahm *Marx* die Existenz einer absoluten Rente an, die auf der Weigerung der Grundbesitzer beruht, ihr Land für weniger als einen bestimmten akzeptablen positiven Ertrag zu verpachten.

„Die Differentialrente hat das Eigentümliche, daß das Grundeigentum hier nur den Surplusprofit abfängt, den sonst der Pächter einstecken würde, und unter gewissen Umständen während der Dauer seines Pachtkontraktes wirklich einsteckt. Das Grundeigentum ist hier nur die Ursache der Übertragung eines ohne sein Zutun (...) erwachsenden Teils des Warenpreises, der sich in Surplusprofit auflöst (...). Aber das Grundeigentum ist hier nicht die Ursache, welche diesen Bestandteil des Preises schafft, oder die Preissteigerung, die er voraussetzt. Dagegen, wenn die schlechteste Bodenart A nicht bebaut werden kann — obgleich ihre Bebauung den Produktionspreis abwerfen würde —, bis sie einen Überschuß über diesen Produktionspreis, eine Rente abwirft, so ist das Grundeigentum der schöpferische Grund dieser Preissteigerung. Das Grundeigentum selbst hat Rente erzeugt."[19] Eine Rentenform zu berücksichtigen, die auf dem Grenzboden nicht Null ist, blieb nicht allein auf *Marx* beschränkt; in ganz allgemeiner Form wurde diese Annahme von mehreren klassischen und neoklassischen Ökonomen akzeptiert. *J. B. Say* erwähnt sie in einem Brief an *Ricardo*[20], und der „berühmte" *Pareto* kannte diese Rentenform ebenfalls.[21] Der italienische Anhänger der Grenznutzenschule, *Pantaleoni*, bemerkt dazu: „Werden die überschüssigen Produkte aus Grund und Boden von schlechtester Qualität Rente genannt, was theoretisch möglich ist und was wahrscheinlich in geschlossenen Märkten immer wieder vorkommt, dann sind die überschüssigen Produkte, die Boden einheitlicher Qualität abwirft, wenn seine zur Verfügung stehende Menge die Nachfrage nicht deckt, ebenfalls Rente."[22]
Keiner von ihnen hat jedoch untersucht, welche Bedingungen notwendig sind, damit eine Bodenknappheit, wie sie Pantaleoni erwähnt, entstehen kann. Als *Marx* die absolute Rente begründete, führte er sie auf die Macht des Grundeigentums zurück, die durch ihr Monopol an Grund und Boden einen positiven Überschuß über den Produktionspreis fordert. *Marx* unterscheidet diese Form der Rente von der, die aufgrund eines Monopolpreises entsteht, den der Bodenkapitalist für das Bodenprodukt fordern kann.[23]
Selbstverständlich impliziert die Monopolrente — so wie wir sie definiert haben — ebenfalls, daß der Grenzboden eine Rente abwirft, die größer als Null ist, und sie erscheint in dieser Hinsicht als eine absolute Rente. Die Monopolrente resultiert jedoch aus den Verkaufs- und Wettbewerbsbedingungen oder den besonderen Eigenschaften des Grund und Boden selbst

und fließt dem Grundeigentum unabhängig von ihren Aktivitäten zu. Hinsichtlich dieser Passivität des Grundeigentums sind Monopol- und Differentialrente in ihrer Erscheinungsform einander ähnlich. Die absolute Rente andererseits erfordert eine definitive Aktion des Grundeigentums. Daher hat das „Grundeigentum selbst (...) Rente erzeugt."[24] In diesem Zusammenhang interessiert die Frage, wie eine absolute Rente für städtischen Boden entstehen kann. Es gibt zumindest zwei verschiedene Bedingungen für die Existenz einer absoluten Rente; die Neoklassiker haben nur eine einzige untersucht. Zuerst gibt es die kollektive Aktion des Grundeigentums. Im Stadtzentrum zum Beispiel würden einige wenige Grundbesitzer ausreichen, um ein Kartell zur Erhöhung der Rente zu bilden. Obwohl *Mills*[25] diese Möglichkeit einfach übergeht, gibt es doch Hinweise auf solche Aktionen. Ferner kann die politische Macht der Stadtverwaltung dazu benutzt werden, Koalitionen herbeizuführen und künstliche Barrieren für den Bodenmarkt aufzurichten, um so den Wert des Grund und Bodens zu erhöhen. Der eine bestimmte Bebauungsdichte ausschließende Flächennutzungsplan ist dafür das klassische Beispiel. Seine Auswirkungen auf Wohnungs- und Bodenmarkt sind allgemein bekannt.

Flächennutzungsplanungen und kollektive Aktionen sind in der neoklassischen Welt „Störungen" der Marktfunktion; die absolute Rente jedoch kann genauso gut durch „normale" Aktivitäten des Kapitals entstehen. Das Kapital hat die einstmals von diesem getrennte Klasse der Grundeigentümer in seine Funktion integriert, so daß sich dadurch die Unterschiede zwischen Grund und Boden und Kapital, Rente und Zinsen verwischen.[26] *Marx* beobachtete diesen Prozeß bereits zu seiner Zeit.[27] Das Kapital wird den zu erwartenden Profit entweder in Grund und Boden oder in den Produktionsprozeß investieren. Das Ergebnis dieser allgemein zu beobachtenden „Kapitalisierung" von Grund und Boden, an der wir hier interessiert sind, ist einfach, daß Grund und Boden so lange vom Markt ferngehalten wird, bis es einen ausreichenden Surplus abwirft. *Harvey*[28] hat die praktischen Auswirkungen dieses Prozesses für den städtischen Wohnungsmarkt hinreichend beschrieben. Oft durchaus noch bewohnbare Wohngebäude, die schon seit langem amortisiert sind und die dann aufgrund ihrer physischen Eigenschaften noch Quasi-Renten abwerfen, werden von ihren Eigentümern aufgegeben, weil die von ihnen erzielbaren Renten – obwohl über Null – unter dem „normalen" Profitniveau liegen und daher den Aufwand der Vermietung oder Verpachtung nicht lohnen. Das Ergebnis eines um sich greifenden Leerstehens alter Häuser ist jedoch die Schaffung einer permanenten Angebotsverknappung von Wohnungen und Häusern mit niedrigen Mieten, dies, obwohl ein Überschuß an einem Haus- und Wohnungsbestand existiert.

Entgegen den Vorstellungen der Neoklassiker gleichen sich auf dem Bodenmarkt Angebot und Nachfrage zu einem Marktpreis nicht aus[29], da das Gleichgewicht hier den Bedingungen des Kapitalmarktes und den Forderungen des Grundeigentums wie des Kapitals unterworfen ist.

Das Überangebot an Wohnraum wird durch Aufgabe von Wohnraum solange eliminiert, bis der Marktpreis weit genug gestiegen ist, um eine annehmbare Profitrate abzuwerfen. Und was auf den ersten Blick wie irrationales Verhalten des Grundeigentums aussieht (nichts zu nehmen, wenn es etwas erhalten könnte), wird für die Klasse der Grundeigentümer rational, da gerade dieses Verhalten alle Renten auf einem hohen Niveau hält.[30]

Eine ähnliche Erscheinungsform der absoluten Rente kann in einem dynamischen Zusammenhang genauso wie in dem hier dargestellten statischen System auftreten. *André Farhi*[31] hat die absolute Rente in ein Modell städtischen Wachstums und des Klassenkampfes eingefügt. Er stellt städtisches Wachstum als Ergebnis von Kostendegressionen aus einer höheren Bebauungsdichte dar, die durch fallende Profitraten bei der Ausdehnung der Stadt nach oben und nach außen ausgeglichen wird. Die absolute Rente entsteht dadurch, daß das Grundeigentum einen einzigen Ring Grund und Bodens am Stadtrand kontrolliert. „Diesen Ring zu umgehen, würde höhere Mieten und Nahverkehrskosten für die Arbeiter zur Folge haben und entweder das Nutzenniveau des Arbeiters oder die Profitrate des Kapitals oder beides vermindern."[32] Der Mechanismus, durch den dieser Ring dem Markt entzogen wird, ist nicht direkt betrügerisches Einverständnis, sondern Bodenspekulation:

„Bodenspekulation an der Stadtgrenze kann so betrachtet werden, als ob sie den gleichen Effekt wie die Existenz einer absoluten Rente hätte. Bodenspekulation bedeutet, daß Grund und Boden am Stadtrand mit der Erwartung zurückgehalten wird, daß die Stadt sich über diese Bodenfläche hinaus ausdehnt, um diese Flächen dann zu höheren Preisen als Ergebnis einer höheren Grundrente zu verkaufen, die für den Boden verlangt werden können, sobald er zum städtischen Gebiet gehört."[33]

Die Bodenspekulation ist das Ergebnis normaler Wertsteigerung der Bodenwerte am Stadtrand und der Profiterwartungen des Kapitals, obwohl dieser Prozeß oft seine eigene „regelwidrige" Dynamik oder seine eigenen auf Sand gebauten Wirtschaftsaktivitäten entfaltet. Bodenspekulation heißt ganz einfach, Grund und Boden vom Markt fernzuhalten, obwohl ein positiver Profit erzielt werden könnte, um so noch höhere, in der Zukunft zu erzielende Surplusprofite zu antizipieren.[34] Und wiederum ist die Ursache für die Existenz einer absoluten Rente das rationale Verhalten der Kapitalisten, die ihr Kapital in Grund und Boden investieren. Sie ist das Ergebnis eines Klassenmonopols an Grund und Boden und an Kapital. Im Kapitalismus wird damit das Paradoxon geschaffen, daß in der Aggregation die beiden Investitionsformen als Widersprüche erscheinen, wenn absolute Rente und Bodenspekulation einen Einfluß auf die Funktion des städtischen Systems ausüben.[35]

3. Die redistributive Rente

In der Wirtschaft spielt der Staat eine ganz andere Rolle als die auf die Maximierung des Profits orientierten Unternehmungen. Obwohl der Staat in das herrschende markt-kapitalistische System integriert ist, sollte weder dies noch seine wirtschaftliche Funktion vom Standpunkt seiner Marktaktivitäten beurteilt werden. Seine Aktivitäten sind nicht nur einfache periphere Reaktionen auf „Fehlentwicklungen des Marktes", wie es oft in der neoklassischen Literatur dargestellt wird. Im Gegenteil: Der Staat ist größtenteils eine redistributive, keine Markt-Institution. Redistribution ist eine Form wirtschaftlicher Organisation, in der ein Teil des gesellschaftlichen Surplus durch eine zentrale Gewalt in Besitz genommen wird und nach was immer auch für Kriterien wieder verteilt wird. Die Redistribution entwickelte sich in der Geschichte ziemlich unabhängig von der jeweiligen Wirtschaftsform, und obgleich sie gegenwärtig Teil einer durch den Markt beherrschten Wirtschaftsform ist, sollte sie nicht mit diesem verwechselt werden.[36]

Die meisten Grundrententheorien konzentrieren sich allein auf die Marktbeziehungen. Mit dem Wachstum der Staatsgewalt in den kapitalistischen Gesellschaften ist es aber unbedingt notwendig geworden, die Auswirkungen der Redistribution auf städtische Form und städtische Grundrente zu untersuchen. Der Staat nutzt seine wirtschaftliche aus Besteuerung und Staatsausgaben resultierende Macht, um kollektive Güter und in der Regel von Unternehmungen nicht zur Verfügung gestellte Dienstleistungen anzubieten und so direkt Transferzahlungen zu leisten. In dem Maße, in dem solche Dienstleistungen und Transfers an den Raum gebunden sind, können sie eine Rente erzeugen und Einfluß auf die Bodenwerte ausüben. Die so erzeugten Renten haben drei Erscheinungsformen: Differential-, Monopol- und redistributive Rente.

Stellt der Staat raumorientierte öffentliche Dienstleistungen zur Verfügung, wie z.B. Straßen und Abwasserkanäle — oder, um *Gaffneys* Ausdruck zu verwenden, das „Transport- und Versorgungssystem" —, dann beeinflussen die künstlich produzierten Eigenschaften des Raumes Produktivität und Profite in ähnlicher Weise wie natürliche topographische Eigenschaften des Standortes, z.B. Flüsse und Hügel. Sofern diese vom Menschen geschaffenen Verbesserungen Differentialrenten erzeugen, besteht in dieser Hinsicht kein Unterschied zwischen einer naheliegenden Autobahnauffahrt und der Nähe eines schiffbaren Flusses. Das ist der klassische Fall eines öffentlichen Gutes, so wie *Dupuits* Brücke, die für ihren Bau hohe Anfangsinvestitionen erfordert, deren Benutzung aber keine variablen Kosten zur Folge hat; die Grenzkosten der Benutzung und damit der Preis sind Null. Der Vorteil, der sich aus niedrigeren Transportkosten ergibt, kapitalisiert sich im Wert des Grund und Bodens zu beiden Seiten der Brücke.[37]

Man kann sich jedoch vorstellen, daß eine Knappheit an Wasserstraßen existieren könnte, und daß die im Wettbewerb abgegebenen Gebote für diese Vorteile eines Standortes an einem dieser Wasserwege Monopolrenten auf dem an einer Wasserstraße liegenden Grund und Boden entstehen lassen. Ähnliches gilt für Wohngrundstücke, die an von Menschen geschaffenen Seen oder an Golfplätzen liegen; diese Grundstücke werden genauso stark nachgefragt sein wie Wohngrundstücke an natürlichen Seen, und sie lassen sich ebenso leicht mit Hilfe von diskriminierenden Preisen ausbeuten. Dienstleistungen, die über den Raum ausgedehnt werden, wie Hauptwasserstraßen und Abwasserkanäle, werden andere cost-benefit-Merkmale haben als öffentliche Einrichtungen, die feste Standorte besitzen, wie Brücken oder Seen. Eine Abwasserkanalführung bildet einen Grenzfall. Hier ist der Vorteil aus der Benutzung entweder vorhanden oder nicht; man fährt oder geht nicht zum Kanal, wie man es zum Beispiel beim Überqueren einer Brücke tut; er kommt stattdessen zu einem. Einmal am Kanal angeschlossen, ist der Vorteil aus der Benutzung an jedem Standort gleich. Die Kosten der Erweiterung jedoch sind eine Funktion des Raumes, und die Kosten sind variabel. Während bei Ausdehnung des Volumens zunehmende Erträge erzielt werden, nehmen die Einkünfte bei horizontaler Ausweitung ab. Bei der Versorgung eines näher am Wasserwerk gelegenen Abnehmers entstehen im allgemeinen geringere Kosten. Werden alle Benutzer neutral behandelt oder müssen alle, den unterschiedlichen Grenzkosten entsprechend, auch unterschiedliche Preise pro Leistungseinheit bezahlen, um so Kostendifferentiale zu eliminieren, dann werden keine Renten entstehen. Es wird aber meistens der Fall sein, daß die Stadtverwaltung den Benutzern am Stadtrand die Einheit zu einem niedrigeren Preis verkauft; in diesem Fall wird eine Transferzahlung an sie geleistet, die sich aus dem höheren Preis ergibt, den die Abnehmer an einem zentralen Standort zu zahlen haben, oder die aus den allgemeinen Steuereinnahmen finanziert werden. Da diese Transferzahlungen räumlich festgelegt, an ein Gebäude und nicht an eine Person gebunden sind, werden sie zur Rente; es wäre aber nicht richtig, wenn man sie entweder als Differential- oder als Monopolrente bezeichnete. Ihr Ursprung liegt in den Möglichkeiten des Staates, den gesellschaftlichen Überschuß zu verteilen; wir können sie daher als redistributive Rente bezeichnen.

Gibt man einmal den Einfluß der Verteilungseffekte kollektiver Güter und ihrer Preise auf die Distribution zu, wobei diese bisher außer in den Arbeiten von *Gaffney* vollkommen unberücksichtigt blieben, so haben wir eine Fülle ungelöster Probleme. Was ein neutrales Preissystem ausmacht, wird noch immer in der neoklassischen Ökonomie diskutiert. Auch Privatunternehmungen können einige kollektive Dienstleistungen bereitstellen[38], wie zum Beispiel die Telefonversorgung in den USA, für deren Benutzung unterschiedliche, jedoch nicht neutrale Preise gefordert werden; für ihre Benutzer werden auf diese Weise Umverteilungseffekte erzeugt. Diese theoretischen Komplikationen können wir hier nicht weiterverfolgen, nur die allgemeine Regel soll hier dargestellt werden. Alle Waren, für die aufgrund ihrer räumlichen Standortbedingungen eher als durch personelles Fehlverhalten unterschiedliche Preise festgesetzt werden, können durch die sich im Wettbewerb überbietenden Nachfrager nach billigen Baugrundstücken in Grundrenten überführt werden. Insoweit diese Preisunterschiede reale Kostendifferentiale widerspiegeln, entsteht eine Differentialrente; reflektieren diese Bodenpreise nicht die realen Kostenunterschiede der Produktion der kollektiven Güter und Dienstleistungen, dann treten Transfers auf und es entsteht eine redistributive Rente.

Transferzahlungen des Staates, die redistributive Renten erzeugen, sind wahrscheinlich weniger genau bestimmbar, als es für die Preisfestsetzung für kollektive Güter möglich ist; sie sind wahrscheinlich aber für die räumliche Oraganisation der Stadt genauso wichtig. Nehmen wir folgendes an: Eine Linie wird durch die Stadt zur Stadtmitte gezogen; auf der einen Seite kosten Hypotheken 10 Prozent, auf der anderen Seite 8 Prozent; in jeder anderen Hinsicht sind die Häuser aber identisch. Im Ergebnis wird der Häuser/Boden-Wert auf der 8 Prozent-Seite ansteigen, und zwar so lange, bis die Äquivalenz der Preise wieder hergestellt ist. Dieser Prozeß ist der gleiche wie der von *Gaffney* eingehend untersuchte Prozeß der Kapitalisierung verschiedener Grundsteuern in die Boden- und Gebäudewerte.[39]

Tatsächlich gliedern sich die Städte der USA normalerweise in verschiedene Viertel, in denen mehrere Finanzinstitute unterschiedlicher Geldbeschaffungsmöglichkeiten und Zinsraten dominieren; es gibt einige Viertel, in denen kaum Hypotheken aufgenommen werden können.[40] Die Bundesregierung greift in diese Verhältnisse mit Bausparverträgen ein, ein Ansatz zur Redistribution, der jedoch die von den Finanzinstituten gezogenen Grenzen respektiert. Darlehen aus diesen Bausparverträgen sind daher in bestimmten Gebieten in großem Umfang erhältlich, vorwiegend in den Vororten. In anderen Gebieten wiederum sind diese Darlehen nicht erhältlich, vor allem im Stadtzentrum oder in Vierteln, in denen eine Bevölkerungsverschiebung stattfindet (solche Viertel können

251

in alten Städten den größten Raum einnehmen). Das Ergebnis: höhere Werte für Häuser und Grund und Boden (redistributive Renten) in den bevorzugten Gebieten.

Gaffney meint, daß die aus der Preisfestsetzung des Staates entstehenden Subventionen für kollektive Dienstleistungen, die am Stadtrand konsumiert werden, zur ineffizienten Zersiedlung der Städte beigetragen haben und, genauso wie die Bodenspekulation, Surplusprodukt in der Stadt absorbieren. Deshalb könnte die redistributive Rente im städtischen System eine ähnliche Rolle wie die absolute Rente spielen. Die übermäßige Ausdehnung der Versorgungssysteme sollte bei den Auswirkungen der Bausparverträge und anderer staatlicher Programme berücksichtigt werden, die die Abwanderung in die Vororte verstärken. Man kann jedoch sagen — die Diskussion über die wachsende Bedeutung der Zirkulationssphäre gegenüber der Produktionssphäre im Kapitalismus liegt dabei auf derselben Linie —, daß jede Abwanderung von produktiven Aktivitäten aus der Stadt, wie sie von *Gaffney* und *Farhi* dargestellt wurde, der Produktion einer effektiven Nachfrage in der Stadt untergeordnet ist, und daß dieser Prozeß zur Bildung von Vorstädten wesentlich zur Schaffung dieser Nachfrage beigetragen hat.[41] In diesem Zusammenhang unterscheidet sich die Umverteilungspraxis des Staates in Form von Subventionen und Darlehen nicht von der Sozialversicherung; beide entsprechen der Hauptaufgabe des Staates in der kapitalistischen Gesellschaft, der Schaffung von effektiver Nachfrage.

Nicht vergessen sei, daß die Fähigkeit des Staates, große Beträge auszugeben, ebenso wie die politische Macht zunehmende Bedeutung bei der Verteilung des wirtschaftlichen Surplus erhalten. Alle durch staatliche Aktivitäten entstehenden Renten, ob Differential-, Monopol- redistributive oder absolute Renten, werden Verteilungseffekte für einzelne Personen, für Interessengruppen und Klassen haben, die versuchen, diese Renten zu ihren Gunsten zu beeinflussen. Die Neoklassiker gehen über diese „monetären Effekte" als für ihre Theorie nicht wesentliche hinweg; sie bilden jedoch die entscheidende Grundlage der Politik.[42]

Keine Theorie, die Politik und Wirtschaft getrennt behandelt, kann Erkenntnisse über die Wirtschaft des städtischen Raumes gewinnen und zu ihrer Erklärung beitragen.

4. Schlußfolgerung

Alle Grundrenten entstehen durch Knappheit an günstigen Standorten und aufgrund besonderer Nachbarschaftsmerkmale. Nichtsdestoweniger ist es ein großer Unterschied, wie diese Knappheit entsteht — ob sie technisch notwendig und bedingt ist, oder ob sie durch gesellschaftliche Manipulation hervorgerufen wird. Man muß daher die gesellschaftlichen Bedingungen und die Produktionsverhältnisse analysieren, in deren Rahmen diese Renten geschaffen werden. Die Kosten der Überwindung von Entfernungen sind allen wirtschaftlichen Systemen gleichermaßen eigen und haben daher nichts mit der derzeit geübten Praxis gemein, Knappheit an Grund und Boden durch Bebauungspläne zu legalisieren. Einige Formen von Differentialrenten können eventuell als „Bestimmungsfaktoren" der Flächennutzung erscheinen. Aber jede theoretische Annahme, die auf der Annahme eines freien Wettbewerbes zwischen einzelnen Produzenten, Konsumenten und Grundeigentum sowie Vollbeschäftigungs-Gleichgewicht in den verschiedenen Märkten beruht, scheint kein sehr genaues Erkenntnisinstrument zum Verständnis des modernen Kapitalismus oder der kapitalistischen Städte zu sein. Die Mannigfaltigkeit von Monopol-, absoluter und redistributiver Rente wird, ohne daß dabei Anspruch auf Allgemeingültigkeit erhoben werden soll, tatsächlich zur Erklärung des gegenwärtigen städtischen Prozesses wichtiger sein als die allgemeine Annahme einer Differentialrente.

Anmerkungen

1 Vgl. *William Alonso:* Location and Land Use, Cambridge 1964; *Edwin S. Mills:* Studies in the Structure of the Urban Economy, Baltimore 1972; *Richard Muth:* Cities and Housing, Chicago 1969.
2 Vgl. *Mason Gaffney:* Boden und Grundrente in der Wohlfahrtsökonomie, im vorliegenden Band S. 195, sowie: Land Rent, Taxation and Public Policy, in: Papers of the Regional Science Association, Vol. 23 (1969), S. 141 ff. Vgl. ebenfalls: Releasing Land to Serve Fiscal Desegregation, in: *Clawson, Marion* (Hrsg.): Modern Urban Land Policy, Baltimore 1972. *Mason Gaffney* entwickelt eine viel dynamischere Theorie der Differentialrente und der städtischen Wirtschaft; sie beruht auf Kostendegressionen für die städtische Wirtschaft und auf „Synergismus", d.h. auf der Wechselwirkung zwischen den einzelnen Grundbesitzern. Die daraus resultierende Auffassung von der Differentialrente gibt eher die reale Produktivität, als die einfache Dimension der Transportkosten wieder. Platzmangel gestattet keine weiterführende Untersuchung dieses Modells.
3 Die Gliederung in Differential-, Monopol- und absolute Rente kann auf *Karl Marx* zurückgeführt werden. Vgl. *Karl Marx:* Das Kapital, Bd. III, MEW 25, Berlin 1969. Diese Gliederung wurde von *D. Harvey* in den städtischen Kontext wieder eingeführt. Vgl. *David Harvey:* Social Justice and the City, London 1973. Die redistributive Rente ist eine neue Kategorie, die zum größten Teil auf die Arbeiten von *Mason Gaffney* zurückgeht.
4 Die Neoklassiker wiederholen einfach die Fehler ihrer Vorgänger. *A. Lösch:* Die räumliche Ordnung der Wirtschaft, Jena 1940, kritisierte schon *A. Weber:* Über

den Standort der Industrien, Tübingen 1909, dafür, daß letzterer die Ertragseite der Profitmaximierung und der Standortentscheidung nicht berücksichtigte.
5   *E. Chamberlin:* Theory of Monopolistic Competition, Cambridge 1933.
6   *H. Hotelling:* Stability in Competition, in: Economic Journal, Vol. 41 (1929).
7   Vgl. *A. Lösch:* a.a.O.; *Brian Berry:* Geography of Market Centers and Retail Distribution, New Jersey 1967.
8   *E. Chamberlin:* Theory of Monopolistic Competition, a.a.O., S. 243.
9   Ebenda, S. 242.
10 Vgl. *A. Lösch:* Die räumliche Ordnung der Wirtschaft, a.a.O.
11 Vgl. *Edwin Mills* und *Michael Lav:* A Model of Market Areas with Free Entry, in: Journal of Political Economy, Vol. 72 (1964), S. 278–288.
12 *A. Lösch:* Die räumliche Ordnung der Wirtschaft, a.a.O., S. 9.
13 Vgl. *R. Vernon:* Metropolis 1985, Cambridge 1960.
14 Vgl. *R. Vernon,* a.a.O. und *Mason Gaffney:* Land Rent, Taxation and Public Policy.
15 Vgl. *Joseph Gillman:* Das Gesetz des tendenziellen Falls der Profitrate, Frankfurt a.M. 1969; *Paul Baran* und *Paul Sweezy:* Monopolkapital, Frankfurt a.M., 1967.
16 Vgl. *Edwin Mills,* a.a.O.
17 Vgl. *David Harvey:* Social Justice and the City, a.a.O. *Harvey* betrachtet diese Konzentration in großen Stadtzentren hauptsächlich als symbolisch; es ist aber meine Meinung, daß diese Ursache, die zwar nicht unbedeutend ist (man vergleiche den Wettbewerb zwischen einzelnen Verwaltungen und Banken um das höchste Bauwerk), nur als zweitrangig im Vergleich zu den realen Problemen der gegenseitigen Abhängigkeit der kapitalistischen Elite anzusehen ist, die zu Beginn als der Hauptgrund für die monumentale und dichtgedrängte Bauweise angeführt wurde.
18 Vgl. *Edwin Mills,* a.a.O., S. 89.
19 *Karl Marx:* Das Kapital. Bd. III, MEW 25, Berlin 1969, S. 763.
20 Vgl. *A. Cherbuliez:* Précis de la Science Economique, Paris 1862, S. 409.
21 Vgl. *V. Pareto:* Manual of Political Economy, New York 1971, S. 248.
22 *M. Pantaleoni:* Pure Economics, New York 1957 (Übersetzung der Ausgabe von 1898), S. 272.
23 Vgl. *Karl Marx:* Das Kapital, a.a.O., S. 772.
24 Ebenda, S. 763.
25 Vgl. *Edwin Mills,* a.a.O., S. 111.
26 Vgl. *Mason Gaffney,* Boden und Grundrente in der Wohlfahrtsökonomie, a.a.O.
27 Vgl. *Karl Marx,* a.a.O., S. 784 ff.
28 Vgl. *David Harvey,* Social Justice and the City, a.a.O., *Harvey* unterscheidet nicht ausreichend zwischen Monopolrente und absoluter Rente. Die kritische Variable ist die aktive/passive Rolle der Grundeigentümer. Diese Annahme kommt Marxens Ansicht am nächsten. Das Verhältnis der absoluten Rente als die Differenz zwischen Wert und Produktionspreis in der Untersuchung von *Marx,* der *Harvey* nur beiläufig Anerkennung zollt, führt zu keinen besonderen Erkenntnissen und sollte in diesem Rahmen nicht weiter verfolgt werden. Vgl. *A. Emmanuel:* Unequal Exchange: A Study of the Imperialism of Trade, New York 1972. Der Autor untersucht diese Problematik und schließt, daß „eine absolute Rente jedoch auch ohne diesen Unterschied (zwischen der Differenz von Wert und Produktionspreis) und ohne diese Grenzen sehr gut existieren kann", S. 220. Ich sehe keinen Grund, von *Emmanuels* Auffassung abzugehen.
29 Vgl. *William Alonso,* a.a.O., S. 99.
30 Vgl. *A. Emmanuel,* a.a.O., S. 221.

31 Vgl. *André Farhi:* Urban Economic Growth, in: Papers of the Regional Science Association, Vol. 31 (1973), S. 95 ff.
32 Ebenda, S. 101.
33 Ebenda, S. 102.
34 Daß nicht jedermanns Erwartungen realisiert werden können, macht jedoch dieses Verhalten in einem dynamischen und ungewissen Markt nicht „irrational". Diese Situation kann mit der Ausbeutung einer der Allgemeinheit zur Verfügung stehenden Rohstoffquelle, wie zum Beispiel im Falle des Fischfangs, verglichen werden. „Solange der Preis der gesamten Branche eine *durchschnittliche* Profitrate zuläßt, die die allgemeine Rate durch einen wenn auch noch so kleinen Betrag übersteigt, wird Kapital in dieser Branche investiert werden, da jeder neu hinzukommende Unternehmer vernünftigerweise hoffen kann, diese Durchschnittsrate ebenfalls erhalten zu können." *A. Emmanuel,* a.a.O., S. 224.
35 *Gaffney,* der die meisten die Rente betreffenden Themen scharfsinnig behandelt, weigert sich starrköpfig zuzugeben, daß seine „parasitären" Grundbesitzer, die durch Bodenspekulation die Stadt über alle Maßen ausdehnen, keine anderen sind als seine „tugendsamen" Kapitalisten, nur in einer anderen Form. *Marx* macht diesen Fehler nicht. Ihm war wohl bewußt, daß die Kapitalistenklasse den Investitionen in produktives Kapital nicht grundsätzlich den Vorzug gegenüber Investitionen in unproduktive oder spekulative Aktivitäten gibt. Sie trachtet nur nach dem höchsten Profit, sogar dann, wenn dies im System „Widersprüche" hervorruft.
36 Vgl. *K. Polanyi, C. Ahrensberg* und *H. Pearson:* Trade and Markets in the Early Empires, Chicago 1957, sowie *D. Harvey,* Social Justice and the City, a.a.O.
37 Die allgemeine Lösung des „Preisfestsetzungsproblems" solcher unteilbarer oder nur teilweise teilbarer Güter läuft auf einen doppelten Preis hinaus, dessen einer Teil den Grenzkosten entspricht; der andere wird durch die fixen Kosten oder durch eine Steuer, oftmals auf Grund und Boden, hervorgerufen.
38 Dies bezieht sich auf jegliche Warenform oder Dienstleistung, die nicht in einzelnen Einheiten produziert, verkauft oder konsumiert werden kann, die vollkommen fungibel und voneinander getrennt sind und für die unabhängig Preise festgesetzt werden können.
39 Vgl. *Mason Gaffney,* Boden und Grundrente in der Wohlfahrtsökonomie, a.a.O.
40 Vgl. *D. Harvey:* Society, the City, and the Space-Economy of Urbanism, Commission on College Geography, Resource Paper Nr. 18, Washington, 1972; *David Harvey* und *Lata Chatterjee:* Absolute Rent and the Structuring of Space by Governmental and Financial Institutions, in: Antipode, Vol. 6, Nr. 1 (1974), S. 22 ff.
41 Vgl. *D. Harvey,* Social Justice and the City, a.a.O.
42 Vgl. *M. Gaffney,* Releasing Land to Serve Fiscal Desegregation, a.a.O.

Wilbur R. Thompson, geb. 1923, ist Professor für Stadtökonomie an der *Wayne State University in Detroit, Michigan*. Er ist bekannt durch seine Veröffentlichung „A Preface to Urban Economics", Baltimore 1965, und hat besonders zum Verständnis von makro-ökonomischen Aspekten der Stadtökonomie beigetragen; ein Schwerpunkt ist die *economic-base* von Städten. Forschungsgebiete: Stadtökonomie, *Public Policy*.

Richard A. Walker, geb. 1947, ist Assistenz-Professor für Geographie an der *University of California, Berkeley*. Neben Arbeiten zu politischen Fragen des Umweltschutzes hat sich *Walker* speziell mit Bodenpolitik und Grundrententheorie vom marxistischen Standpunkt auseinandergesetzt. Hierzu ist „Contentious Issues in Marxian Value and Rent Theory", in: Antipode, Vol. 7 (1975), zu erwähnen. Forschungsgebiete: Umweltpolitik, Bodenpolitik.

Verzeichnis der Autoren

William Alonso, geb. 1933, ist Professor für Regionalplanung im *Department of City and Regional Planning* an der *University of California in Berkeley, California*. Bekannt geworden durch seine Arbeit „Location and Land Use, Toward a Genral Theory of Land Rent", Cambridge, Massachusetts 1964. In den letzten Jahren gilt sein Forschungsinteresse Stadt- und Regionalpolitik.

Mason Gaffney, geb. 1923, Professor für Volkswirtschaftslehre am *British Columbia Institute for Policy Analysis* an der *University of Victoria, Victoria*, British Columbia, Canada. Gaffney hat sich ausführlich mit Grundrententheorie und Bodenpolitik beschäftigt. Einer seiner letzten Artikel „Releasing Land of Serve Fiscal Desegregation" erschien in: *M. Clawson*, Modern Urban Land Policy, Baltimore 1973. Forschungsgebiete: Bodenpolitik, Kapitaltheorie, Vollbeschäftigung.

August Lösch, geb. 1906, studierte Nationalökonomie in Tübingen, Freiburg und Bonn als Schüler von Eucken, Schumpeter und Spiethoff. 1932 Promotion mit „Was ist vom Geburtenrückgang zu halten?", 1936 Habilitation mit „Bevölkerungswellen und Wechsellagen". Lösch bereiste die USA als Rockefellerstipendiat in den Jahren 1934/35 und 1936/37. Die Studien in den USA trugen wesentlich zu seinem Hauptwerk bei: „Die räumliche Ordnung der Wirtschaft", Jena 1940. Damit wurde er international bekannt. Teilergebnisse wurden vorweggenommen in seinem Aufsatz „The Nature of Economic Regions", Southern Economic Journal 5 (1938) (im vorliegenden Band S. 45). Von 1940 bis 1945 war *Lösch* Wissenschaftler am Institut für Weltwirtschaft in Kiel. *Lösch* war ein leidenschaftlicher Gegner des Nationalsozialismus. Er starb am 30. Mai 1945 in Ratzeburg.

Edwin S. Mills, geb. 1928, ist Professor für Volkswirtschaftslehre und *Public Affairs* an der *Princeton University, New Jersey*. Seine Forschungsarbeiten konzentrieren sich besonders auf mathematische Modelle der Stadtstruktur. Hierzu sind die Veröffentlichungen „The Structure of the Urban Economy", Baltimore 1972 und „Urban Economics", Glenview, Illinois 1972, hervorzuheben.

Harry W. Richardson, bis 1973 Direktor des *Centre for Research in the Social Sciences, University of Kent, England*, ist Professor für Regional- und Stadtökonomie an der *University of Pittsburgh*. Sein letztes Buch untersucht das Verhältnis von Stadtgröße und wirtschaftlicher Bedeutung, wobei die Frage der optimalen Stadtgröße im Mittelpunkt steht. „The Economics of Urban Size", Westmead, Farnborough, Hants, England 1973.

Quellennachweise

1. Teil
Standorttheorie

1.1 *William Alonso:* Location Theory, in: *W. Alonso, J. Friedman* (Hrsg.), Regional Development and Planning: A Reader, Cambridge, Massachusetts 1964, S. 78–106.
1.2 *August Lösch:* The Nature of Economic Regions, in: Southern Economic Journal, Vol. V., No. 1, (1938), S. 71–78.
1.3 *William Alonso:* A Theory of the Urban Land Market, in: Regional Science Association, Papers, Vol. VI (1960), S. 149–157.

2. Teil
Ökonomische Faktoren des Stadtwachstums

2.1 *H. W. Richardson:* Urban Growth, Kap. VII, in: *H. W. Richardson*, Regional Economics, New York 1969, S. 156–185.
2.2 *Wilbur Thompson:* Internal and External Factors in the Development of Urban Economics, in: *Harvey S. Perloff* und *Lowdon Wingo* (Hrsg.), Issues in Urban Economics, Baltimore und London 1968, S. 43–59.

3. Teil
Stadtstruktur und Grundrente

3.1 *William Alonso:* The Equilibrium of the Household, in: *William Alonso:* Location an Land Use. Toward a General Theory of Land Rent, Harvard 1964, S. 18–35.
3.2 *Edwin Mills:* The Value of Urban Land, in: *H. Perloff* (Hrsg.): The Quality of the Urban Environment, Baltimore 1969, S. 231–253.
3.3 *Mason Gaffney:* Land and Rent in Welfare Economics, in: *J. Ackermann, Marion Clawson* and Marshall *Harris* (Hrsg.): Land Economics Research (Papers presented at a symposium held at Lincoln, Nebraska, 16.–25. Juni 1961), Baltimore 1962, S. 141–167.
3.4 *Richard A. Walker:* Urban Ground Rent: Building a New Conceptual Framework, in: Antipode, Vol. 6, Nr. 1 (April 1974), S. 51–58.

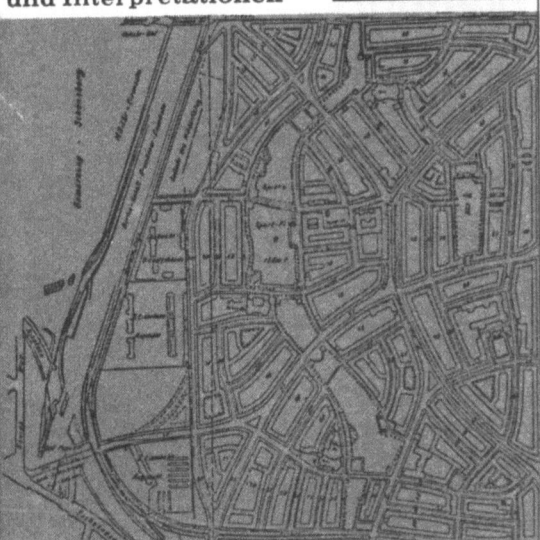

Gerd Albers

Entwicklungslinien im Städtebau

Ideen, Thesen Aussagen 1875–1945:

Texte und Interpretationen

268 Seiten
Folieneinband

» vieweg

Eine theoretische Fundierung des Städtebaus wird seit langem gefordert, gerade in jüngster Zeit, in der die politische Tragweite städtebaulicher Entscheidungen klarer erkannt wird als bisher.
Bereits im 19. Jahrhundert gab es Überlagerungen mit sozialpolitischen, philosophischen und ökonomischen Zielen und Motiven, aber eine Verbindung zur Denkweise nicht technischer Disziplinen hat der Städtebau erst in den letzten Jahrzehnten hergestellt. Rückgriffe auf frühere methodische Ansätze und kritische Verfolgung bestimmter Themenkomplexe über lange Zeiträume hinweg, etwa in ihrer Formung bei verschiedenen städtebaulichen Autoren, gehören bisher zu den Seltenheiten theoretischer Anstrengungen auf dem Gebiet der Planung heute. Gerd Albers' Arbeit schließt diese Lücke. Sie spürt solche Aussagen in der städtebaulichen Literatur auf und setzt sie in Beziehung zueinander, die auf eine theoretische Durchdringung des Gegenstandes, des Verfahrens und des Instrumentariums der städtebaulichen Planung gerichtet sind. Albers leitet die Quellensammlung ein, interpretiert die einzelnen Texte zusammenfassend und gibt abschließend einen Ausblick auf deren zeitgeschichtliche Wirkung.

Otfried Kießler/Hermann Korte (Hrsg.)
Soziale Stadtplanung

Das Städtebauförderungsgesetz – Sozialwissenschaftliche Analysen. Sozialpolitische Forderungen
306 Seiten. Folieneinband

Die Aufsatzsammlung faßt die wichtigsten Arbeitsergebnisse einer Forschungsgruppe zusammen, die am Bielefelder Zentrum für Interdisziplinäre Forschung im Frühjahr und Sommer 1974 über Bedingungen und Folgen des Städtebauförderungsgesetzes – insbesondere die Frage des Sozialplans – gearbeitet hat.
Der erste Themenkreis beschäftigt sich mit dem Sozialplan nach dem Städtebauförderungsgesetz, der zweite mit den politischen, ökonomischen und administrativen Faktoren im kommunalpolitischen Entscheidungsprozeß, der dritte Themenkreis schließlich konzentriert sich auf die Aspekte der Partizipation auf unterschiedlichen Planungsebenen. Allen Arbeiten gemeinsam ist die Ausgangsfrage: Welche Kriterien und Verfahren gibt es bei der Planung von Stadtsanierungen, um den Sozialplan nach dem Städtebauförderungsgesetz zu einer umfassenden Sozialplanung der Gemeinden weiterzuentwickeln?

Bei Fragen zur Produktsicherheit wenden Sie sich bitte an:
If you have any questions regarding product safety,
please contact:

Birkhäuser Verlag GmbH
Im Westfeld 8
4055 Basel, Schweiz
productsafety@degruyterbrill.com